존 템플턴의 **행복론**

WORDWIDE LAWS OF LIFE:
TWO HUNDRED ETERNAL SPIRITUAL PRINCIPLES
By John Marks Templeton
Copyright ⓒ 1997 by Templeton Foundation Press
All rights reserved.

Korean Translation Copyright ⓒ 2006 by Goodmorning Books
Korean edition is published by arrangement with Templeton Foundation Press
through Imprima Korea Agency.

이 책의 한국어판 저작권은 Imprima Korea Agency를 통해
Templeton Foundation Press와의 독점 계약으로 굿모닝북스에 있습니다.
저작권법에 의해 한국 내에서 보호를 받는 저작물이므로
무단전재와 무단복제를 금합니다.

성공과 행복을 부르는 200가지 삶의 법칙

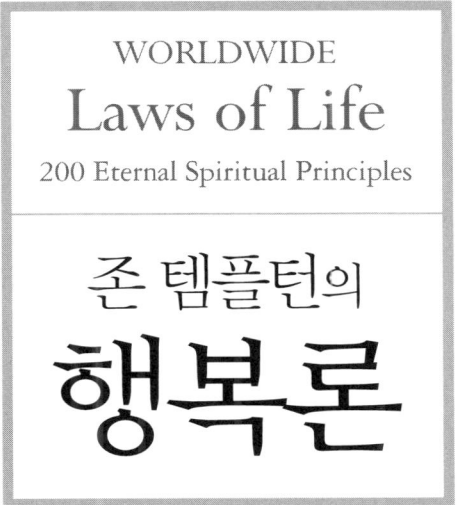

존 템플턴 지음 | 권성희 옮김

굿모닝북스

목차 | 행복론

1장 나눔의 법칙 ················ 7

2장 용서의 법칙 ················ 29

3장 감사의 법칙 ················ 51

4장 사랑의 법칙 ················ 73

5장 마음의 법칙 ················ 99

6장 긍정의 법칙 ················ 119

7장 균형의 법칙 ················ 143

8장 절제의 법칙 ················ 169

9장 정직의 법칙 ·················· 191

10장 겸손의 법칙 ·················· 211

11장 평화의 법칙 ·················· 231

12장 축복의 법칙 ·················· 255

13장 영혼의 법칙 ·················· 275

14장 두려움의 법칙 ·················· 301

15장 기쁨의 법칙 ·················· 319

역자후기 ········· 339

WORLDWIDE
Laws of Life

01

나눔의 법칙

베풀수록 성장한다
존 템플턴

샘은 18년간 미국 육군에서 복무했으나 과도한 음주와 잦은 싸움으로 불명예 제대했다. 그는 절망과 무기력에 빠져 다른 안정적인 일자리를 찾아볼 생각조차 하지 않다가 결국에는 그간 모아놓은 약간의 돈마저 모두 써버리고 노숙자 신세가 되고 말았다.

샘은 "거리에서의 삶은 베트남 전쟁보다 더 위험했다. 베트남에서는 최소한 적이 누구인지는 알고 있었지만 길거리에서는 누가 나를 때리고 내 신발을 벗겨갈지 알 수 없었다"라고 말했다.

어느 날 이른 오후 그는 교회 자선단체가 제공하는 점심을 얻어먹기 위해 줄을 서서 기다리고 있었다. 그때 가구를 옮기고 카펫 마는 것을 도와줄 사람을 찾는다는 소리가 들렸다. 그는 자기가 도와주겠다고 자원했다. 그가 자기 자신이 아니라 다른 사람을 위해 무엇인가를 하기는 실로 오랜만이었다. 그리고 그것은 매우 기분 좋은 일이었다.

그는 점심을 먹고 떠나면서 건물 지붕에 이끼가 너무 많이 끼어있어 지붕 판자가 위태롭다는 사실을 발견했다. 그는 이끼를 없애주겠다고 자원했다. 건물 관리인은 "도와주는 것은 고맙지만 보수를 줄 수는 없다"고 이야기했다. 샘은 보수가 없어도 괜찮다고 말하고 지붕의 이끼를 없앴다. 다시 한번 전혀 기대하지 않았던 좋은 기분을 느꼈다.

샘은 그 후 자신이 할 수 있는 일이 있을 때마다 자선단체를 도왔다. 얼마 뒤 자선단체에서 타이핑을 칠 수 있는 자원자를 구했다. 샘은 군대에서 타이핑을 배웠기 때문에 적당한 안경만 사준다면 타이핑을 칠 수 있다고 말했다. 자선단체에서는 샘에게 안경을 구해줬고 샘은 타이핑치는 일을 열심히 했다.

그는 곧 자선단체에서 일하게 됐고, 거처도 거리에서 자선단체 건물로 옮겨와 다른 동료와 숙식을 함께 하게 됐다. 그는 또 원하지도 않았는데 자선단체에서 약간의 급여를 받을 수 있게 됐고, 점점 더 맡은 일의 책임도 커졌다. 한 동료는 샘에게 적당한 가격에 중고차를 넘겼다.

현재 샘은 처음에 아무런 대가도 바라지 않고 그저 자신이 할 수 있는 일을 도와줬던 바로 그 자선단체에서 지역 음식 창고를 관리하고 있으며, 곧 결혼도 할 계획이다. 그는 자선단체에 있는 사람들이 그를 신뢰하기 시작하면서부터 인생의 모든 긍정적인 변화가 생기기 시작했다고 믿고 있다. 다른 사람들이 샘을 신뢰했던 것은 사실이지만 첫 출발은 바로 샘 자신에게서 시작됐다. 샘이 먼저 자발적으로 일을 도와줬을 때, 그는 풍요로운 삶의 창조적이고 성공적인 흐름 속에 자신을 맡길 수 있게 됐다. 그는 "새로운 빛 속에서 자기 자신을 보기" 시작했던 것이다.

자신이 처한 환경에 관계없이 우리는 모두 샘과 비슷한 보상을 경험할 수 있다. 일이 잘 풀리든 꼬여있든 관계없이 주어진 일 이상을 하게 되면, 즉 자기 자신을 베풀면 더 큰 선의 흐름 속에 참여하게 되고 그만큼 성장한다. 부자가 되는 방법 중의 하나는 진정한 부란 더 많이 얻는 데서 오는 것이 아니라는 사실을 깨닫는 것이다. 진정한 부는 더 많이 주는 데서 오는 것이다! 얻는 것에 집착하기 보다 주는 것에 집중할 때 부유해질 수 있다.

성경에 나와 있는 달란트의 비유는 베풀 때 어떤 일이 일어나는지 잘 보여준다. 주어진 것과 맡겨진 것에만 집착할 때 삶은 그것조차도 빼앗아가 버린다. 그러나 삶이 우리에게 준 것을 사용하기 시작하면 우정과 교제와 금전적인 축복과 집과 교통과 안정 등과 같은 풍요로운 보답이 놀라운 방법으로 밀려들어온다. 우주는 진심으로 사랑을 쏟아서 베푸는 사람으로부터는 아무것도 빼앗아가지 않는다.

베풀 수 있는 잠재력을 알아갈수록 우리가 받을 수 있는 좋은 것에 한계가 없다는 사실도 알게 된다. 주는 것은 그와 관련된 모든 것에 긍정적인 경험이 되는 행동으로 이끌어 준다. 당신의 마음과 에너지와 시간을 사용할 수 있는 방법들을 생각해보라. 매일매일의 시간을 최선의 것에, 가장 창조적인 방법으로 사용하고 있는가? 이 세상을 더 살기 좋은 곳으로 만드는 데 당신이 기여하고 싶은 무엇인가가 있는가? "작은 것이 큰 차이를 만든다"는 사실을 기억하라. 씨앗 하나를 심으면 많은 열매를 얻을 수 있다. 이것이 자연의 법칙이다. 그리고 우리는 자연의 일부다. 당신의 재능과 능력을 사용할 수 있는 기회를 찾는다는 자세로 주위를 살펴보라. 줄 수 있는 방법을 발견하고 사랑하는 마음으로 주라.

당신이 삶으로부터 무엇을 기대할 수 있는지 묻지 말고, 삶이 당신으로부터 무엇을 기대하고 있는지 물어보라

빅터 프랭클

어느 비오는 날 오후 한 노신사가 신문이 비에 젖지 않도록 애쓰며 문간에서 떨며 서있는 신문팔이 소년을 만났다. 노신사는 신문을 사면서 소년에게 "여기 서있는 것이 춥지 않니?"라고 물었다. 그러자 소년은 이렇게 대답했다. "선생님이 저에게 오시기 전까지만 추웠습니다."

살아가면서 무엇을 얻을 것인가? 이것은 우리 모두에게 기본적인 질문이다. 이 질문은 기본적인 필요와 욕구에서 시작된다. 편안한 집과 적당한 음식, 어느 정도의 연봉 수준과 사회적 지위가 보장되는 직업, 편안함과 동료애, 즐거움을 갖는 것은 우리 삶에서 매우 중요하다. 그러나 대부분의 사람들은 가장 단순하면서도 기본적인 원칙을 이해하지 못한다. 받기 위해서는 먼저 주어야 한다는 것이다. 주고 받는 것은 한 가지 인생 원칙의 두 가지 면이다.

존 F. 케네디 대통령은 취임 연설에서 "당신의 조국이 당신을 위해 무엇을 해줄 것인가 묻지 마십시요. 당신이 당신의 조국을 위해 무엇을 할 수 있는지 물어보십시요"라고 말했다. 이것이 바로 줌과 받음의 법칙이다. 이 법칙은 이 세상 사람 모두에게 적용될 수 있다. 우리가 어떤 직업을 구하고 있는데, 원하는 분야에 자리가 없다면 그 분야에서 돈을 받지 않고 자원자로 일할 수 있는 기회가 있는지 찾아볼 수 있다. 삶에게 원하는 일을 달라고 요구하기보다 우리가 줄 수 있는 무엇이 있는지 먼저 물어보라. 돈을 받지 못하더라도 자원자로 일하면 경력을 쌓을 수 있고, 계약을 맺을 수 있으며, 가끔은 우리가 바랬던 그 일이 결국 우리의 것이 되기도 한다.

로웰 필모어는 주는 것에 대한 자신의 특별한 생각을 이렇게 표현했다. "줄 것이 아무것도 없다고 생각하는 사람들은 언제나 그들 자신을 내어줄 수 있다는 것과 비록 몇 마디 격려의 말뿐이라 해도 언제나 다른 사람들에게 봉사할 수 있다는 사실을 기억해야 한다." 우리 자신과 우리의 시간, 우리의 에너지는 우리가 다른 사람들에게 줄 수 있는 가장 중요하고 놀라운 선물이다.

무엇인가 줄 수 있는 기회가 올 때마다 양 팔을 활짝 벌리고 그 기회를 끌어안으라! 당신의 가장 고귀한 운명을 채워주기 위한 하늘의 부름일 수 있다. 또 하나 기억해야 할 사실은 주는 사람의 태도가 선물 자체보다 더 중요하다는 점이다. "주는 방법이 선물보다 더 가치 있다"는 말이 있다. 이 말은 끊임없이 "도전해보라"거나 "앞서가라"는 말로 자극을 하는 현대 사회에서는 쉽게 잊혀지기 쉽다. 우리는 삶이 제공하는 것에서 이익을 취하는 데 너무나 바쁜 나머지 그 보답으로 무엇인가 돌려줘야 할 기회를 잊고 지낸다. 우리가 지속적으로 받고 있는 여러 혜택들은 그것 자체로 감사의 태도를 유지하고 발전시켜야 할 좋은 이유가 된다. 대부분의 사람들은 다른 사람과 교제를 원한다. 그러나 자신이 원하는 사람과 교제하기 위해서는 먼저 사랑하고, 먼저 친절한 태도를 보여야 한다는 것이 삶의 법칙이다. 주면 받을 수 있다. 사랑을 받기 위해서는 다른 사람에 대한 부정적인 태도와 편견을 먼저 버려야 한다.

줌과 받음의 법칙은 또한 잘 받아야 한다고 가르친다. 우리 자신과 시간, 자원, 긍정적인 태도, 사랑이 담긴 생각과 행동 등을 다른 사람에게 줄 때는 상대방의 선물도 감사한 마음으로 받는 것이 중요하다.

줌과 받음의 법칙은 고귀하고 성공적인 인생을 살아가는 데 기본적인 요소다. 어떤 부분에서 부족함을 느낄 때 우리는 점점 더 "무엇을 줄 수 있을까? 무엇을 줘야 할까?"를 먼저 생각할 수 있게 된다. 우리가 마음을 열고 잘 받아들일 수 있다면 어떻게 줄 수 있는지 알게 된다. 더 많이 줄수록 더 많이 받는다.

선을 행하는 자가 성공한다

존 M. 템플턴

메리 케이 애쉬는 마흔다섯의 나이에 미국 텍사스 주 댈라스에서 메리 케이 코즈메틱스를 설립해 세계적인 회사로 키워낸 입지전적인 인물이다. 그녀는 한 단체에 고리로 연결된 두 개의 황금 삽을 기증한 적이 있는데, 두 개의 삽 중 작은 것은 우리가 베푸는 방법을, 더 큰 것은 신이 베푸는 방법을 상징한다. 그녀는 이 두 개의 삽을 통해 "당신이 신보다 더 많이 줄 수는 없다"는 믿음을 표현하려 했다. 우리가 신보다 더 많이 줄 수는 없지만 우리 자신보다는 분명히 더 많이 줄 수 있다. 지금까지 얼마나 많이 베풀어 왔는가와는 관계없이 우리는 이전보다 훨씬 더 많이 베풀 수 있다.

이스라엘 성지에는 바다가 두 개 있다. 하나는 갈릴리 바다이고 다른 하나는 사해다. 갈릴리 바다에는 입구와 출구가 모두 있다. 갈릴리 바다는 물이 입구로 흘러 들어와 출구로 빠져나가며 계속 순환되기 때문에 깨끗하고 신선하다. 갈릴리 바다에는 각종 생명체가 살고 있다. 갈릴리 바다는 풍요롭고 생산적이다. 갈릴리 바다는 존재의 결과, 즉 물을 나누어줌으로써 갈릴리 바다를 통해 물과 자양분을 공급 받는 주변의 땅과 수많은 사람들을 살린다. 생명의 물은 갈릴리 바다를 통해 순환하며 사해로도 흘러 들어간다. 그러나 사해는 갈릴리 바다와는 정반대다.

사해의 물은 검고 죽어 있다. 사해의 물은 흐르지 않고 정체되어 있다. 갈릴리 바다를 통해 흐르는 요르단 강의 신선한 물을 받아들이는 입구는 있지만 출구가 없기 때문이다. 사해는 받아들이기만 하고 주지는 않는다. 따라서 사해에서는 생명체가 살 수 없다. 사해 주변의 땅도 메마른 사막으로 생명체가 살기 어렵다. 마찬가지로 고객에게 가장 많이 주려고 노력하는 사업가가 더 많은 고객을 얻고, 결과적으로 사업에 성공해 번창할 것이다.

"주는 행위는 인과관계의 일부다." 주는 행위(원인)는 순환(결과)을 촉진한다. 우리에게 돌아오는 순환의 에너지가 우리를 풍요롭게 해준다. 다른 사람을 도와주는 것이 우리 자신을 돕는 것이다. 우리가 어떤 감정을 표출하든 그 감정은 순환해서 우리에게 돌아오기 때문이다.

이슬람 선지자 마호메트는 이렇게 말했다. "모든 선한 행동은 자선이다. 형제의 얼굴을 향해 웃는 것은 자선이다. 동료를 격려하는 것이나 기부금을 내는 것이나 똑같이 덕이 있는 행동이다. 길을 찾는 사람에게 바른 길을 알려주는 것은 자선이다. 눈 먼 사람을 돕는 것도 자선이다. 길에서 돌이나 가시 같은 장애물을 치우는 것도 자선이다. 목 마른 자에게 물을 주는 것도 자선이다. 한 사람이 가진 진정한 부는 그가 이 세상에서 동시대인들에게 베풀어온 선한 행위가 될 것이다. 세상을 떠날 때 다른 사람들은 이렇게 말할 것이다. '그가 재산을 얼마나 많이 남겼는가?' 그러나 천사들은 이렇게 물을 것이다. '그가 지금까지 얼마나 많은 선한 행동들을 쌓아왔는가?'"

주면 받는다는 원칙은 돈과 같이 눈에 보이는 것, 물질적인 것에만 해당되는 것이 아니다. 삶의 모든 영역과 관계 있다. 훨씬 더 넓게 생각하면 주는 것은 우리의 건강, 행복, 전반적으로 잘 사는 것과도 관계 있다. 마음속에서 우러나온 사랑으로 베풀 때 당신의 존재가 노래하는 것이 느껴지지 않는가? 오로지 돕는 데서 오는 순수한 기쁨으로 다른 사람을 도와줬을 때 발걸음은 가벼워지고 눈은 빛나지 않는가? 아마도 남 모르게 선한 일을 했을 때는 더욱 그럴 것이다!

유대인의 지혜가 담긴 책 탈무드를 보면 이런 글이 나온다. "세상에는 강한 것이 열 가지 있다. 철은 강하다. 그러나 불이 철을 녹인다. 불은 강하다. 그러나 물이 불을 끈다. 물은 강하다. 그러나 구름이 물을 빨아들인다. 구름은 강하다. 그러나 바람이 구름을 쫓아낸다. 사람은 더 강하다. 그러나 두려움이 그를 넘어지게 한다. 두려움은 강하다.

그러나 술은 두려움을 가라앉힌다. 술은 강하다. 그러나 잠이 술을 이긴다. 잠은 강하다. 그러나 죽음이 더 강하다. 하지만 사랑이 담긴 친절은 죽음 이후에도 살아 남는다."

루스 스태포드 펄은 주는 것을 이렇게 정의했다. "주는 것은 당신이 가진 시간과 자원을 전부 다른 사람의 이해를 위해서, 당신 자신에게 돌아올 결과는 고려하지 않고 활용하는 것을 말한다. 이처럼 주는 것은 인간만의 고유한 것으로 영적인 동기가 작용하고 있음에 틀림없다."

지금 이 순간은 우리가 살아있는 놀라운 순간이며, 나눔에 참여할 수 있는 흥분되는 순간이다. 우리 앞에 열려 있는 나눔의 기회는 전세계적으로는 물론 개인적인 차원에서도, 규모 면에서 전례가 없는 것이다. 주위를 둘러보라. 무엇인가 절실하게 필요한 것이 있는 사람을 발견하면 도움의 손길을 내밀라.

주는 것이 받는 것보다 복이 있다
사도행전 20장35절

"더 많이 얻기 위해서는 더 많이 주어야 한다." 모순처럼 느껴지는 이 말이 과연 사실일까? 아마도 당신은 이 말과 반대되는 결론에 도달했을지도 모르겠다. 당신은 삶에서 더 많은 것을 원한다면 남들보다 앞서 나가 재빨리 원하는 것을 잡아야 한다고 믿고 있을 것이다. 행복한 삶이란 커다란 부를 쌓아 누리는 것이라고 믿는 사람들에게 앞서 나간다는 것은 일종의 강박관념으로 뿌리내린 것 같다.

그러나 가장 성공한 사람들은 이와 반대라는 사실을 입증해준다. 그들은 부를 쌓아 누리는 것보다 나눠주는 데서 보람을 찾으며, 그 과정에서 더 큰 보답을 얻는다. 그들은 나누면 더 많이 나눌 수 있게 되고, 개인적으로 더 큰 보상을 얻게 되는 삶의 법칙을 잘 이해하고 있다. 성공한 사람들은 성공으로 들어가기 위한 문은 안에서 열어야 한다는 사실을 잘 알고 있다. 매년 4000만 달러를 기부했고, 세상을 떠나기 전 5억 달러로 추산되는 전재산의 3분의 1을 사회에 환원하겠다고 약속한 변호사 로버트 더드먼은 1986년에 〈시대와 국가 Time & Country〉라는 잡지와 가진 인터뷰에서 "더 많이 줄수록 더 풍요롭게 살게 된다"라고 말했다.

남들보다 앞서 나가거나 주위 사람들에게 긍정적인 영향을 미칠 수 있는 지위에 오르는 것이 나쁜 일은 아니다. 그러나 진정한 힘은 받을 때가 아니라 줄 때 선을 위해 쓰여질 수 있다.

성경에서는 "주는 것이 받는 것보다 복이 있다"고 가르친다. 받으면 소유하는 것으로 끝난다. 그러나 주면 다른 사람에게 도움이 되었다는 뿌듯함을 느낄 수 있고, 당신이 준 데 대한 보답까지 되돌려 받을 수 있다. 행복하게 살려면 다른 사람을 행복하게 해주는 데 힘쓰라. 행복을 베풀라. 더 많은 사랑을 원한다면 더 많이 사랑하기 위해 노력하라. 사랑을 베풀라. 성공하고 싶다면 다른 사람이 성공할 수 있도록 도와주라. 당신이 다른 사람들에게 용기와 격려와 우정을 불어넣어주는 원천이 될 때 당신의 삶이 얼마나 더 좋아지고 부유해지는지 발견하기란 어렵지 않다. 베풀 때 당신은 성공을 끌어당기는 자석이 된다. 좋은 것은 좋은 것을 끌어당기기 때문이다.

자연 속에서 모든 종류의 생명체는 주고 받는 자연스러운 상태로 존재해야 한다. 그렇지 않으면 환경에 불균형이 초래되고, 그 생명체가 멸종하는 지경에까지 이를 수 있다. 남미의 기생 포도나무가 이런 사실을 증명한다. 이 포도나무는 특정한 종류의 무화과나무에 붙어 있어야만 생존할 수 있다. 무화과 나무의 영양분은 서서히 기생 포도나무로 빠져나간다. 기생 포도나무는 무화과나무로부터 영양분을 받기만 할 뿐 주는 것은 아무것도 없다. 말 그대로 숙주의 생명을 조금씩 갉아먹으며 생명을 유지하는 꼴이다. 결국 무화과나무가 죽어버리면 이 기생 포도나무 역시 따라 죽을 수밖에 없다.

주면 받는다는 사실을 보여주는 흥미로운 이야기가 〈리더스 다이제스트Reader's Digest〉에 실린 적이 있다. "지난해 가을 중국 농촌을 방문했다면 매우 흥미로운 광경을 목격할 수 있었을 것이다. 농부들이 논 곳곳에 짚으로 작은 원뿔 모양의 집을 만들었다. 수천 에이커의 논 곳곳에 세워진 허리 높이의 이 집들은 이상하게 보이지만 아주 중요한 쓰임새가 있다. 이 집은 겨울 동안 거미들이 머무르며 동면하는 장소다. 겨울이 되면 대부분의 거미들은 죽는다. 그리고 거미들이 다시 이전처럼 번성하기 위해서는 몇 개월이 걸린다. 그러나 지난 겨울 동안 짚으로 만든 집에서 동면한 거미들은 올 봄에 매우 건강하고 배가 고픈 상태로 깨어났다. 거미들은 어린 벼와 목화의 생명을 해치는 해충들을 공격할 준비를 하며 논에 무리를 지어 자리잡았다. 중국 농민들은 거미들에게 새 봄 일찍부터 활동할 수 있도록 겨울에 머물 곳을 마련해 줌으로써 화학 비료를 쓰지 않고도 해충의 피해를 막아 수확을 늘렸다."

브루스 맥아더는 그의 저서 《당신의 삶–우주의 법칙을 이해하기 Your Life–Understanding the Universal Law》에서 "증대의 법칙"을 이렇게 설명했다. "나의 아내는 비닐하우스를 가지고 있고 원예에 재능도 많다. 아내는 작은 씨앗 몇 개를 땅에 심는다. 우리는 몇 개월 후 크고 맛있고 신선한 토마토를 먹을 수 있다. 아내는 단지 몇 개의 작은 씨앗을 심었을 뿐이다. 아내는 인내심이 있다. 아내는 땅에 심은 씨앗이 잘 자랄 수 있도록 사랑과 관심과 물과 영양분을 주어 보살핀다. 얼마 후 아내는 몇 개의 작은 씨앗이 아니라 영양분이 풍부한 아름다운 열매와 수백 개의 새로운 씨앗을 얻는다. 이 법칙이 가진 기적은 풍요와 기쁨과 아름다움에 관한 것이다. 올바른 씨앗을 사랑과 협조의 정신으로 심어 가꿀 때 당신은 심은 대로 거둘 뿐만 아니라 몇 배로 훨씬 더 많이 거두게 된다. 수확은 풍요로움이다! 우리는 뿌린 씨앗에 따라 정원에서, 또 우리의 삶에서 풍요롭게 거둘 수 있다."

**어떤 사람도 자신이 받은 것으로 인해 존경 받지 못한다.
존경이란 자신이 준 것에 대한 보답이다**

캘빈 쿨리지

당신이 지금 하고 있는 일을 좋아한다면 모든 에너지와 능력을 아낌 없이 바쳐 당신 자신을 그 일에 쏟아 부을 것이다. 당신 자신을 내어줄 때, 성취의 기쁨을 가지고 일할 때, 다른 사람들에게 관대하게 대할 때, 감사의 선물은 눈에 보이든 보이지 않든 당신 삶의 일부가 될 것이다. 눈에 보이는 감사는 당신이 한 일에 대해 어떤 사람이 주는 금전적인 보상이나 선물일 수 있다. 눈에 보이지 않는 감사는 당신이 한 일에 대해 다른 사람이 고맙다고 하는 말이나 좋은 평판일 수 있다. 반면 돈을 받은 만큼만 일한다는 생각으로 돈을 위해 일한다면 당신은 점점 더 일을 싫어하게 될 가능성이 높다.

밥이 그런 사람이었다. 그는 하루에 8시간씩 일주일에 5일간 일했는데, 가능한 한 적은 노력만 기울이려 했다. 밥의 급여는 해가 갈수록 적어졌다. 그는 언제나 피곤하고 불만스러워 보였다. 그는 자신의 많은 문제들이 직업 탓이라고 생각했다.

밥이 좋아하는 일은 딸이 소프트볼 하는 것을 지켜보는 것이었다. 그는 딸이 속해있는 리틀리그 팀의 코치를 맡아달라는 제안을 받았을 때 진심으로 기뻐했다. 여자아이들의 팀을 훈련시키는 일에는 많은 시간과 헌신이 필요했지만 밥은 신경 쓰지 않았다. 그는 소프트볼 팀을 훈련시키는 시간은 에너지가 넘친다고 말했다. 밥이 이끄는 팀은 소프트볼 리그에서 우승했고, 밥은 자신이 쏟은 헌신에 대해 아이들의 부모들로부터 넘치는 찬사를 들었다.

다행히도 이 이야기는 여기에서 끝나지 않는다. 밥은 아내의 성화에 못 이겨 그의 직업상 문제에 대해 정신상담을 받기로 했다. 상담자는 밥에게 일을 할 때도 소프트볼 팀을 훈련할 때와 같은 헌신적인 자세를 가지라고 권했다. 그는 마지못해 노력해보겠다고 대답했다.

놀랍게도 밥은 직장 업무에서 하루를 더욱 흥미롭게 보내기 위해 자신이 할 수 있는 일을 찾기 시작했다. 그는 직장 동료들의 삶에도 관심을 갖기 시작했다. 그는 자신이 하는 업무의 처리 방식을 개선하려 노력했다. 그는 자신이 거대한 기계의 작은 부품일 뿐이라고 생각하는 대신 공장의 진짜 주인인 것처럼 생각하기 시작했다. 그는 상사들에게 자신의 부서에서 일을 좀 더 효율적으로 처리할 수 있는 아이디어들을 제안하기 시작했다. 그리고 밥은 어느 날 몇 시간 동안이나 업무를 개선할 수 있는 방법을 찾는 데 골몰해있는 자신을 발견하고는 무척이나 놀랐다! 그는 매일 아침 지루한 절망감으로 눈을 뜨는 대신 열정을 품고 일어났다. 밥은 어떤 일을 하든지 정직하게 진정으로 자기 자신을 내어줘야 한다는 값비싼 교훈을 얻었다.

당신이 지금 별다른 관심을 갖고 있지 않은 일에서는 경쟁력이 없을 것이다. 그리고 유일무이한 존재로서 당신의 삶에 부여된 사명을 수행하고 있다는 느낌을 갖기 전까지는 내면의 혼란을 해소하기가 쉽지 않을 수도 있다. 당신 내면의 영혼을 존중한다면 당신은 삶에 훨씬 더 많은 것을 줄 수 있다. 준다는 것은 돈을 투자하는 것과 비슷하다. 어떤 노력도 기울이지 않고 어떤 조사나 연구도 없이 부주의하게 투자한다면 결국에는 실패하게 된다. 반대로 당신이 가진 에너지와 흥미와 능력을 현명하게 투자한다면 성공할 것이다.

단순히 어떤 일을 하는 데 시간을 보낸다는 것이 그 일에 당신 자신을 내어주는 것은 아니라는 사실을 기억하라. 주는 것에도 다양한 수준과 단계가 있다. 당신의 관심과 흥미와 사랑과 상상력과 창작력을 일에 바치라. 그러면 호의적이지 않은 조건들이 당신을 응원하고 지지해주는 조건들로 바뀔 것이다. 당신이 얻을 수 있는 것에 대해서는 덜 생각하고, 당신이 줄 수 있는 것에 대해서는 더 많이 생각하라. 그러면 당신의 삶은 아직까지 가능할 것이라고 한번도 꿈꾸지 못했던 광채를 발할 것이다.

생각은 부메랑과 같아서 늘 다시 돌아온다
아일린 캐디

부메랑은 "되돌아 오는 막대기"다. 부메랑은 여러 가지 다양한 형태가 있는데 어떤 것이든 숙련된 사람이 던지면 멀리 나갔다가 던진 사람에게로 되돌아온다. 호주 원주민들은 부메랑으로 새 같은 동물을 잡기도 하는데 어떤 경우에도 부메랑은 던진 사람에게 다시 돌아온다.

우리의 행동도 부메랑과 비슷하다. 친절 같은 사랑스러운 행동은 더욱 그렇다. 친절은 베푼 사람에게 다시 돌아온다. 사자와 쥐의 우화를 들어본 적이 있을 것이다. 어느 날 배고픈 사자가 작은 쥐를 잡았다. 쥐는 사자에게 제발 살려달라고 싹싹 빌며 이렇게 말했다. "위대한 사자님, 저는 너무 작아서 당신에게는 한입밖에 안 될 거예요. 만약 오늘

저를 살려 주신다면 언젠가 제가 보답할 수 있는 날이 있을지도 모르잖아요." 사자는 보답하겠다는 쥐의 말을 비웃었지만 쥐를 살려줬다.

얼마 후 사자는 사냥꾼이 쳐놓은 그물에 걸렸다. 그런데 누군가 그물을 이빨로 끊어 사자를 구해준다. 누구였을까? 물론 작은 쥐였다.

친절하게 행동하는 사람이야말로 진정으로 용감하고, 진정으로 위대하며, 진정으로 두려움이 없는 사람이다. 이런 사람들은 다른 사람들의 친절이나 그들에게 일어나는 긍정적인 일을 통해 친절에 대한 보답을 받는다. 일자리가 생기거나 승진의 기회가 있을 때, 친구와 여행 갈 일이나 특별한 이벤트가 있을 때, 친절한 사람에게 먼저 제안이 가는 경우가 많다. 어떤 작가는 이렇게 말했다. "사랑의 원칙을 어기는 데서 질병과 불행이 생긴다. 미움과 원망과 비난의 부메랑은 질병과 슬픔을 싣고 되돌아온다."

우리에게 돌아오는 것은 우리가 무엇을 보냈느냐에 따라 결정된다. 성경에는 선한 사마리아인에 관한 예화가 나온다. 사마리아인이 길을 가다 길 옆에 다쳐 쓰러진 사람을 발견했다. 그는 다친 사람을 누군가 도와주기를 마음으로만 간절히 바라면서 그냥 지나칠 수도 있었다. 그러나 그는 가던 길을 멈추고 다친 사람의 상처를 싸매준 뒤 쉴 수 있는 곳으로 데려다 줬다. 사마리아인은 선한 행동을 통해 자신이 신의 고귀한 도구임을 증명해보였다.

인류 역사에 기록된 위대한 지도자들을 돌아보면 선을 위한다는 진실한 의도로 다른 사람들에게 친절을 베풀었던 사람들이 먼저 떠오른다. 그들의 삶을 좀 더 자세히 살펴보면 그들이 실천하는 사람들이었음을 알 수 있다. 세상은 좋은 아이디어를 달라며 기도만 하고 캔버스에 정작 그림은 그리지 않는 화가를 기억하지 못한다. 어떤 작곡가가 머리 속에 떠오른 아름다운 멜로디를 마음을 활짝 열고 받아들인다 해도 악상을 악보에 옮기지 않는다면 아름다움은 표현되지 못하고 사라질 것이다.

신은 인류에게 너무나 많은 축복을 주셨다. 우리는 '영혼의 보고(寶庫)'에서 원하는 것을 얼마든지 가져다 쓸 수 있다. 영적으로 신의 창조라는 기적을 믿고 인정할 때 우리는 풍요롭고 경이롭고 아름다운 기회로 가득한 신세계를 방문하는 개척자와 같다. 이런 사랑과 친절의 의식 안에 머무를 때 우리는 사랑과 축복을 다양한 방법으로 다른 사람들에게 전달할 수 있게 된다. 이런 에너지는 부메랑처럼 우리에게 되돌아온다. 이 에너지가 우리에게 다시 돌아올 때까지 몇 년이 걸릴 수도 있고 축복이라는 부메랑이 다른 방향에서 올 수도 있다. 그러나 주면 받는다는 삶의 법칙은 우리 삶 속에서 고귀한 역할을 다할 것이다.

행복의 열쇠

한 수도사가 예수 그리스도의 모습을 보고 싶다고 간절히 기도하고 있었다. 몇 시간을 그렇게 기도하던 중에 수도사는 다음날 새벽 그리스도의 모습을 볼 수 있을 것이라는 목소리를 들었다. 다음날 수도사는 해가 뜨기도 전에 일어나 예배당 제단 앞에 무릎을 꿇고 앉았다.

밖에는 거친 폭풍우가 몰아쳤지만 수도사는 아무런 관심도 없었다. 그는 예수 그리스도의 형상이 나타나기만을 기다리며 열심히 기도했다. 그때 세찬 폭풍우 속에서 누군가 부드럽게 문을 두드리는 소리가 들렸다. 온 마음을 바쳐 기도하던 중에 방해를 받은 수도사는 몸을 돌려 문을 바라봤다. 그는 길을 가던 가난한 나그네가 폭풍우를 피해 쉴 곳을 부탁하려고 문을 두드렸을 것이라고 생각했다. 그가 문 쪽에서 몸을 돌려 다시 제단을 바라봤을 때 그토록 기다렸던 그리스도의 형상이 언뜻 내비쳤다.

그는 그 형상을 계속 보고 싶다는 욕망과–그는 어쩐지 이 형상이 단지 몇 분만 지속되다가 사라질 것 같은 느낌이 들었다–지친 형제를 도와야 한다는 책임감 사이에서 갈등했다. 그러다 그는 그리스도인의 의무가 우선이라는 결정을 내렸다. 그가 문을 열자 밖에는 밝게 빛나는 파란 눈을 가진 소녀가 서있었다. 그 아이는 매우 지쳐 있었고 추위와 배고픔에 떨고 있었다.

수도사는 손을 내밀어 이 소녀를 따뜻한 방으로 안내했다. 그는 아이에게 신선한 우유와 빵을 건네주고, 이 아이가 편안하게 쉴 수 있도록 할 수 있는 모든 일을 다 했다.

그리고 그리스도의 형상이 사라지지나 않았을까 걱정하며 무거운 마음으로 제단을 향해 걸어갔다. 그러나 기쁘고 놀랍게도 그리스도의 형상은 거기에 그대로 있었다. 눈부신 영광으로 뚜렷하고도 밝게 빛나고 있었다! 수도사는 벅찬 가슴을 안고 눈 앞의 형상을 오랫동안 쳐다봤다. 그때 그에게 부드러운 목소리가 들렸.

"네가 나의 어린아이를 영접하지 않았더라면 나는 여기에 머무를 수 없었을 것이다."

"인생은 단 하루에 불과하다"는 말이 있다. 그러나 이 말을 역으로 생각하면 "하루는 인생 전부와 같다"는 더 큰 깨달음을 주는 말이 된다! 하루하루의 새로운 나날은 소생한 힘으로 가득한 신선한 인생이며, 아무도 경험하지 못한 놀랄 만한 길로 나아갈 수 있게 해준다. 당신은 해가 떠올라 세상이 밝아질 때마다 새롭게 태어난다. 새로운 날은 과거의 충만함과 현재의 기쁨과 내일의 약속을 표현한다. 하루하루가 봉사할 수 있는 새로운 기회인 것이다!

WORLDWIDE
Laws of Life

02

용서의 법칙

모욕당한 것은 계속 기억하지 않는 한 아무것도 아니다
공자

레오나르도 다 빈치가 이탈리아 밀라노의 산타 마리아 델레 그라치에 수도원의 식당 벽에 『최후의 만찬』을 그릴 때였다. 다 빈치가 예수의 얼굴을 그리고 있는 동안 심각한 사건이 벌어졌다. 다 빈치는 어떤 사람과 심하게 다투었다. 하도 화가 나서 그를 죽여버리겠다고 위협할 정도로 거친 말싸움을 벌였다. 다 빈치가 다시 프레스코 벽화로 돌아왔을 때 그의 마음은 온통 증오와 원망으로 가득 차 있었다. 머리 속의 영감은 모두 말라버렸다. 다 빈치는 아무리 노력해도 예수의 얼굴을 그릴 수 없었다. 여러번 반복해 젖은 벽 위에 섬세한 한 획을 그어봤지만 결과는 불만족스러웠다. 그는 점점 더 화가 났고 한편으로는 낙담했다. 마침내 그는 자신의 분노와 증오가 창조력의 원천인 마음의 평화를 빼앗아가고 있다는 사실을 깨달았다. 그는 붓을 치워 놓고 심하게 다투었던 사람을 찾아 용서를 구하기로 했다. 그 사람을 다시 찾기까지는 얼마간의 시간이 필요했지만 다 빈치는 결국 그 사람을 찾아내 사과하고 용서를 구했다. 그리고 그 사람과 많은 얘기를 나눈 결과 그의 의도가 순수했다는 사실을 믿게 됐고 상황은 해결됐다. 다 빈치는 평화와 사랑으로 가득한 마음으로 돌아와 일을 다시 시작할 수 있었다. 그의 붓으로 그려진 예수의 장려한 얼굴 모습은 위대한 예술가가 포착한 신비로운 순간으로 기억된다. 산타 마리아 델레 그라치에 수도원의 식당은 무너졌지만 『최후의 만찬』이 그려진 벽은 다행히 파괴되지 않았다. 현재 이 벽화는 완벽하게 복원돼 위대한 문화유산 중의 하나로 남아 있다.

모욕당했다는 느낌은 상처를 준다. 그것은 부당한 일이며 우리를 분노하게 만든다. 그러나 하루 전, 한 주 전, 한 달 전, 심지어 한 해 전에 일어난 일을 반복적으로 떠올리는 것은 치료하는 것이 아니라 "되풀이하는 것"일 뿐이다. 그것은 새로운 대응 방법을 배우거나 새로운 방식으로 생각하는 것이 아니라 오랜 관행을 반복하는 과정일 뿐이다.

때로는 상처받은 경험을 머리 속에 떠올려 그것과 직면하는 것이 치료 방법이 될 수도 있다. 이런 식으로 기억하는 것은 상처가 되는 당혹스러운 사건으로 인해 미래를 두려워하는 대신 과거의 사건을 있는 그대로 바라보고 거기에서 헤어날 수 있도록 도움을 얻기 위해서다.

용서는 강력한 치료제다. 용서는 마음과 몸, 인생에서 실수를 지워버리고 잘못을 버리는 대신 진리를 얻는 과정이다. 당신 스스로를 용서하라. 다른 사람을 용서하라. 모든 것을 용서하라! 용서에는 종종 상상력이 개입해 당신에게 상처를 줬던 사람이 왜 그런 식으로 밖에 행동하지 못했는지 이해할 수 있도록 도와준다. 그 사람이 그렇게 행동할 수밖에 없었던 원인이 무엇인지 진심으로 이해하기를 원한다면 그의 일상적인 삶이 어떤지 살펴보고 "그 사람의 입장에 서보려고" 노력하라. 그러면 우리를 향해 이뤄진 일들에 대해 좀 더 더디게 화내게 된다. 모욕 뒤에 숨어 있는 원인을 이해하기 시작하면 용서하기가 쉬워진다.

스스로를 용서하는 것은 자기 자신에 대해 변명을 늘어놓는 것과 다르다. 과거의 잘못이나 분노에 집착하는 것은 우리를 성장시키지 못하고 위축시킬 뿐이다. 잠재된 능력을 충분히 활용하고 모든 면에서 온전하고 자유롭기를 원한다면 과거의 고통은 잊고 경험을 재구축해 삶에 대한 믿음을 새롭게 해야 한다. 이런 생각과 감정, 행동들을 통해 당신은 과거의 불행으로부터 벗어나 자유를 향해 걸어갈 수 있으며, 삶의 진정한 목표에 집중할 수 있게 된다. 목표를 가지고 살아갈 준비가 되었는가? 집착을 버리고 신이 당신의 모든 것을 주관하기를 원하는가? 이 세상 모든 사람들을 예외 없이 사랑할 수 있기를 바라는가?

잘못을 저지르는 것은 인간적인 것이고
용서하는 것은 성스러운 것이다

알렉산더 포프

노자는 《도덕경》에서 부드러운 접근법이 갖는 힘을 이렇게 표현했다. "가장 약한 것이 가장 강한 것을 이긴다." 어려운 상황을 부드럽게 만드는 사려 깊은 방법은 바로 용서하는 힘이 아닌가?

누군가가 당신에게 비판적이고 악의적이라면 당신은 고통 받는다. 그러나 그 고통이 과연 우리의 생각과 감정이 완고해지고 악해지는 것보다 더 큰 것인가? 우리의 마음이 원망과 분노와 복수심으로 가득 차 있다면 우리 안의 이런 감정들이 바깥의 그 어떤 감정들보다 훨씬 더 해롭다! 복수는 어떤 것에 대해서도 해결책이 될 수 없다. 복수는 단지 새로운 악순환의 시작일 뿐이다.

당신의 삶이 원하는 대로 진행되지 않는다면 당신에게 용서해야 할 일이 남아있기 때문일지도 모른다. 용서가 쉬운 것은 아니다. 용서하는 능력은 영혼의 위대함에 비례한다. 용서가 진실되고 완전할 때 용서는 상황 깊숙이 들어간다. 증오와 원망. 심지어 누군가를 싫어하는 사소한 감정조차도 용서의 힘으로 해결할 수 있다.

당신은 지금 당신에게 일어난 나쁜 일 때문에 다른 누군가를 탓하고 있는가? 현재 처해있는 상황 때문에 누군가를 원망하고 있는가? "아무개가 나에게 이러저러한 일만 저지르지 않았더라도 나는 좀 더 성공했고 지금보다 더 행복했을 텐데"라는 생각을 하고 있지는 않은가? 어떤 경우든 우리는 삶에서 느끼는 부족한 부분에 희생양을 찾으려 노력하는 경향이 있다. 당신이 집착하고 있는 바로 그것이 당신에게 집착하고 있다는 사실을 알고 있는가? 당신은 "그 사람이 나에게 했던 일을 결코 잊지 못할 거야"라고 말한 적이 있는가? 그러면 당신은 못 잊는다! 인간적으로 그런 생각과 감정이 다시 떠오르지 않도록 하는 것은 어렵다. 그러나 할 수 있다. 사랑과 정의라는 신의 원칙이 그 원칙을 믿는 사람들을 위해 모든 일을 조정한다는 사실을 진실로 알고 이해하기 시작하면 도움은 가까운 데 있다.

원망과 증오를 품고 있으면 어떤 대가를 지불해야 하는지 인식할 필요가 있다. 용서하지 못해 고통 받는 사람은 바로 자기 자신이다. 원한을 품고 살기 위해서는 많은 에너지가 필요하다. 이 에너지는 원한을 품지 않았다면 훨씬 더 바람직한 곳에 사용될 수도 있었을 것이다. 또 일시적으로는 자신의 증오심이 정당하게 느껴질 수도 있지만 길게 봤을 때 그것이 정말로 그렇게 중요한 일인가? 왜 부정적인 생각과 감정을 품고 살면서 자기 자신을 더 벌하려 하는가?

우리의 가장 고귀하고 선한 품성은 조화롭게 살라고, 실패에 대해 변명하지 말라고 말한다. 실패한 뒤 그 경험을 통해 배우고 성장하는 대신 누군가를 탓하게 되면 자기 자신에게 나쁜 짓을 하는 것이다. 완전하고 전적인 용서는 건강과 행복, 새로운 에너지와 열정으로 향하는 가장 확실한 방법이다.

계속 불만을 품고 있으면 스스로 고통을 선택하는 것이나 마찬가지다

제럴드 잼폴스키

한 나이든 농부가 논 한가운데 큰 바위가 박혀 있는 논을 가지고 있었다. 농부는 몇 년 동안 바위를 피해가며 경작했다. 그러나 바위는 농부의 경운기 한 대와 쟁기 두 개를 망가뜨렸고, 바위 주변의 땅을 못 쓰게 만들었다. 농부는 결국 바위를 파내 버리기로 결심했다. 바위 밑에 쇠지렛대를 놓자 의외로 바위가 발 깊이 정도밖에 박혀 있지 않다는 사실을 알게 됐다. 덕분에 농부는 별 어려움 없이 바위를 파낼 수 있었다. 농부는 바위를 수레에 실어 먼 곳에 갖다 버린 후 지난 몇 년간 바위 때문에 얼마나 속이 상했는지 회상하며 웃음을 지었다. 농부는 바위에 얽힌 일들을 떠올리다 논 한가운데 박혀 있던 바위처럼 그의 마음속에 도사리고 있는 낡은 생각과 감정들을 돌아보았다. 농부는 과거의 경험을 하나씩 살펴보고 낡은 생각과 감정들을 없애기 위해, 다시 말해 "그것들을 파내 버리기 위해" 조치를 취했다! 오래된 불평과 원망을 하나씩 마음속에서 지워버리고 용서해나가자 영혼이 가벼워지고, 마음이 깨끗해지고, 가슴이 하루하루 기쁨으로 가득 차는 것을 느꼈다.

어떤 사람들은 마치 보물이라도 되는 양 낡고 고통스러운 생각에 집착한다. 우리는 부당한 대우를 받거나 무시를 당하면, 혹은 그렇게 당했다고 생각하면 그것을 가슴 속에 품고 다닌다. 반면 다른 사람들이 우리에게 보여준 선이나 베풀어준 도움은 쉽게 잊어버린다. 지금까지 받아온 건강의 축복이나 살아오면서 경험한 수많은 성공은 기억하지 못한다.

내가 아는 사람 중에도 40년이 훨씬 더 지난 과거의 사건을 여전히 원망하며 살아가는 한 남자가 있다. 그가 너무나 끔찍했다고 기억하는 일 가운데 일부는 그가 잘못 해석하고 받아들인 결과였다. 그는 이런 부정적인 생각 때문에 가족과 멀어졌고, 그와 화해하려는 가족의 노력도 모두 거부했다. 그는 자신을 사랑해주고 이해해줄 수 있는 모든 사람들과 절연한 채 홀로 있기를 선택했다.

우리는 때로 어려운 상황에 처해 고통스러운 시기를 거치기도 한다. 그럴 때 부정적인 생각에 갇혀 있어봤자 아무런 소용도 없다. 매일 일어나는 일에 부정적으로 반응해봤자 마음의 평화에는 전혀 도움이 되지 않는다. "자신에게 일어난 일을 어떻게 해석하느냐에 따라 그 순간이 앞으로 펼쳐질 세월 동안 머리 속에 어떻게 기억될지 결정된다." 자신의 생각을 지배할 수 있는 사람은 오로지 자기 자신 뿐이다. 그러나 많은 사람들이 그 지배력을 어떻게 사용하는지 잊고 있다.

어제는 지나가버렸다. 과거에 무슨 일이 일어났든 그것은 끝났다. 되돌아갈 수는 없다. 내일은 아직 오지 않았다. 그러므로 현재만이 우리가 가진 유일한 순간이다. 이 특별한 하루하루의 모든 소중한 순간을 최선을 다해 최대한 긍정적으로 사용하자. 과거에 대한 나쁜 감정이나 부정적인 생각은 아무런 쓸모도 없으며 새로이 가치가 생기지도 않는다. 선택은 우리에게 달려 있다. 부정적인 생각에 매달려 있을 수도 있지만 부정적인 생각 위로 "우리의 태도를 높일 수도 있다!" 달라이 라마는 《유배된 자유: 달라이 라마 자서전Freedom in Exile: The Autobiogaphy of Dalai Lama》에서 용서의 힘을 이렇게 설명했다. "용서하는 방법을 배우는 것이, 화가 나는 상대방을 향해 돌을 던지는 것보다 훨씬 더 도움이 된다. 화가 머리 끝까지 났을 때일수록 더욱 그렇다. 가장 어려울 때가 당신 자신과 다른 사람을 위해 선한 일을 할 수 있는 잠재력도 가장 크기 때문이다."

긍정적인 생각으로 가득한 마음은 잡초가 없는 아름다운 정원과 같다. 당신의 마음을 아름다운 정원으로 표현하든 잡초밭으로 만들든 선택은 당신에게 달렸다. 다른 사람의 단점을 무시하고 용서해주든

다른 사람이 행했던 불친절한 일들을 마음속 장부에 전부 기록해두든 그것은 당신의 선택이다.

  마음속에 불만을 품고 있을 때 가장 고통받는 사람은 당신 자신이다. 그런데도 다른 사람의 잘못을 못 본 척 용서하지 못한다면 어떻게 당신 자신을 용서할 수 있겠는가? 한 성직자 친구는 불만에 집착하는 것을 "가치 없고 불필요한 고통"이라고 표현했다. 예전에 자동차 범퍼에 붙이는 스티커 중에 "고통은 선택이다"라고 쓰여진 것이 있었다. 이 말은 진실이다. 당신이 과거에 무엇을 선택했든 중요하지 않다. 당신의 지금 선택이 중요하다. "미움은 다툼을 일으켜도 사랑은 모든 허물을 가리우느니라."(잠언 10장12절)

용서받기 위해서는 먼저 용서해야 한다
존 템플턴

  로이 매스터스는 그의 저서 《어떻게 마음이 당신의 건강을 지켜주는가 How Your Mind Can Keep You Well》에서 누군가가 우리를 기분 나쁘게 하면 오히려 그에게 감사해야 한다고 말했다. 우리를 기분 나쁘게 한 그 사람은 우리에게 호의를 베풀고 있는 것이나 마찬가지다. 그를 용서하게 되면 우리를 기분 나쁘게 했던 화나는 감정의 자기 파괴적인 효과가 줄어들기 때문이다.

 용서할 수 없는 사람은 육체적으로, 정신적으로, 감정적으로, 영적으로 병들게 된다. 캐시는 일생 동안 아버지를 증오했고, 아버지에 대한 증오심이 당연하다고 생각했다. 그녀의 아버지는 캐시와 그녀의 어머니, 그리고 다른 여섯 명의 자식들을 말 그대로 버렸다. 어머니가 임신할 때마다 아버지는 훌쩍 집을 떠났고, 어머니가 아기를 낳은 다음에야 나타났다. 아버지가 집에 돌아오던 끔찍한 일이 반복됐다. 아버지는 집에 있는 동안 가족 모두에게 폭력을 휘둘렀다. 심지어 어머니를 말채찍으로 때리기도 했다. 캐시를 비롯한 아이들 모두가 아버지를 두려워했다. 그들은 아버지가 언제 이성을 잃고 가족들에게 폭력을 휘두를지 알 수가 없었다. 캐시는 종종 두려움에 휩싸여 테이블이나 침대 밑에 숨었다. 사람들은 캐시가 아버지를 미워하는 것이 당연하다고 생각했다.

 그러나 캐시의 이런 증오는 무엇보다 그녀 자신의 삶과 일에 영향을 미쳤다. 캐시는 자신의 아버지처럼 사소한 일에도 주위 사람들에게 벌컥벌컥 화를 냈다. 이런 성격 탓에 캐시는 회사를 자주 옮겨야 했고, 다른 사람들과의 관계도 원만하지 못했다.

 그녀는 분노와 슬픔 속에서 마침내 건강까지 잃게 됐다. 그녀는 두통과 위장장애, 중증 관절염으로 고생했다. 캐시는 온갖 질병에 시달렸고, 스물다섯 나이에 마치 중년 여성처럼 늙어 보였다.

 캐시는 아버지를 용서할 수만 있다면 자신이 좀 더 편안해질 것이라는 사실을 알고 있었지만 도저히 아버지를 용서할 수 없었고, 다른 사람들도 아버지를 용서하지 않기를 바랐다. 자신의 비참한 과거를 털어놓을 때면 "아버지는 끔찍한 사람이었어요, 아버지가 어떤 짓을 했는지 보세요"라는 말과 함께 울음을 터뜨리곤 했다. 그러나 캐시의 내면에서는 계속해서 "용서 받으려면 먼저 용서하라"고 속삭이고 있었다. 우리가 한 모든 일에 대해 우리는 용서가 필요하며 캐시도 예외는 아니었다. 그녀는 자신이 했던 말과 행동으로부터 벗어나기를 원했고, 그녀 역시 용서 받기를 원했다. 그래서 그녀는 "나는 당신을 용서합니다"라는 말로 용서의 과정을 시작했다.

처음에는 용서하는 것이 힘들었다. 캐시는 자신이 전혀 용서하는 것 같지 않아 자신이 거짓말을 하고 있는 것처럼 느껴졌다. 그러나 그녀가 용서의 과정을 계속 반복함에 따라 용서의 말도 점점 더 부드러워졌다. 캐시는 아버지가 왜 그렇게 폭력적으로 행동했는지 이해할 수 있게 되자 진심으로 아버지를 가엾게 여기게 됐고, 이 감정은 곧 연민으로, 마침내는 진정한 사랑으로 발전했다.

캐시가 아버지를 용서할 수 있게 되자 자기 자신에 대해서도 용서하고 진심으로 사랑할 수 있게 되었다. 마침내 그녀는 모든 육체적인 질병에서 벗어났고, 삶도 더 나아지게 되었다. 캐시는 이 경험을 통해 용서하는 것은 용서받는 사람과 용서하는 사람 모두에게 이익이 된다는 사실을 깨달았다.

더 이상 미뤄둔 용서의 부담이 없어질 때 우리는 새로워진 평화의 감정을 가질 수 있게 된다. 우리의 마음은 정보를 저장해 훗날 다시 살펴볼 수 있도록 한다는 점에서 놀라운 도구다. 사실이든, 혹은 그렇게 느끼기만 하는 것이든 모욕을 당했다는 부정적인 생각이 있다면 마음속에는 그 이미지를 바꿀 만한 능력도 함께 존재한다. 부정적인 기억은 다른 사람을 용서하고, 또 상처 받았다는 이미지를 붙잡고 있는 당신 자신을 용서함으로써 바뀔 수 있다.

용서는 용서하는 사람과 용서받는 사람 모두에게 이롭다
존 템플턴

마크 트웨인이 쓴 단편소설 《뜀뛰는 개구리 The Celebrated Jumping Frog of Calaveras County》를 보면 짐 스밀리라는 사람이 개구리 한 마리를 구해 뜀뛰기 훈련을 시킨다. 이 개구리는 어떤 개구리보다 더 높이, 더 멀리 뛸 수 있게 훈련 받았다. 어느 날 스밀리는 개구리를 데리고 길을 가다 낯선 남자의 꾐에 빠져 그 남자의 개구리와 뜀뛰기 시합을 벌이기로 했다. 그런데 이 남자는 시합 바로 직전에 몰래 스밀리의 개구리 입 속에 사냥용 산탄을 가득 집어넣었다!

스밀리의 개구리는 그 상태로 몸을 들어올려 뜀뛰기를 해보려 했지만 몸이 너무 무거워 앞으로 나아갈 수 없었다. 결국 스밀리의 개구리는 뜀뛰기 훈련도 받지 못한 낯선 남자의 개구리에게 지고 말았다! 이 이야기에서 얻을 수 있는 교훈은 무엇일까? 앞으로 나아가려면 몸을 무겁게 하지 말라는 것이 아닐까? 운동선수는 시합에 나갈 때는 몸무

게가 꼭 필요한 수준 이상으로 늘지 않도록 조심한다. 삶이라는 경기도 마찬가지다. 삶에서 승리하기 위해서는 과거에 저지른 잘못이나 원한, 또는 부정적인 생각에 집착해 마음을 무겁게 만들어서는 안 된다. 이런 짐은 벗어버려야 한다. 앤 스웨친은 "가슴에는 언제나 용서하는 힘이 있다"라고 말했다. 아프리카 속담 중에는 "용서하는 사람이 싸움을 끝낸다"는 것이 있다.

용서의 의미와 용서가 가진 혜택에 대해 생각해보자. 영어로 용서는 '포기브니스(forgiveness)'라고 하는데 '주기 위해(for giving)'라는 뜻을 가지고 있다. '포(for)'는 '~을 위해'라는 뜻이고, '기빙(giving)'은 '주는 것'을 의미한다! 주기 위해! 용서는 거짓을 포기하고 진실을 받아들이는 과정이다. 용서는 긍정적이지 못한 무엇인가에 긍정적인 에너지를 주는 것이다. 예를 들어 별로 사랑스럽지 못한 행동에 사랑을 주는 것이 용서다. 용서할 때 우리는 비생산적인 생각과 태도에서 벗어나 늘 새로운 힘으로 충만한, 신이 우리를 위해 준비해두신 생명력과 활기를 더욱 풍요롭게 누릴 수 있게 된다.

과거의 잘못을 용서하고 어떤 상황이나 사람에 대해 어떠한 판단도 내리지 않을 때 우리는 잊을 수 있게 된다! 영어로 잊는다는 뜻의 '포게팅(forgetting)'은 '얻기 위해(for getting)'라고 풀어서 해석할 수 있다. '포(for)'는 '~을 위해'라는 뜻이고, '게팅(getting)'은 '얻는다' 또는 '받는다'는 의미다. 따라서 '포게팅'., 즉 '잊는 것'이 가치 있는 이유는 '얻기 위함' 또는 '받기 위함' 덕분이다. 과거의 상처가 아픈 이유는 기억 때문이다.

과거에 겪었던 고통과 아픔을 떠올릴 때 우리는 또 다시 상처받을 뿐이다. 부정적인 기억을 긍정적인 기억으로 바꾸면 치유가 이루어진다. 낡은 영상들은 사라지도록 하라. 상처를 치유하기 위해 할 수 있는 모든 수단을 다 동원하라. 주먹을 꽉 쥐고 있으면 받을 수 없다. 주먹을 펴야만 손이 열리면서 받을 수 있다.

찰스 R. 로스는 이렇게 말했다. "불행을 끝내고 평화와 화합에 이르는 가장 빠른 방법은 용서하는 것이다. 용서하는 마음에는 원천적으로 화합하는 힘이 있다. 용서하는 마음에는 사람들과 국가들 사이를 갈라놓는 장애물을 없애고, 그들을 평화와 선한 의지로 결합시키는 힘이 있다. 무력의 도움에 기대서는 이 같은 조화를 결코 성취할 수 없다."

건강한 마음과 정신에는 증오와 비참함과 원망이 깃들 수 없다. 용서하는 능력은 쉽고 빠르게 얻을 수 있는 것이 아니다. 우리는 "일곱 번씩 일흔 번"(마태복음 18장22절)이라도 용서해야 할지 모른다.

용서는 삶에서 매우 중요하다. 조지 허버트는 "용서하지 않는 사람은 자기 자신이 건너야 하는 다리를 스스로 파괴해버리는 것과 같다"라고 말했다. 용서란 용서하는 사람과 용서받는 사람 모두에게 득이 된다는 지혜가 이 말 속에 숨어 있다. 진심으로 용서하면 어떠한 상처도, 어떠한 흉터도, 어떠한 복수심도 남지 않은 채 오로지 치유만이 남는다. 용서는 치유하는 힘이다. 그리고 용서는 당신 내면의 위대함을 드러내는 힘이다!

이미 지나간 일은 지나간 것이다

윌리엄 셰익스피어

어느 날 두 명의 승려가 시장에 가다가 큰 진흙 웅덩이를 만났다. 시장에 가려면 이 진흙 웅덩이를 지나가야 했으므로 두 승려는 옷이 더러워질 수밖에 없었다. 진흙 웅덩이 옆에는 한 아름다운 처녀가 망설이며 서있었다. 이 처녀도 진흙 웅덩이를 지나가야 했지만 옷을 더럽히고 싶지 않았다. 처녀의 딱한 사정을 알아차린 한 승려가 그녀를 안고서 진흙 웅덩이를 건넜다.

진흙 웅덩이를 건넌 뒤 처녀는 승려에게 고맙다고 인사를 하고는 가던 길로 갔다. 두 승려도 시장으로 가던 걸음을 계속했다. 두 승려는 서로 한마디도 나누지 않았다. 그날 저녁 절에 돌아온 뒤 진흙 웅덩이에서 처녀를 외면했던 승려가 처녀를 안고 진흙 웅덩이를 건넜던 승려를 비난했다. 그는 여자와 접촉한 것이 신성함을 해치는 부정한 짓이었으며, 너무나 쉽게 승려의 맹세를 깨뜨렸다고 거듭 질책했다. 비난과 질책은 한 시간 이상 계속됐다. 마침내 처녀를 안고 진흙 웅덩이를 건넜던 승려가 이렇게 말했다. "나는 그 처녀를 안고 진흙 웅덩이를 건넜고, 승려의 맹세를 깨뜨리게 됐네. 그러나 나는 그녀를 몇 시간 전에 벌써 길에 내려놓고 왔건만 자네는 아직도 그녀를 안고 있네!"

우리도 어제 했던 일을 계속 지고 다니며 그 무게를 계속 느끼고 있을 수 있다. 친구에게 느낀 배신감 때문에 원망과 분노를 가지고 다닐 수도 있다. 우리는 진심으로 원했던 것을 얻지 못한 반면 다른 사람은 그것을 얻었다며 부당하다고 생각할 수도 있다. 좋아하던 사람으로부터 비난을 들은 뒤 상처 받은 느낌을 가지고 다닐 수도 있다. 그러나 과거에 대해 부정적인 생각을 계속하는 것은 조그만 돌이 들어간 신발을 신고 걷는 것과 같다. 멈춰서 돌을 꺼내거나, 아니면 돌이 성가시고 발이 아프기는 하지만 무시하고 계속 걷거나 둘 중 하나다. 선택은 당신의 몫이다. 신발에서 돌을 꺼내 버리는 것처럼 분노와 상처 받은 느낌도 마음 밖으로 내보낼 수 있다.

다른 사람에게 좋지 않은 감정을 가진 채 평상시처럼 생활하려고 애쓰면 삶의 다른 부분이 영향을 받는다. 마치 나쁜 날씨를 예고하는 작고 어두운 구름이 머리 위에 떠 있는 것 같은 느낌을 갖게 된다. 화가 나고 마음에 상처를 입었을 때는 상황이 가라앉을 수 있는 시간을 가져라. 그리고 당신이 왜 화가 났는지, 왜 상처를 입었는지, 그 근본 원인을 찾아보라. 상황을 돌아보고 주위 환경을 평화롭게 정리한 뒤 상처 받은 감정과 화가 나는 생각을 흘려 보내라. 때로는 자존심을 누른 채 누가 옳고 그른지 잊어버리라. 그러면 부정적인 감정의 무게를 더 이상 느끼지 않고 살아갈 수 있을 것이다.

사도 바울은 로마인들에게 보내는 편지에서 "할 수 있거든 모든 사람으로 더불어 평화하라"(로마서 12장18절)고 권했다. 매우 사려 깊은 조언이다. 모든 복수는 영원토록 어김없이 작용하는 인과법칙이 해줄 것이다. 우리는 원인과 결과 사이의 관계를 뚜렷하게 이해할 수 없을지도 모른다. 그러나 인과법칙은 계속 작용하고 있다. 적이라고 생각되는 사람에게 앙심을 품고 결코 용서하지 않겠다고 생각하는 것만큼 어리석은 일도 없다. 우리는 모든 사람들과 더불어 평화롭게 살기 위해 노력할 수 있다. 손해와 상처, 실망은 용서하고 잊어버릴 수 있다. 우리 자신과 다른 사람을 향해 아름답고 평화로운 생각을 가질 수 있다. 셰익스피어가 말했듯이 "이미 지나간 일은 지나간 것이다!" 과거에 일어난 일을 돌이키기 위해 당신이나 다른 어떤 사람이나 할 수 있는 일은 아무것도 없다. 용서하라, 그리고 잊어버려라!

용서는 용서하는 자를 고양시킨다

존 템플턴

사랑은 느낌 이상이다. 사랑은 줌으로써 앞으로 나아가는 방법이다. 사랑은 두려움을 버리는 것이다. 진정으로 감사하는 마음은 두려움을 극복하고 우리가 자유롭게 지금 이 순간을 살아갈 수 있도록 해준다. 지금 이 순간, 우리는 베풀고 용서하는 우리의 본성을 마음대로 표현할 수 있다. 대부분의 사람들은 준다는 것이 어떤 의미인지 잘 알고 있다. 그러나 용서의 의미에 대해서는 여전히 혼란스러워 하는 경우가 많다. 어떤 사람들은 다른 사람의 용서를 받아야 한다는 잘못된 믿음을 가지고 죄책감 속에서 살아간다. 그러나 용서란 다른 사람이 우리에게 주는 면죄부 이상을 의미한다. 진정한 용서는 진리를 위해 잘못된 것을 포기하는 과정이다. 진정한 용서는 우리가 완고한 생각을 버릴 수 있도록 도와준다. 우리는 용서를 통해 사고방식과 행동양식을 더 고귀하고 위대하게 바꿀 수 있는 유연함을 키워나갈 수 있으며 자유를 향해 나아가는 새로운 길을 발견할 수 있다.

  용서란 정직하게 마음을 열고 기꺼이 앞으로 전진해나갈 만큼 충분히 자기 자신을 사랑하는 것이다. 용서는 그것이 비록 고통스럽다 해도 실수까지 포함한 자신의 모든 경험에 대해 감사하는 방법을 배우는 것이다. 용서는 비록 고난을 당하더라도 괴로워할 필요는 없다는 사실을 아는 것이다. 고난에 대해 감사할 때 우리는 신념을 표현하게 된다. 그리고 이 신념은 현재의 상황 속에서 좋은 것을 찾으려 노력해나갈 때 조건의 부정적인 겉모습이 눈 녹듯 사라지게 도와준다. 고난은 진정으로 우리를 축복하기 위해 다가온 변화일 뿐이다. 고난을 가장한 축복에 반항하지 않도록 해야 한다.

  때로 우리는 익숙한 것에 집착해 그것을 지키겠다며 고집을 부리곤 한다. 그러나 성장은 고집을 부릴 때가 아니라 더 높은 선에 복종할 때 이루어지도록 계획되었다. 자기 자신을 용서하면 상처를 주는 일을 그만둘 수 있다. 보편적인 원칙에 따라 살아가는 데 헌신할 수 있다. 당신 마음의 토대가 물질에서 영혼으로 바뀔 수 있다. 실수를 깨닫고 기꺼이 고치려 한다면, 용서의 원칙에 따라 마치 어린아이가 산수 문제의 틀린 답을 지우개로 지우는 것처럼 쉽게 그 실수를 지울 수 있게 된다. 잘못을 고치는 순간 우리는 존재의 진리와 조화를 이룰 수 있게 되고, 삶의 법칙은 우리의 실수를 깨끗하게 없애준다. 자신을 용서하면 마음이 고양되고 모든 것을 다 용서하면 마음이 더욱 고양된다.

  나누고 용서하면 일생 동안 만들어온 낡은 자기 중심적 구조가 무너지기 시작한다. 그 벽이 내려 앉을 때 우리는 마음속에 튼튼한 새 집을 지을 수 있게 된다. 마음이 강건하고 건전하면 우리의 세계도 그 강건함과 건전함을 반영할 것이다. 이 과정에서 때로 혼란과 무질서와 혼돈을 경험할 수도 있다. 그러나 우리의 삶은 물론 이 세상의 더 큰 구도 속에서 긍정적인 사이클을 유지시키는 것은 감사하고 용서하는 마음이라는 사실을 기억하라. 감사하고 용서할 때 우리는 더욱 높은 곳으로 올려진다.

행복의 열쇠

- "놓아주는 것"은 관심을 끊는다는 의미가 아니다. 내가 다른 누군가를 대신해 관심을 쏟을 수는 없다는 의미다.
- "놓아주는 것"은 관계를 끊는 것이 아니다. 다른 사람을 조정할 수 없다는 깨달음이다.
- "놓아주는 것"은 힘이 없음을 인정하는 것이다. 그것은 다만 결과가 내 손에 달려 있지 않다는 의미다.
- "놓아주는 것"은 다른 사람을 변화시키려 노력하거나 다른 사람을 탓하려 하지 않는다. 나의 최선을 다할 뿐이다.
- "놓아주는 것"은 간섭하지 않고 관심을 갖는 것이다.

- "놓아주는 것"은 바꾸려 하지 않고 지지하는 것이다.
- "놓아주는 것"은 판단하지 않고 다른 사람을 동등한 인간으로 인정하는 것이다.
- "놓아주는 것"은 끼어들어 모든 결과에 영향을 미치려 하지 않고 사람들은 각자의 운명을 책임진다는 사실을 인정하는 것이다.
- "놓아주는 것"은 거부하는 것이 아니라 받아들이는 것이다.
- "놓아주는 것"은 잔소리를 하거나 야단치거나 논쟁하지 않고 내 자신의 단점을 찾아 고치는 것이다.
- "놓아주는 것"은 모든 것을 나의 요구에 맞추려 하지 않고 하루하루를 소중하게 보내는 것이다.
- "놓아주는 것"은 과거를 후회하지 않고 현재의 순간과 미래를 위해 살아가며 성장하는 것이다.
- "놓아주는 것"은 덜 두려워하고 더 많이 사랑하는 것이다.

WORLDWIDE
Laws of Life

03
감사의 법칙

감사하는 마음은 영적인 성장으로 향한 문을 열어준다
존 템플턴

레바논에서 500일간 인질로 억류돼 있다가 풀려난 벤 위어라는 장로교 목사의 이야기가 〈성직자 저널The Clergy Journal〉 1986년 10월호에 실렸다. 벤은 테러리스트에게 붙잡혀 14개월간 독방에 감금됐다. 처음에 그는 읽을 것도 없었고 자신을 가둔 사람들과 대화도 나눌 수 없었다. 아무것도 없이 오로지 자신의 내적인 자원에만 의존해야 했다. 벤은 자신에게 소중한 의미를 가진 성경 구절을 기억해내기 시작했고 좋아하는 찬송가도 생각해냈다. 그는 자신을 독방 난방기에 묶어 놓은 쇠사슬을 로사리오 묵주로 활용하기 시작했다. 잠들기 전에, 또 생각날 때면 언제나 사슬 고리를 하나씩 만지며 감사할 수 있는 일들을 떠올렸다. 그는 정말로 감사하다고 말했다!

그는 인질 생활을 하면서 하루를 어떻게 맞았는지 이렇게 설명했다. "아침에 깨어나면 새들이 지저귀는 소리나 개가 짖는 소리, 또는 다른 생명체가 내는 소리를 들을 수 있었습니다. 그러면 나는 건강과 활기로 가득 찬 또 하루를 주신 데 대해 하나님께 감사하는 마음으로 이 소리들에 반응하곤 했습니다." 벤이 처한 환경 속에서 감사하는 마음은 영적으로 더 크고 높이 성장할 수 있는 가능성을 펼쳐 보여줬다.

감사는 수동적인 태도인가? 아니다. 감사는 적극적인 태도다. 감사하라! 주고 받음의 원칙은 성경에 나오는 "주라, 그리하면 너희에게 줄 것이니"(누가복음 6장38절)로 설명할 수 있다. 이 원칙은 "주라, 그러면 받는다"이지 "받으면 주라"는 것이 아니다! 즉, 주는 것이 먼저다. 그러니 우리는 자신이 가진 좋은 것에 대해 먼저 감사해야 한다. "하나님, 감사합니다"라는 말로 기도를 시작한다면 어떤 일이 일어날지 상상해본 적이 있는가? 기도에 대한 전체적인 접근 방식은 물론이고, 삶에 대한 우리의 시각까지도 바뀔 수 있다. 간청의 말과 애원, 그리고 아마도 많은 눈물이 기도에서 사라지게 될 것이다. 기도의 중심이 부족하다는 생각에서 풍요로움에 대한 감사로 옮겨갈 것이다.

한 신문에서 읽은 감사에 관한 아름다운 글을 소개한다. 한 인도 선교사가 도시를 여행하고 있었다. 선교사는 길 옆에 서있던 한 남자를 만나 잠시 동안 영적인 덕목에 대해 얘기를 나눈 뒤 그의 모국어로 쓰여진 성경을 건네주고 여행을 계속했다. 그 남자는 선교사가 주고 간 성경을 몇 쪽 읽고 온 몸이 떨리는 것 같은 깊은 감동을 받았다.

그는 자신에게 이런 감동과 진리를 전해준 선교사에게 감사하다는 마음을 전하고 싶었다. 그는 선교사가 남긴 발자국의 치수를 재어 가죽신 한 켤레를 만들었다. 그리고 선교사에게 그 신발을 전해주기 위해 300킬로미터를 여행했다.

그 선교사의 삶은 이토록 소중한 선물 덕분에 풍요로워졌을 것이다. 그러나 선물을 준 인도인의 삶은 감사를 표현했기 때문에 훨씬 더 풍성해졌을 것이다. 당신은 300킬로미터에 달하는 길을 달려가 감사를 전하려고 노력한 적이 있는가? 또는 500일간의 감사를 드린 적은 있는가? 당신의 삶과 받은 축복에 감사하는 것으로 하루를 시작해보라. 그리고 과연 어떤 일이 일어나는지 지켜보라!

칼 홈즈는 이런 글을 남겼다. "우리 모두가 키워야 할 습관은 누구를 만나든 그에게서 높이 평가하고 인정해줄 만한 점을 찾는 것이다. 우리는 너그러운 마음으로 다른 사람을 평가하고 인정할 수 있다. 모든 사람이 자신의 가치를 인정해주는 데 대해 감사할 것이다. 다른 사람을 인정하는 것은 모든 사람과의 관계를 개선시키고 어려움에 처한 사람에게 새로운 용기를 불어넣어 주며, 모든 사람에게서 최선의 것을 끌어낸다. 그러니 할 수 있을 때마다 너그럽게 다른 사람의 가치를 인정해주라. 결코 후회하지 않을 것이다." 다른 사람을 인정해주고 높이 평가해주는 것, 이것도 감사의 한 측면이 아닌가?

감사를 표현하는 행동에는 힘과 활력을 주는 무엇인가가 있다. 감사를 표현하는 것은 건전지를 충전하는 것과 같다. 마음을 열고 가슴이 기쁨으로 노래할 때 당신의 몸과 마음과 영혼과 일상생활 속에 충전할 수 있는 영적인 에너지가 흘러 들어온다. 영혼에 감사보다 더 좋은 영양제는 없다. 이미 받은 축복에 감사할 때 우리의 감사하는 태도는 남아 있는 좋은 것까지 끌어당긴다. 감사는 친구와 사랑과 평화와 기쁨과 건강, 물질적 선을 우리 쪽으로 끌어당기는 강력한 자석과 같다.

물론 우리는 건강할 때, 삶이 평온하고 놀랄 만한 재능과 경험으로 충만할 때 더 쉽게 감사할 수 있다. 그러나 우울한 날, 주변 여건이 매우 어려운 날 감사하는 것은 어떤가? 이런 때야말로 감사가 더욱 절실한 날이다! "어둡고 어려운" 때 한 여자가 모든 일을 멈추고 앉아 감사할 만한 일 세 가지를 적어봤다. 그 세 가지는 1)살아있다는 것 2)선한 마음을 갖고 있다는 것 3)"하나님 감사합니다"라고 말할 수 있는 지혜를 갖고 있다는 것이었다.

불평이 아니라 감사하는 마음이 다른 사람들을 당신에게로 끌어들인다
존 템플턴

　　　　　　어느 아이의 네 살 되는 생일날이다. 방에는 포장지와 얽힌 리본들이 흩어져 있었다. 아이의 엄마가 "얘야, 지금 뭐 얘기하고 싶은 게 있니"라고 묻자 모든 사람들은 기대에 찬 모습으로 웃으며 아이를 바라봤다.

　아이가 대답했다. "내 나머지 선물들은 어디 있는 거죠?"

　이것은 네 살짜리 아이들이 흔히 보이는 전형적인 행동일 수 있다. 그러나 얼마나 많은 사람들이 이와 비슷한 질문을 던지고 있는가? "이것이 내가 얻을 수 있는 전부란 말인가?"라고 말이다. 언제나 더 큰 기대가 있다. 더 좋고 더 새롭고 더 빠르고 더 뜨겁고 더 차갑고 더 크고 더 화려한 무엇인가에 대한 기대감. 우리는 지금 가지고 있는 것에 감사할 수도 있고, 지금 갖지 못한 것에 관심을 쏟으며 자신과 다른 사람들을 비참하게 만들 수도 있다. 우리의 마음은 지금 만족할 것인가, 아니면 더 많이 원할 것인가를 결정할 수 있는 힘을 갖고 있다. 우리가 그토록 간절히 원하는 것이 무엇인가? 우리가 이토록 갈망하는 이 공허함은 무엇인가?

윈스턴 처칠이 즐겨 했던 이야기가 있다. 폭풍우가 치는 어느 날 어린아이가 부두에서 놀다 그만 바닷물에 빠져버렸다. 나이든 선원 한 명이 어린아이를 구하기 위해 위험을 무릅쓰고 폭풍우가 치는 바닷물에 뛰어들었다. 그는 어린아이를 붙잡고 힘겹게 파도와 싸우다 마침내 어린아이를 안전하게 구해내고 지쳐 쓰러져버렸다.

이틀 후 어린아이가 어머니와 함께 이 나이든 선원을 찾아왔다. 어머니가 선원에게 물었다. "당신이 물 속에 뛰어들어 제 아들을 구한 그 사람인가요?"

"그렇습니다만……." 나이든 선원이 대답했다.

선원의 말이 떨어지기가 무섭게 어린아이의 어머니는 다그쳐 물었다. "그런데 우리 아들 모자는 어디 있죠?"

아마도 대부분의 사람들은 위험에 빠졌던 아이의 생명을 구해줬는데 모자가 뭐 그리 중요하냐고 반문할 것이다.

그러나 이 이야기는 수많은 사람들이 옳은 것이 아니라 틀린 것에 관심을 쏟고 있음을 빗대어 풍자하고 있다. 위대한 진리 가운데 하나는 감사하는 마음이 모든 좋은 것들을 우리에게 끌어 당기는 강력한 에너지가 된다는 것이다. 감사를 일상적인 행동으로 몸에 익히려 노력할 때 인생은 좋아지고, 정말로 더 좋아지고, 그리고 엄청나게 좋아진다! 우주는 더 많은 기회와 더 많은 친구와 더 많은 활동과 성장하고 뻗어나갈 수 있는 더 많은 수단을 제공함으로써 감사하는 마음에 정기적으로 반응한다. 감사하는 마음을 중심에 두라. 감사는 진리를 축하

하는 것이며, 이것은 당신을 행복으로 이끌어 지속적인 축복을 보장해준다.

용기를 가지고 인생에 닥친 고난에 감사하라. 고난을 통해 당신은 더 강해지고 더 많이 깨닫게 된다. 현상으로 드러난 한계는 칭찬과 감사를 통해 성장하는 위대한 원칙을 알지 못하는 사람들에게나 장애물이 될 뿐이다.

인생의 모든 것에 감사하는 경지에 도달한 사람이 있었다. 그는 어느 날 몇몇 친구들에게 전혀 쓸모없어 보이는 아주 작은 물건이라도 자신에게 주어진다면 돈을 들이지 않고도 그것으로 무엇인가를 만들어낼 수 있다고 말했다. 친구들은 그에게 한번 증명해보라고 요구했다. 그리고 처분하려고 쌓아놓은 깡통더미를 발견하자 이 쓸데없는 깡통으로 무언가 만들어보라고 말한 뒤 웃으며 가버렸다.

혼자 남은 그 사람은 깡통더미를 바라보면서 마음을 깡통에 집중시켰다. 그리고 이렇게 말했다. "나의 마음을 영혼에 열어 보일 수 있는 이 기회를 가진 것에 감사한다. 이 깡통은 나에게 무엇을 할 수 있는지, 무엇을 만들고 무엇을 표현할 수 있는지, 그리고 무엇을 내놓을 수 있는지 말해줄 것이다."

그런 다음 깡통을 들고 몇 분간 조용히 앉아 있는데 갑자기 마음속에 성냥갑 그림이 떠올랐다. 그는 곧 깡통을 자르고 구부려 성냥갑을 여러 개 만든 뒤 지나가던 소년을 불러 성냥갑을 팔면 40%를 주겠다고 말했다. 이 소년은 성냥갑을 25센트에 팔았고, 그는 소년에게 40%를 떼어준 뒤 남은 돈으로 약간의 페인트를 사서 나머지 성냥갑들을 칠했다. 그는 이웃집 소년들을 몇 명 더 불러 예쁘게 색깔이 칠해진 성냥갑을 팔아 달라고 말했다.

　몇 주 후 그의 친구들은 겉으로 보기에 아무런 가치도 없었던 보잘 것 없는 깡통에서 상당한 이익이 생긴 것을 목격하게 됐다. 그는 감사하는 태도가 결합될 때 창조적인 아이디어가 자본이 될 수 있다는 사실을 증명해 보였다.

　우리는 깊은 공허함을 채우기 위해 바깥에서 무엇인가를 찾는 경향이 있다. 어디엔가 소속되고 싶은 욕망을 채우기 위해 인기를 바라고, 돈이야말로 우리의 갈망을 만족시켜줄 수 있다고 생각하기도 한다.

　어떤 사람은 "돈을 더 많이 벌면 일도 더 잘할 것"이라고 말한다. 그러나 일을 더 잘하면 더 많은 성과가 생기고 기쁜 마음으로 일할 때 최선의 결과가 나타난다. 사실 다른 사람들에게 도움이 됐다는 느낌, 그리고 일을 잘 해냈다는 느낌, 그 자체가 위대한 성과다.

　사람들은 "내가 유명해지면 모든 사람들이 나를 사랑하게 될 거야"라고 생각한다. 그러나 명성이 진정한 사랑을 가져다 주는 것은 아니다. 어떤 사람이 사랑 받는 것은 바로 그 사람이기 때문이다. 그리고 지구상의 모든 사람들은 사랑을 받을 만한 가치가 있다.

　사랑 받고 있다는 생각, 또 사랑스럽다는 느낌이 사람들을 우리에게 끌어당기는 매력이 된다. 자기 자신이 사랑스럽다는 것을 알면 혼자서도 외롭지 않다. 자신의 가치를 아는 것이 변덕스러운 상태로 몰아넣는 공허감에서 벗어나는 최선의 방법이다. 지금 우리 모습에, 또 지금 우리가 가진 것에 감사하면 얼굴에는 웃음이 떠오르고 빛이 나고 더 좋은 일들을 우리 자신에게 끌어당길 수 있게 된다.

감사하는 태도는 축복을 만든다
존 템플턴

러셀 크리들이 쓴 《사랑은 눈멀지 않았다Love is not blind》를 보면 앞을 보지 못하다가 수술로 시력을 되찾은 사람의 감동적인 독백이 나온다. "모든 것이 아름다워 보였다. 어떤 것도 추해 보이지 않았다. 도랑에 버려진 종이뭉치, 단어로는 쓰레기라는 이미지를 전달할 뿐인 그 종이뭉치조차 나는 그것에서 하얗고 까만 색, 또 다른 색들과 곧은 선, 좌우 대칭을 봤다. 다른 어느 도랑의 다른 어떤 종이뭉치와도 믿을 수 없을 만큼 달랐다.……나는 내가 더 이상 장님이 아니라는 사실에 큰 전율을 느끼지는 않았다. 다만 아름다움에 대한 엄청난 경이로움이 나를 인내의 극한이라고 할 만큼 부들부들 떨게 만들었다. 나는 집으로 달려가 내 방의 베개에 얼굴을 묻었다. 더 이상 장님이 아니라는 사실 때문이 아니라, 내가 이제는 볼 수 있다는 사실 때문이 아니라, 내가 이 같은 장엄함을 소화할 만한 능력이 없었다는 사실 때문에 흐느껴 울었다." 확실히 이것이야말로 헤아릴 수 없을 만큼의 큰 감사다!

신뢰하는 마음으로 관심을 기울이기만 하면 무엇이든 당신의 경험이 된다. 그러니 당신이 되고 싶은 모습에 관심을 집중하라. 당신이 지금 이 순간 당신이 되고자 원했던 바로 그 사람이라는 사실을 깨닫고 감사하라. 당신이 지금 즐기고 있는 모든 풍요로움에 감사하고 당신에게 앞으로 다가올 모든 좋은 일들의 풍성함에 감사하라. 지금까지 받은 축복을 헤아려보고 자신이 얼마나 많은 축복을 받은 사람인지 깨달아갈수록 감사의 태도를 키워나갈 수 있다. 그러면 당신은 결코 가능하지 않을 것이라고 생각했던 방법으로 축복받을 것이다. 좋은 일이 일어날 것이라는 일관된 기대감과 현재의 삶에 대한 깊은 감사를 가지고 매일 아침 일어나는 연습을 하라. 그러면 당신의 인생은 흥미진진한 모험들로 가득 채워질 것이다.

물론 당신은 부족하다고 느껴지는 것에만 온전히 집중할 수도 있다. 어떤 물건을 갖지 못했다고 한탄할 수 있다. 당신의 운명, 부모, 재산, 단점, 다른 사람들의 잘못 등에 대해 불평하며 돌아다닐 수도 있다. 어디에 더 집중할 것인가는 당신보다 앞서 살았던 사람들도 선택했고 앞으로도 계속 선택해야 하는 문제다.

아니면 당신은 자신을 변화시킬 수 있다. 당신은 인생이라는 드라마를 풍요롭게 즐길 수 있을 만큼 지혜로워질 수 있다. 어쩌면 당신은 이미 감사하는 태도에 담긴 지혜를 알고 있을지도 모르겠다. 그렇다면 당신은 더 큰 감사와 더 큰 행복에 마음을 열어놓기 위한 아주 작은 첫발을 내딛었을 뿐이다. 지금 당신이 누리고 있는 행복을 잘 지킬 수 있다면 감사하는 마음이 더욱 커지며 당신에게 더 큰 축복이 다가올 것이고, 당신을 통해 세상이 받는 축복도 더 커질 것이다. 감사하는 마음은 당신에게 정말로 놀라운 효과를 발휘할 것이다!

매일 당신이 받은 축복을 세어보라.
그러면 축복은 잘 가꾼 나무처럼 몇 배로 자라날 것이다

윌리엄 주노

감사하는 마음이 가진 한 가지 비밀은 감사할수록 삶이 선하고 좋다는 사실을 알게 된다는 점이다. 당신 자신에게 물어보라. "내가 받은 모든 축복에 대해 충분한 시간을 들여 감사하고 있는가?" 그렇다면 삶의 어느 부분부터 내가 받은 축복을 헤아려 볼 수 있을까?

삶과 건강이라는 선물―얼마나 값진 선물인가!

가족과 친구들―이들이 없다면 우리의 삶은 얼마나 황량하고 외로울까!

음식과 쉴 곳, 옷과 일상생활의 필수품―너무나 당연하게 여기는 것이지만 이것들이 없다면 우리의 삶은 어떻게 될까?

매일매일의 일―무슨 일이든 이 순간 당신이 하고 있는 일은 당신을 창조적으로 표현할 수 있는 방법을 제공해준다.

우울한 순간―우울할 때도 있지만 오직 순간일 뿐이다! 우울한 순간이 지나면 태양이 구름을 헤치고 나오듯 믿음이 솟아나온다.

지혜와 이해력―깨달음 속에서 배우고 성장하는 기쁨. 삶은 우리를 앞으로 나아가게 하기 위해 때로는 조금 더 현명해져야만 해결할 수 있는 문제에 직면하게 한다.

　마음의 평화-기쁨과 격려, 활력을 발산할 수 있는 기회.

　치유-마음과 몸, 영혼의 치유. 누구나 살아가다 보면 어느 시점에 이르러 어떤 종류든 치유가 필요하다. 치유가 가능하다고 믿고, 치유하는 생명의 흐름을 향해 마음을 열어 받아들이면 치유가 일어난다.

　사람들이 말하는 "더욱 풍요로운 삶"이란 대개 건강과 활력과 일과 즐거움과 사랑과 우정과 오늘을 살아가는 데 필요한 지혜와 내일의 안정 등을 더욱 많이 갖는 것을 의미한다. 그러나 풍요로운 삶이란 다른 측면까지 포함한다는 사실을 생각해본 적이 있는가? 이런 풍요로움은 무엇인가를 얻는다고 해서 생겨나거나 무엇인가가 없다고 해서 사라져버리는 것이 아니다. 이런 풍요로움은 믿음과 감사와 기쁨을 주는 것이다.

　정원에 씨앗을 심을 때 우리는 땅에 거름을 충분히 주고 어린 싹이 잘 자랄 수 있도록 보호해준다. 또 어린 싹이 잘 자라나 과일이든 야채든 꽃이든 결실을 맺을 수 있도록 정기적으로 보살피고 돌봐준다. 우리가 받은 축복을 헤아릴 때, 우리의 삶과 삶에서 배운 교훈과 삶의 선물들에 대해 감사를 표현할 때, 이들 역시 잘 가꾼 식물들처럼 자라나 배가 된다.

　한 사업가가 고객들에게 특별한 선물을 주고 싶었다. 그는 "감사합니다"라는 말만 100만 번 반복해서 인쇄해 "당신에게 백만 번의 감사를"이라는 제목의 작은 책으로 만들었다. 그는 이 책의 복사본을 의회 도서관에 보내 저작권을 신청했다. 도서관은 한 가지 문장만으로는 저작권의 보호를 받을 수 없다며 거절했다. 이 사업가는 저작권 보호를 거절하는 도서관측의 편지를 받고 만족스러운 미소를 지으며 이렇게 말했다. "여러분, 이제 '감사합니다'라는 말을 원하는 만큼 마음껏 사용하십시오. 이 말에는 저작권이 없습니다!'

삶의 좋은 측면에 의식적으로 집중하면—감사하는 것들을 쭉 적어보는 것도 한 가지 예가 될 수 있다—우리의 마음과 감사의 힘이 합쳐지면서 우리는 더 많은 축복을 받을 수 있는 상태로 변화한다.

감사하면 할수록 감사할 일들이 더 많이 생긴다
존 템플턴

감사하는 마음은 위대한 것들을 끌어당기는 위대한 마음이다. 감사하는 마음은 인생을 살아갈 때 만나는 어떤 상황에 대한 단순한 반응 이상이다. 감사하는 마음은 항상 존재하는 영적인 실재에 대한 찬양이다. 감사의 태도는 더 큰 풍요로움으로 향하는 문을 활짝 열어준다. 그러나 감사를 더욱 깊이 이해하려면 우선 '무엇으로부터' 감사할 것인지에 초점을 맞춰야 한다.

어떤 특정한 날에만 감사하는 것이 아니라 늘 감사하는 마음으로 살아가면, 감사는 인생에 좋은 일을 많이 생기게 해주는 창조적인 힘이 된다. 우리는 이런 삶의 방식을 "감사하는 삶(Thanksliving)"이라고 부를 수 있다. 감사하는 삶은 감사하면서 살 때 감사할 일이 더 많이 생긴다는 것을 전제로 한다. 우리는 마음의 힘과 우리가 하는 선택들을 통해 우리 인생에 축복을 만들어낼 수 있는 능력을 가지고 있다. 감사하는 삶을 실천하기 위해 우리가 선택할 수 있는 몇 가지 방법을 살펴보자.

첫째, 우리 삶 속에 이미 존재하는 좋은 일들을 찾아내 찬양하자. 옛 격언 중에 "관심이 가는 곳으로 에너지가 흐른다"는 말이 있다. 이 말은 관심을 쏟는 곳으로 자연스럽게 끌리게 되어 있다는 의미다. 좋은 생각은 더 좋은 것을 찾아낼 수 있는 가능성을 갖고 있기 때문에 좋은 생각을 하면 더욱 더 좋아지게 된다. 좋은 것을 많이 보고 많이 감사할수록 당신의 창조적인 에너지는 더욱 긍정적인 결과로 유도된다. 힘들고 어려운 상황에서도 가능한 좋은 면을 찾아 감사하라! 좋은 것에 대해 고마워하라. 그러면 그것이 배가 될 것이다.

감사하는 삶을 경험하는 두 번째 방법은 무엇이든 당신이 바라는 것이 있으면 성취되기 전에 미리 감사하는 것이다. 이미 당신이 원하는 것을 얻은 것처럼 느껴보라. 삶의 법칙 중 하나는 "마음 속에 품고 있는 생각은 그대로 바깥 세상에 재생된다"는 것이다. 다시 말해 생각과 믿음을 통해 형성된 내면의 세계가 외면의 세계까지 결정한다는 의미다. 감사하는 삶은 우리가 원하는 일을 이루어낼 수 있도록 도와준다. 자랑스럽고 만족스러운 느낌을 지금 당장 느껴보라. 당신이 원하는 것이 부자가 되는 것이라면 지금 감사한 마음으로 부자인 것처럼 느끼고 행동하라. 당신의 이런 태도가 마치 자석처럼 부를 당신에게로 끌어당길 것이다.

감사하는 삶을 실천하는 세 번째 방법은 가장 어렵지만 가장 효과적인 것이기도 하다. 고난과 시련에 감사하는 것이다. 어떤 상황이든 그것을 극복할 때 힘과 지혜와 열정이 자라게 된다. 수학을 배우는 가장 좋은 방법은 수학 문제를 푸는 것이다. 운동 경기에 대비하는 가장 좋은 방법은 강한 경쟁자와 연습하는 것이다. 옛 격언 중에 "등에 백단향을 싣고 가는 당나귀는 무게만을 느낄 뿐 그 가치는 알지 못한다"는 말이 있다. 사람들은 자신이 처한 환경의 무게만 느낄 뿐 인생이 가져다 주는 진정한 의미의 여러 선물들은 바라보지 못하는 경향이 있다. 고난은 그것이 극복되어질 때 당신을 더욱 강하게 만든다. 그러니 고난 그 자체가 아니라 고난의 경험으로부터 얻게 될 힘과 지식에 감사하자. 앞으로 성취할 발전에 대해 미리 감사하는 마음은 어떤 어려움이든 극복할 수 있도록 힘이 될 뿐만 아니라 그 어려움을 통해 성장할 수 있게 도와준다.

감사하는 마음은 주는 마음과 용서하는 마음으로 이끌어 정신적인 성장에 이르게 한다

존 템플턴

키케로는 감사하는 마음을 아주 높이 평가

했다. "여러 가지 품성 중에 감사하는 마음은 나에게 좀 더 많이 있었으면 좋겠다. 감사하는 마음은 가장 위대한 덕목일 뿐만 아니라 다른 모든 덕목의 어머니다." '감사'는 영어로 '그래티튜드(gratitude)'라고 하는데 이 단어는 라틴어 '그래티스(gratis)'에서 유래했다. 'gratis'는 '기쁘게 하는' 혹은 '고맙게 여기는' 이라는 뜻이다. '그래티튜드' 뒤에 붙은 '튜드(-tude)'는 성품 혹은 마음의 상태를 의미한다. 따라서 '감사'를 뜻하는 영어 '그래티튜드(gratitude)'는 문자 그대로 기뻐하고 즐거워하고 고맙게 여기는 태도를 말한다.

몇 해 전 신문에서 일본인의 독특한 정원 감상법을 소개하는 기사를 읽은 적이 있다. 국화 정원을 가꾸는 사람이 꽃을 감상하기 위해 정원을 방문하기로 한 천황을 기다리고 있었다. 정원에는 만개한 국화가 수백 송이나 있었다. 그러나 이 사람은 가장 좋은 꽃 한 송이를 고른 뒤 나머지는 모두 잘라 버리고 완벽한 꽃 하나만을 남겨뒀다. 천황은 정원에 도착한 뒤 자리에 앉아 몇 시간 동안이나 이 아름다운 꽃 한 송이를 조용히 바라보며 꽃이 발산하는 아름다움이 자신을 휘감는 것을 느꼈다. 다른 모든 것은 사라져버리고 꽃 한송이를 감상하는데에만 몰두해 있는 모습을 상상할 수 있는가?

감사의 법칙은 에너지의 흐름을 관장하는 우주의 특징을 드러낸다. 당신이 내뿜은 에너지는 당신에게로 돌아온다. 이 법칙은 삶의 모든 부문에 작용한다. 사랑을 주면 사랑이 당신에게 다시 돌아온다. 다른 형태로 돌아올 수도 있지만 거짓없이 사랑을 베풀었다면 그 사랑은 반드시 돌아온다. 삶의 법칙은 머리 속의 기대와 가슴 속의 힘을 결합하는 것이다. 당신은 삶 속에 무엇인가 좋은 것을 일어나게 하는 '틀'을 만들 수 있으며 감사의 힘으로 좋은 일들이 마치 자석에 이끌리듯 당신에게 계속해서 다가오게 할 수 있다.

마태복음 7장7절에도 나와있듯 "구하라, 그러면 너희에게 주실 것"이다. 감사하는 마음으로 살아가면 돈 역시 이렇게 흐른다는 사실을 발견하게 된다. 어떤 자원, 예를 들면 우정이나 도움, 애정 등을 쌓아두기만 하면 에너지의 순환이 멈춘다는 것을 느낀 적이 있는가? 반대로 사랑과 감사를 나눠주면 풍요로움이 우리에게로 흘러 들어온다.

정신의 숭고함과 음악, 미술, 연극, 문학, 친구, 춤, 스포츠, 자연, 그리고 우리의 삶을 살아갈 만한 것으로 만들어주는 모든 것을 높이 평가하고 감사할 수 없다면 어떻게 될지 생각해본 적이 있는가? 당신은 감사하는 마음, 고마워하는 태도, 용서하는 자세가 창조적인 힘이라는 사실에 대해 생각해본 적이 있는가? 세속적인 관점에서 보자면 이 세상 모든 사람들이 위대한 것은 아니다. 그러나 감사할 수는 있다! 아마도 진정한 감사란 정신적인 성장으로 이끌어주는 환상적인 창조력일 것이다. 사랑하는 마음과 감사하는 마음으로 살아가는 삶을 선택하도록 하자. 우리 자신과 다른 사람들을 축복하고 우리의 삶을 좀 더 완전하게 만들기 위해 감사와 용서의 법칙을 활용하자.

행복의 열쇠

세계적으로 잘 알려진 인생 상담 칼럼 〈디어 애비Dear Abby〉를 쓴 앤 랜더스는 2002년에 세상을 떠났지만 그녀가 남긴 〈디어 애비〉는 여전히 사랑받고 있다. 예전에 〈디어 애비〉에서 매우 감동적인 추수감사절 메시지를 읽었다. 우리 삶의 매일매일이 '감사하는 날(Thanksgiving)'이라는 의미에서 '추수감사절(Thanksgiving)'이고, '감사하며 살아가는 날(Thanksliving)'이라는 생각에서 이 글을 소개한다.

친애하는 독자 여러분:
오늘은 추수감사절입니다. 그러니 잠시 당신에게 감사할 만한 것이 있는지 생각해보세요.
당신의 건강은 어떻습니까? 그리 좋지 않은 편인가요? 그러면 지금까지 오래 살게 해준 데 대해 하나님께 감사하세요. 당신만큼 오래 살지 못하는 사람들도 많답니다. 당신은 지금 고통받고 있나요? 수천 명, 어쩌면 수백 만 명의 사람들이 훨씬 더 고통받고 있을 거예요.(재향군인병원에 가본 적이 있나요? 장애 아동들을 위한 재활병동을 방문한 적은 있나요?)
오늘 아침에 일어나 새들이 노래하는 소리를 듣고, 당신의 성대를 이용해 사람 목소리를 내고, 튼튼한 두 다리로 식탁까지 걸어가고, 당신의 건강한 두 눈으로 신문을 읽었다면 하나님께 찬양을 돌리세요! 많은 사람들이 그렇게 하지 못하고 있습니다.
당신의 지갑 사정은 어떻습니까? 돈이 별로 없나요? 음, 이 세상 대부분의 사람들은 훨씬 더 가난합니다. 연금도 없고, 복지혜택도 없고, 식량을 배급받을 표도 없고, 사회보장제도도 없습니다. 사실 지구상에 사는 사람들 중 3분의 1은 오늘밤 고픈 배를 끌어안고 잠자리에 들어야 합니다.

외롭나요? 친구를 사귀는 방법은 친구가 되어주는 것입니다. 아무도 당신에게 전화를 하지 않는다면 그들에게 먼저 전화하세요! 밖으로 나가 다른 누군가를 위해 좋은 일을 하세요. 우울증에 매우 확실한 치료약이 될 거예요.

당신이 사는 국가의 미래가 걱정스럽나요? 우와, 정말 축하할 만한 일이군요! 우리의 국가 시스템은 그런 걱정 덕분에 안전하게 유지되어 왔습니다. 정부의 투명성과 나라의 평화, 법 앞의 평등에 대한 걱정들 말입니다. 당신이 사는 나라가 장미 정원은 아니겠지만 그렇다고 잡초투성이도 아니랍니다.

자유의 종이 울리고 있습니다! 들어보세요. 당신은 종교를 선택할 자유가 있고, 비밀투표를 할 수 있고, 한밤중에 머리를 얻어 맞을 위험도 없고, 갑자기 누가 문을 두드리는 소리에 두려워할 필요도 없고, 정부를 비판할 자유도 갖고 있습니다. 그리고 당신이 다른 국가 시스템에서 살고 싶다면 자유롭게 떠날 수도 있습니다. 벽도 장애물도 없습니다. 아무것도 당신을 여기에 가둬두지 않습니다.

마지막으로, 나의 추수감사절 기도를 여기에 적고 싶습니다.

하늘에 계신 하나님, 일용할 양식을 주셔서 감사하며 아울러 배고픈 사람들을 기억하게 해주소서.

건강하게 해주셔서 감사하며 아울러 아픈 사람들을 기억하게 해주소서.

자유를 주셔서 감사하며 아울러 자유롭지 못한 사람들을 기억하게 해주소서.

이러한 기억들로 인해 우리가 봉사할 수 있도록 자극 받게 해주소서.

당신이 허락하신 재능을 다른 사람들을 위해 사용할 수 있도록 해주소서. 아멘

—애비

WORLDWIDE

Laws of Life

04
사랑의 법칙

사랑을 주는 것이 사랑을 받는 것이다
존 템플턴

누구나 사랑을 원한다. 사랑이 우리 삶의 보석으로 여겨지는 까닭은 사랑이야말로 모든 영혼의 진정한 본성이기 때문이다. 사랑의 힘과 능력과 에너지는 우리 안에 생명의 피처럼 존재한다. 사랑을 표현하는 것은 너무나 중요하다! 세계적으로 유명한 오페라 가수 루치아노 파바로티는 이렇게 말했다. "당신은 유명한 예술가들이 그 때까지 받았던 모든 격려들, 즉 작지만 따뜻한 토닥거림과 짧은 신문기사, 스승으로부터 들었던 희망의 말을 항상 지니고 다닌다는 사실을 모를 겁니다. 나는 자기 자신에 대한 믿음이 재능의 토대가 된다고 생각합니다. 그러나 이런 작은 격려야말로 예술가의 재능을 결합시키는 모르타르라고 믿습니다."

우리 삶의 가장 위대한 선물이 어떻게 숨겨졌는지 알려주는 이야기가 있다. 신이 인간을 창조하면서 가장 소중하고 가장 강력한 이 보물을 우주 어디에 숨겨야 잘못 사용되거나 잘못 다뤄지지 않을까 고민했다. "이 보물을 가장 높은 산의 꼭대기에 숨길까? 땅 속 깊이 묻어둘까? 아니면 가장 깊은 바다 속 심연에 묻을까? 가장 깊고 어두운 숲속 한가운데에 감춰둘까?" 신은 고심 끝에 결론을 내렸다. 이 선물을 사람들 안에다 심어두기로 했다. 왜냐하면 사람들은 분명히 자기 자신의 안은 쳐다볼 생각도 하지 않을 테니 말이다. 신은 이 선물을 사람들 안에다 넣어둔 뒤 더욱 확실히 하기 위해 사람들의 눈이 안이 아니라 바깥만 볼 수 있도록 만들었다.

이제 비밀은 당신 것이다. 당신 내면을 바라보면 이 보물을 찾을 수 있고, 당신 인생의 모든 분야에서 이 보물을 경험할 수 있을 것이다. 사랑을 체험하는 가장 확실한 방법은 사랑을 주는 것이다. 사랑을 주면 당신이 사랑을 소유하고 있다는 사실을 당신 스스로 증명할 수 있다. 무엇이든 당신에게 없는 것은 다른 사람에게 줄 수 없기 때문이다! 나눠줄 사랑이 없는 사람은 이 세상에 아무도 없다. 당신의 사랑을 인정하고 이해해줄 수 있는 사람을 찾을 필요도 없다. 그리고 당신이 사랑하는 그 사람으로부터 사랑을 되돌려 받기를 기대하지도 말라. 그 사람이 사랑을 되돌려준다 해도 당신이 그에게 주었던 것과 똑같은 사랑은 아닐 수도 있다.

사랑은 마음과 몸을 하나로 묶는다. 사랑이란, 사랑을 얼마나 잘 알고 이해하는지 그 정도와 깊이에 따라 우리에게 좋은 것들을 끌어당겨 주는 매력적인 힘이다. 사랑을 표현하고 사랑을 실천하겠다는 분명한 생각을 가지고 살아갈 때 우리는 이 세상에서 가장 강력한 힘에 동참할 수 있게 된다. 땅콩 박사로 유명한 미국의 조지 워싱턴 카버는 사랑의 힘을 이렇게 표현했다. "당신이 충분한 사랑을 쏟기만 한다면 어떤 것이든 자신의 비밀을 다 드러낼 것이다."

당신 주위에 있는 누구에게든, 아니면 당신 자신에게라도 사랑을 베풀기 시작하라. 사랑은 자연스러운 태도이자 선한 의지의 표현이며, 친절이자 지지이며, 배려이자 자비다. 사랑은 다른 사람들에게 도움이 되고 그들에게 좀 더 좋은 무엇인가를 기꺼이 하는 것이다. 생각과 말과 행동을 통해 의식적으로 사랑을 주면 당신은 사랑의 힘에 어울리는 사람이 된다.

　당신 안에 존재하는 사랑의 힘과 아름다움을 강하게 느끼게 되면 당신은 주는 사랑과 받는 사랑을 구별하지 않게 된다. 사랑이 다시 당신에게 되돌아오는지에 대해서도 전혀 관심을 두지 않게 된다. 사랑을 주는 것과 받는 것은 이 우주에서 가장 강력한 힘의 조화로운 흐름이다.

사랑받는 것보다 사랑하는 게 더 좋다
성 프란시스

　　　　　　　　사람들 사이에는 정말로 달콤한 기운, 바로 사랑과 연민의 달콤한 기운이 흐른다. 시인 칼 샌드버그는 사랑을 이렇게 표현했다. "언제나 당신이 현재 있는 그대로는 아닐 것이다. 당신은 위대한 무엇인가를 향해 나아가고 있다. 나는 그 길에 당신과 함께하고 있고, 그러므로 당신을 사랑한다." 성경에서 사도 바울은 사랑이라는 달콤한 기운을 좀 다르게 표현했다. "믿음과 소망과 사랑은 언제까지나 영원하나 믿음과 소망과 사랑 중에 그 중의 제일은 사랑이라." 사랑! 바로 당신 안에 있는 위대한 잠재력이다!

잠시 태양을 생각해보라. 태양은 내부의 열핵반응을 통해 에너지를 발생시켜 스스로 유지할 수 있는 독립적인 존재다. 이 반응 과정에서 방출되는 에너지는 너무나 강력해서 태양은 수백 만 년 동안 크기나 밝기가 거의 변하지 않는 빛과 열을 발할 수 있었다.

사랑도 태양과 같다. 사랑은 스스로 존재한다. 사랑은 강력한 치유의 에너지를 주는 대가로 어떠한 보상이나 감사도 바라지 않는다. 사랑은 때로 보이지 않는 것처럼 느껴질 때도 있지만 언제나 존재한다. 구름 속에 가려져 있을 때도 태양이 존재하는 것처럼 인간적인 감정이 사랑을 가릴 때도 사랑은 존재한다. 우리의 인생은 사랑의 에너지 위에서 번영한다. 사랑은 스스로 존재하고 자기 자신의 에너지를 만들어내므로 우리는 외부에서 사랑을 찾을 필요가 없다. 사랑은 우리 존재의 중심 깊숙이 들어 있다.

우리가 사랑의 에너지를 발산할 때 수소를 헬륨으로 바꾸는 열핵반응이 태양 내부에서 일어나듯 연쇄 반응이 일어나게 된다. 사랑의 에너지는 우리 내부를 흐르며 우리를 바꾸고 우리를 크게 만든다. 사랑은 고통으로 한때 닫혀졌던 우리의 마음을 열게 하고, 고통을 받아들여야 한다면 기쁘게 받아들이도록 변화시킨다. 미움은 더 이상 우리의 영혼을 갉아먹을 수 없고, 배려와 연민이 증오 대신 자리하게 된다. 우리가 우리 자신을 사랑하고 사랑으로 바라보기 시작할 때 변화는 더욱 뚜렷해진다.

사랑의 에너지는 우리를 치료해주는 향유(香油) 같은 존재다. 태양처럼 사랑은 선과 악에 대한 인식이 없다. 사랑은 그저 존재한다. 사랑은 "올바른 일이기 때문에 이 사람을 사랑할 것이다"라고 말하지 않는다. 또는 "그 대가로 직업과 부를 얻을 수 있으므로 이 사람을 사랑할 것이다"라고 말하지 않는다. 본성으로서의 사랑이 우리를 통해 스스로를 표현하도록 내버려둔다면 사랑은 자동적으로 우리 주위의 모든 것을 빛나게 할 것이다. 태양과 식물이 함께 작용해 음식(유기물)을 만들어내는 광합성처럼 사랑의 에너지가 우리 삶을 변화시키도록 허락하면 비슷한 과정이 우리 안에서도 일어나게 된다. 사랑은 우리 자신과 다른 사람을 위한 음식이 된다. 사랑의 에너지가 우리를 채우도록 하는 것처럼 이 에너지를 우리 밖으로 흘러나가도록 하는 것도 똑같이 중요하다.

일단 우리 내부에서 사랑의 불이 붙어 밝게 빛나기 시작하면 그것이 우리에게서 다른 사람에게로 넘쳐흐르는 것을 막을 수 없다. 어떤 사람들은 우리가 가진 사랑의 따뜻함을 느낄 정도로 가까이 있지 않을 수도 있지만, 어떤 사람들은 우리가 발산하는 에너지의 빛 속에서 몸을 녹일 수도 있을 것이다. 우리가 사랑이므로 우리의 사랑이 인정을 받는 것은 중요하지 않다. 태양이 영속하는 것처럼 사랑은 주고 또 주어도 줄지 않는다. 아일랜드 작가 아이리스 머독은 "우리는 사랑에 의해서만 사랑하는 법을 배울 수 있다"라고 말했는데, 이것은 정말 그렇다! 사랑을 더 많이 베풀수록 우리 인생은 더 밝아진다. 우리는 태양처럼 빛날 수 있으며 모든 이들에게 예외 없이 사랑을 비출 수 있다.

사랑이 충분하면 극복하지 못할 어려움은 없다
에밋 폭스

템플턴 상의 다섯 번째 수상자인 키아라 루빅은 이런 깨달음의 인도를 받았다. 키아라는 젊은 시절 교사로 재직하면서 성경을 읽고 도저히 사랑할 수 없을 것 같은 사람까지 포함해 모든 사람을, 예수가 보여준 것과 같은 사랑으로 사랑하라고 명하셨다는 사실을 알았다. 그녀는 자신이 아직 이런 사랑의 기준에 부합하지 못한다고 느꼈다.

그녀는 다른 젊은이들과 모임을 만들어 어떻게 예수가 사랑했듯이 사랑할 수 있을까 토론했다. 그들의 토론은 성공적이었다. 키아라를 포함해 모임에 참석했던 사람들은 훨씬 더 깊은 형태의 사랑을 표현하기 시작했다. 그녀가 시작한 이 활동은 이탈리아어로 '벽난로' 란 뜻의 '포콜라레(Focolare) 운동' 이라고 불린다. 그녀는 벽난로가 열기를 발산하듯이 사랑을 발산하자는 의미에서 포콜라레라는 이름을 선택했다. 그들의 목적은 모든 국가간의 조화, 모든 세대간의 조화를 촉진하는 것이다. 복음을 실천하는 삶을 통해, 그리고 노래와 음악과 춤을 통해 그들은 사랑의 메시지를 전달했고, 이는 놀라울 만큼 유익한 결과를 가져왔다.

포콜라레 운동에 참여하는 사람들은 회사에 다니거나 다른 일반적인 사회 단체에 속해 있는 평범한 사람들이다. 그들은 너무나 조용하기 때문에 특별히 관심을 기울이지 않으면 거의 눈에 띄지 않는다. 그러나 포콜라레 회원들과 매일 접촉하는 사람들은 단조로운 일상 속에서 맑은 공기를 마시는 것 같은 기분, 그리고 내면의 힘을 북돋워주는 감화력을 느낀다.

사랑스럽고 친절하고 도와주려는 행동들이 우리의 본성이다. 우리는 원래 긍정적이고 사교적이고 도덕적인 본성을 타고났지만 오랫동안 수많은 방어적인 수법들에 익숙해져 우리의 진정한 자아를 숨기며 살아왔는지도 모른다. 우리가 바람과 파도, 조수, 그리고 중력의 힘까지 모두 다 정복한 다음에는 사랑의 에너지를 이용해야 할 것이다. 그러면 인류는 역사상 두 번째의 불을 발견하게 될 것이다!

사랑은 처유할 수 없는 결점도 견뎌버는 인내를 갖고 있다
J. 옐리네크

우리가 누구를 사랑한다고 생각할 때 실은 그 사람이 줄 수 있는 것을 사랑하는 경우가 종종 있다. 이것은 '조건 있는' 사랑의 특징이다. 가장 높은 단계의 사랑은 아무런 대가도 바라지 않는다. 사랑을 위해서만 사랑한다. 그 사랑은 무엇을, 혹은 누구를 사랑하는가에 연연하지 않고 자신의 사랑이 보답 받을 수 있는지조차 관심이 없다. 사랑의 기쁨이란 태양처럼 그저 자신의 본성을 드러내 빛을 내는데 있다.

사랑은 모든 곳에서, 또 모든 사람에게서 좋은 것을 찾아내는 내면의 자질이다. 사랑은 모든 것이 선하다고 주장하고 선한 것 외에는 아무것도 보지 않음으로써 사랑 속에서, 그리고 다른 것 속에서 사랑의 품성이 가장 잘 드러나도록 한다. 사랑은 상상으로든 다른 방법으로든 어떤 결점에도 주목하지 않는다. 사랑은 위대한 조율자며 인생의 치유자다.

한 사업가에게서 조건 없는 사랑이 갖는 성공의 힘에 대해 들은 적이 있다. 해리는 사업상 다양한 국적의 사람들을 지속적으로 만나야 했기 때문에 사람들과 성공적으로 의사 소통하는 방법이 절실하게 필요했다. 그는 커뮤니케이션을 위한 자신만의 성공 비결을 발견했는데, 이는 특히 대하기 어려운 사람에게도 효과가 탁월했다.

그는 중요한 약속을 앞두고는 사무실에서 문을 닫고 조용히 마음을 정리했다. 그리고 만날 사람들의 모습을 마음속에 떠올리고, 사랑의 서약으로 모든 사람들을 축복했다. 그의 사랑의 서약을 소개한다.

"나는 보편적인 사랑을 뿜어내는 중심이며 내가 내뿜는 사랑은 나에게 선한 것을 끌어당길 정도로 강하다. 나는 다른 사람들에게, 특별히 ㅇㅇ(그가 만날 사람의 이름)에게 선한 것을 비춰줄 만한 능력을 가지고 있다."

그의 이런 행동은 그 자신은 물론 그가 만나야 할 사람 모두에게 강력한 에너지를 만들어냈으며, 양쪽 모두 이 에너지로 충만하게 됐다. 그는 이 서약을 단순히 읽는 것만으로는 충분하지 않다고 말했다. 읽고 있는 것을 느끼는 것이 더 중요하다는 것이다. 다시 말해 보편적이고 조건 없는 사랑의 파동이 당신과 당신의 말을 통해 심장과 마음과 정신과 힘으로 확산되어 가는 것을 느껴야 한다. 내면의 이러한 신성함을 깨닫고, 당신의 '높은 차원의 자아'가 마치 피어나는 꽃처럼 당신의 관심과 욕구, 흥미, 감정, 사랑에 반응하도록 하라. 이런 식으로 표현된 사랑은 수많은 장애를 극복할 수 있다. 우주 속의 모든 원자 하나하나가 조건 없는 사랑에 반응하고 가장 깊은 비밀을 드러낸다. 초기 기독교 사상 중에서 뽑아낸 아름다운 사랑의 가르침을 소개한다.

사랑은 홀로 스러지지 않고, 자신의 빛으로 광채를 내나니,
사랑에 근거하지 않은 것은 아무 것도 견뎌낼 수 없느니라;
사랑은 불화를 끝내고, 증오의 화염을 가라앉히고,
세상의 평화를 회복하고, 분열된 것을 서로 엮나니,
잘못을 고치고, 모든 것을 치유하고, 어떤 것에도 상처주지 않느니라;
그러므로 사랑의 도움을 구하는 자는 앞으로 다가올 해를 두려워 않고
다만 안녕과 영원한 평화를 얻으리라.

우리는 다른 사람과의 관계에서 종종 진실한 사랑이란 어떤 조건도 없이, 아무런 대가 없이 주는 것이라는 사실을 잊어버린다. 사랑은 사람과 사람 사이의 신호등에서 가도 좋다는 파란색 불이다. 그러나 사랑의

천성에 미치지 못하는 것은 멈추라는 빨간색 신호다! 사랑은 실재한다. 사랑은 효력이 있다! 사랑은 부드럽지만 당신이 몸에 지닐 수 있는 가장 강력한 도구다. 사랑이 인내를 낳아 모든 상황을 해결해나가도록 내버려두라.

네 이웃을 네 몸과 같이 사랑하라
마태복음 19장 19절

당신이 만약 "나는 다른 사람에 비해 그리 뛰어나지도 않고, 매력적이거나 지적이지도 않고, 그렇다고 별다른 장점이 있는 것도 아냐"라고 생각한다면 당신을 사랑하거나 당신의 사랑을 받아들이려는 사람으로부터 멀어지게 된다. 부족하다는 느낌, 부끄러움, 자기 연민 등은 모든 관계를 파멸로 이끄는 감정적인 격랑 속에서 에너지를 소진하게 만든다. 자기 의심 속에서 살아가면 파괴적인 결말로 이어지고 결과적으로 자기 의심은 더욱 강화된다. 이런 악순환은 자기 암시를 통해 계속 이어진다. "주는 대로 받는다"는 격언 속에 삶의 진리가 있다. 환경적인 제약이 너무 많다고 생각하면 얼마 지나지 않아 삶은 실제로 그런 제약들을 드러내기 시작한다. 사실이 아니더라도 그것을 진실로 여긴다면 잘못된 믿음이 현실이 된다. 사람들은 이런 말을 너무나 자주 내뱉는다. "어쩔 수가 없어. 난 항상 이런 식이야." "이게 내 천성이야. 내 유전자가 바뀌겠어?" "가정 환경 때문에 이런 성격을 갖게 됐지 뭐야." "시대를 잘못 타고 나서 이 모양 이 꼴이지." 이런 말들은 전혀 진실이 아니다.

지금까지의 당신 모습이 앞으로도 언제나 유지되어야 한다고 생각한다면 당신은 발전을 거부하고 있는 것이다. 현재 당신이 처한 상황이 가족 때문이라고 생각한다면 당신은 가족이라는 테두리 안에 갇혀 있는 것이다. 사회가 당신의 삶을 만들어가고 있다고 믿는다면 당신은 "더 크고 더 좋은 사회적 환경이 나의 인생을 만들어줘야 한다"는 일종의 환상을 품고 있는 것이다. 당신이 이런 생각을 갖기로 선택했다면 마찬가지로 당신에게는 못마땅한 행동이나 태도, 믿음도 거부할 수 있는 힘이 있는 것이다. 어린 시절의 부정적인 영향을 완전히 제거할 수는 없다 해도 부정적인 영향이 당신의 삶에 지속적으로 영향을 미치도록 놔둘 것인지, 아니면 막을 것인지는 자신이 선택할 수 있다.

사람들은 가끔 현실을 양분하는 경향이 있다. 검거나 희거나, 좋거나 싫거나, 나거나 너거나, 이런 식이다. "이것 아니면 저것"이라는 식의 흑백논리는 자신의 이익을 챙기는 동시에 다른 사람의 이익도 배려하는 것이 불가능하다는 믿음을 갖게 한다. 다른 사람에 대한 사랑과 배려를 높이 평가하는 문화적 전통이 있기 때문에 많은 사람들은 자기 자신의 감정과 욕구를 챙기는 것이 이기적이라는 생각을 갖고 있다. 당신은 아마도 "네 이웃을 네 몸과 같이 사랑하라"고 배웠을 것이다. 많은 사람들이 생각하는 것과 달리 이 말의 핵심은 다른 사람을 사랑하기 위해서는 당신 자신을 먼저 사랑해야 한다는 것이다.

사랑이 넘치는 사람은 사랑이 넘치는 세상에서 살아간다
켄 키스

사랑이 넘치는 사람은 긍정적인 분위기를 이끌어낸다. 질은 사랑이 넘치는 사람이었다. 그녀는 다른 사람의 말을 진지하게 들어줬고, 다른 사람을 기꺼이 도와주고 위로해주는 의지할 만한 친구였다. 질이 고등학교에 다닐 무렵 어머니가 암으로 세상을 떠나자 수많은 친구들이 질을 위로하고 위안했다. 자신을 기꺼이 내어주는 질의 사랑은 열 배로 커져 질에게 돌아왔다. 질은 큰 슬픔을 겪었지만 사랑이 넘치는 세상에서 살아갈 수 있었다.

사랑이 넘치는 사람도 상처를 받고 분노를 느끼며, 다른 사람을 어떤 이유 때문에 외면할 수 있다. 이것은 인간의 자연스러운 감정이다. 인생은 각자에게 어느 정도의 실망과 문제와 걱정과 슬픔을 부담시킨다. 매일 행복만 지속되기를 바랄 수는 없다. 그러나 사랑이 넘치는 사람은 부정적인 감정이 자신을 지배하도록 허락하지 않는다. 사랑이 넘치는 사람은 자신에게 상처를 준 사람조차 용서할 수 있다. 사랑이 넘치는 사람은 산책이나 다른 여러 가지 활동을 통해 마음의 평화를 위협하는 분노와 실망의 감정을 머리 속에서 몰아낸다. 사랑이 넘치는 사람은 자신을 화나게 만든 사람과 대화하고, 화해의 악수와 포옹을 나눔으로써 분노의 감정을 쓸어낸다. 스트레스나 혼란의 정도가 어떻든 관계없이 사랑이 넘치는 사람은 이 세상이 지속적으로 사랑이 넘치는 장소가 되는 경험을 하게 된다.

찡그리지 말고 웃어라. 최악이 아니라 최선을 기대하라. 사람들을 이해하고 그들을 배려하는 데 최선을 다하라. 사랑이 넘치는 사람들은 나이에 관계없이 사랑이 넘치는 세상에서 온전하고 행복한 삶을 살아간다. 그들은 사랑이 넘치는 세상에서 살고 있기에 비극적인 사건이나 역경에 부딪쳤을 때도 대처할 힘을 찾을 수 있다.

글렌 모슬리 박사는 《사랑과 우정Love and Friendship》이라는 제목의 글에서 이렇게 썼다. "사랑은 감정 이상이다. 사랑은 완벽하게 자연스러운 필요이고 배고픔이고 목마름이다. 사랑하지 않고 사랑받지 않는다면 아무도 행복하게 살 수 없다. 사랑은 원칙을 성취하는 것이고, 삶을 성취하는 것이다. 우리는 예수가 사랑에 대해 무엇이라고 가르쳤는지 이해해야 한다. '하나님은 사랑이시라. 사랑 안에 거하는 자는 하나님 안에 거하고 하나님도 그 안에 거하시느니라'(요한1서 4장 16절). 이처럼 신성한 활동이 우리를 지배하게 하는 만큼 우리는 하나님의 신성한 마음을 이루는 한 부분이 된다."

변덕스럽고 까다롭고 이기적이고 적대적인 사람에게는 마음을 열기가 어렵다. 그러나 사랑이 넘치는 사람은 다른 사람이 가진 문제와 분노를 이해하면 연민으로 마음을 열 수 있다는 사실을 알고 있다. 사랑이 넘치는 세상에 살고 있는 사람에게는 "극복할 수 없는" 인간관계라는 장애물을 뛰어넘을 수 있도록 사랑의 기적이 방법을 찾아줄 것이다.

아가페는 주면 커지고 쌓아두면 줄어든다
존 템플턴

고대 그리스에서는 사랑을 여러 가지로 분류했다. 에로스(Eros)는 로맨틱한 사랑으로 가슴에 나비를 얹어놓는 것과 같다. 스토르게(Storge)는 가족에게 느끼는 사랑으로 보호의 사랑이다. 필레오(Phileo) 혹은 동료애는 친구에게서 느끼는 사랑이다. 그러나 가장 중요한 사랑은 아가페(Agape)다.

아가페는 이기적이지 않은 사랑으로 모든 것을 주고, 그 보답으로 아무것도 바라지 않는 사랑이다. 아가페는 당신이 다른 사람에게 줄 때 더욱 커지는 사랑이다. 신기하게도 아가페 사랑은 많이 베풀수록 베풀 것이 더 많이 생긴다. 아가페는 예수와 부처, 마호메트, 노자, 공자 등 위대한 정신적 지도자들이 실천하라고 가르쳤던 사랑이다.

작가 G. S.루이스는 아가페를 풍요로운 정원을 키우는 데 필요한 도구에 비유했다. 우리는 언제나 선택권을 가지고 있다. 인생이라는 정원을 잡초가 가득해질 때까지 돌보지 않은 채 황폐하게 내버려둘 수도 있지만 적당한 도구들을 가지고 아름다운 꽃과 우리에게 필요한 야채로 가득한 사랑스러운 장소로 돌볼 수도 있다. 여기에서 가장 중요한 도구는 사랑을 다른 사람에게 전파하려는 우리 자신의 의지다.

사랑보다 더 큰 힘은 우주에 없으며, 사랑보다 더 중요한 행동은 없다. 메허 바바는 그의 추종자들에게 이렇게 말했다. "사랑은 안에서부터 자발적으로 나와야 한다. 사랑은 외적인 어떤 힘의 형태에도 종속되지 않는다. 사랑과 강압은 결코 함께 할 수 없다. 사랑은 어떤 사람에게도 강요될 수 없지만 사랑 그 자체로 그에게서 자각될 수는 있다. 사랑은 본질적으로 자아와의 의사 소통이다. 사랑이 없는 사람은 사랑이 있는 사람에게서 사랑을 잡아오려고 한다. 진정한 사랑은 정복될 수 없고 저항할 수 없다. 사랑은 계속 힘을 모아 사랑과 접촉하는 모든 사람들이 변화될 때까지 계속 퍼져나간다."

사랑하는 마음 없이 다른 사람에게 진실로 무엇인가를 줄 수 있을까? 사이 바바는 "남을 돕는 행위도 사랑으로 이루어지지 않았을 때는 아무런 의미가 없다"라고 말했다. 우리는 사랑의 기적을 발견할 때 주는 것을 멈출 수 없고, 주는 것을 멈추려고도 않게 된다. 사랑하는 사람들은 사랑이란 주면 늘어나고, 지키려 애쓰면 줄어든다는 사실을 안다.

아가페는 우리가 어떻게 생겼는지, 돈이 많은지, 똑똑한지, 심지어 얼마나 나쁜 짓을 많이 저질렀는지에 관계없이 신이 우리에게 베풀어 주는 조건 없는 사랑이다. 신은 우리를 조건 없이 사랑한다. 우리도 이런 사랑을 하도록 노력해야 한다. 아가페를 실천할 때 우리는 적을 사랑하고, 우리를 화나게 만들었던 사람들을 받아들이고, 우리가 만나는 모든 사람에게서 감사해야 할 일을 발견할 수 있게 된다.

우리 모두는 아가페가 제 2의 천성이 되도록, 숨을 쉬는 것만큼이나 자연스러워지도록 아가페를 훈련하고 발전시켜야 한다. 그렇게 해야 숨을 쉴 때 공기가 폐로 들어왔다 빠져나가는 것처럼 사랑도 쉽게 우리 안으로 흘러왔다 밖으로 흘러나간다.

아가페는 운동 프로그램과 비슷하다. 걷고 달리고 무거운 것을 들어올리는 운동 프로그램을 시작한다고 즉시 마라톤이나 역도 경기에 출전할 수 있는 것은 아니다. 당신은 매일 연습해야 한다. 연습할수록 더 많이 걷고, 더 빨리 달리고, 더 무거운 것을 들어올릴 수 있게 된다.

지속적으로 아가페를 연습하면 그 보답으로 당신이 이룬 성취에서 기쁨을 느끼고, 당신의 능력을 발전시켜 나갈 수 있게 된다. 아가페를 실천할 때 얻는 선물에는 다른 사람들을 당신 자신과 마찬가지로 선하게 느끼는 것도 포함된다. 이는 행복한 삶을 살아가는 데 필요한 두 가지 요소다.

사랑은 많이 주면 줄수록 더 많이 남는다
존 템플턴

크리스마스 이브에 한 여자 아이가 부모에게 더 이상 산타클로스 할아버지를 믿지 않는다고 말했다. 그러면서 존재하지도 않는 밤손님을 위해 크리스마스 이브에 우유와 과자를 준비해놓는 일 따위는 하지 않겠다고 말했다. 아이의 아버지는 딸을 달래도 보고 구슬러도 봤지만 아무 소용이 없었다. 그런데 그렇게 고집을 피우던 아이가 저녁이 지나 밤이 깊어갈 무렵 오트밀이 담긴 그릇을 거실로 가져왔다. 아버지는 아이가 오트밀 그릇을 크리스마스 트리 밑에 나란히 놓는 것을 도와줬다. 트리 밑에는 9개의 오트밀 그릇이 놓였다. 어머니는 놀라서 아이에게 물었다. "무슨 일이니? 난 네가 더 이상 산타 할아버지를 믿지 않는다고 생각했는데……"

아이 옆에 있던 아버지가 환한 얼굴로 대신 대답했다. "산타 할아버지는 믿지 않지. 하지만 썰매를 끄는 순록은 믿어. 순록은 또 다른 얘기라고!"

우습고 다소 엉뚱한 이야기지만 이 이야기 속에는 동물에 대한 아이의 사랑이 담겨 있다. 어린 소녀는 무한한 사랑의 마음으로 자신이 가진 것을 내주었다. 그리고 이것이 사랑의 방법이다. 사랑은 주면 줄수록 더 많이 생겨나 더 많이 남는다. 그러니 우리의 모든 생각과 말, 행동에서 사랑이 흘러 넘치도록 한다면 의미있지 않겠는가? 사랑이 우리 자신과 우리가 만나는 사람들을 연결시켜 주는 끈이 되게 한다면 뜻깊지 않겠는가? 사랑이 용서가 필요한 곳에 용서하는 힘이 되도록 한다면 그 역시 의미 있는 일이 아니겠는가? 사랑이 우리 의식 속에서 이기심과 슬픔과 복수와 불행의 흔적을 지워버릴 수 있도록 한다면 이 역시 뜻있는 일이 아니겠는가? 조화로운 사랑의 힘이 우리의 몸을 회복시키고 마음을 새롭게 하고 우리를 더 깊은 이해와 더 큰 연민으로 이끌 수 있도록 한다면 의미있지 않겠는가? 기회만 주어진다면 사랑은 얼마나 많은 일을 할 수 있는가!

마음속 깊은 곳에서 충만하고 무한한 사랑의 흐름이 삶 속으로 흘러 나오도록 하는 것, 이것이 풍요롭고 행복한 삶을 사는 비밀이다. 진정한 사랑은 신경을 거스르는 사소한 일에서 심각한 문제에 이르기까지 우리가 직면하는 모든 장애물들을 극복할 수 있도록 해준다. 다른 사람들이 우리를 비난하거나 화나게 할 때 사랑은 우리가 겉으로 드러난 모습의 이면을 바라볼 수 있도록 도와주며, 그들이 그런 행동을 하는 이유는 그들 자신에게 불만을 느끼기 때문이라는 사실을 이해할 수 있게 해준다. 그들의 기분에 민감하게 반응할 필요는 없으며, 그런 에너지가 우리 행동에 반영되도록 할 필요도 없다. 주변의 여러 가지 일로 인해 기분이 나빠질 때는 우리의 내면을 들여다보며 밖으로 발산할 사랑을 찾기만 하면 된다. 우리가 줄 수 있는 모든 사랑을 다 쏟아내면 무질서가 바로 잡힌다. 그 순간 모든 사랑을 다 쏟아내고도 여전히 우리 안에 많은 사랑이 남아 있음을 느끼게 된다!

사랑을 더 많이 주는 것, 이것이 우리 영혼의 전환점이 될 수 있다. 전환점이란 신의 존재를 인식할 때 삶의 역경과 고난이 힘없이 스러져 버리는 축복의 순간이다. 전환점은 위기의 어두운 순간이되, 영혼의 풍요로움이 황금빛 여명을 준비하고 있는 순간일 수도 있다.

당신은 "사랑해"라는 말을 얼마나 자주 하는가? 그리고 얼마나 자주 그 고귀한 말에 걸맞는 존경을 진심으로 느끼는가? 당신이 걸어가고 있는 사랑의 길은 얼마나 넓은가? 그 사랑이 당신 주변의 모든 것을 다 감싸안을 수 있는가? 당신이 표현한 사랑이 다른 사랑을 촉발시켜 다른 사람을 통해 당신에게 되돌아오고 있다는 사실을 어떻게 알 수 있는가? 당신의 생각과 말과 행동에 사랑을 쏟아 부으라. 사랑을 생각하고 사랑을 말하고 사랑을 느끼라. 그리고 사랑 속에 흠뻑 빠져 당신의 삶과 세상이 주는 사랑 속에 완전히 흡수되어 완전히 섞이도록 하라.

사랑은 모든 것을 이겨낸다

베르길리우스

용이라는 상상의 동물은 수많은 신화와 전설 속에 등장한다. 서양 전설에서 용은 몸집이 아주 크고 날개가 달려 있고 입으로 불꽃을 내뿜으며 신비한 성이나 동굴을 지키고 있다. 용은 백기사와 아름다운 처녀를 죽이려 하고, 마을을 파괴하려 하는 괴물로 묘사된다. 서양 전설 속에서 용은 언제나 솟구치는 분노를 가지고 있는 것처럼 보인다. 용이 등장하는 신화나 전설 속에는 항상 번쩍거리는 갑옷을 입은 용감한 기사가 주인공으로 나온다. 그는 어렵고 험난한 역경을 뚫고 마침내 용을 없애린다. 혹시 당신은 이런 옛날 이야기를 읽으며 왜 아무도 사랑과 이해와 연민으로 용을 길들이려 하지 않았을까 궁금해 했던 적은 없는가?

인정하든 인정하지 않든 우리 모두의 마음속에는 용이 있다. 격렬한 분노가 치솟을 때, 커다란 상실감 속에서 슬픔과 불행을 느낄 때, 우리가 만들어온 세상이 발 밑에서 무너지고 있는 것처럼 생각될 때, 우리는 우리 자신의 용과 대면하게 된다. 살아가며 분노와 슬픔과 불행을 전혀 느끼지 않는 사람은 아무도 없다. 분노와 슬픔과 불행이라는 '괴물'들이 공격해올 때 우리는 어떻게 해야 할까? 우리는 자신을 공격하는 괴물들이 거짓일 뿐이라는 사실을 깨달을 때까지 종이로 만든 거짓 괴물과 힘겹게 싸워야 한다.

언제 분노를 느꼈고, 다른 사람을 향해 분통을 터뜨렸으며, 화를 참으려 노력했는지 기억나는가? 화가 나고 속이 상할 때 당신 자신이 왜 그런지 이해가 되고 연민이 느껴졌던 적이 있는가? 당신 자신의 행동이 마음에 들지 않을 때에도 당신 내면의 영혼을 향해 사랑을 느낄 수 있는가?

당신은 하루하루 살아가면서 의식적으로 (그리고 무의식적으로!) 다른 사람의 삶에 사랑의 영향력을 미칠 수 있다. 당신은 다른 사람들이 당신의 말이나 행동에 별로 관심이 없으며 당신과 함께 있을 때를 제외하고는 당신에 대해 그다지 많이 생각하지도 않을 것이라고 느낄 수도 있다. 그러나 당신이 생각하고 말하고 행동하는 모든 사랑의 표현들은 다른 사람들에게 실제로 효력을 발휘한다. 어떤 사람은 사랑이 담긴 당신의 따뜻한 말을 기억하며 위안을 얻을 수도 있다. 어떤 친구는 어려운 상황에 직면했을 때 당신이 비슷한 상황에서 보여주었던 굳건한 믿음을 떠올리며 더 큰 믿음과 용기를 갖게 될 수도 있다. 어떤 사람은 당신이 스스로 세워 놓은 행동지침을 충실히 따르는 것을 보고 특별한 목표를 향해 끈기 있게 나아갈 힘을 얻을 수도 있다. 당신이 가족이나 직장 동료, 혹은 친구들에게서 가능성을 발견하고, 이 사실을 사랑하는 마음으로 알려준 덕분에 그들이 더 큰 잠재력을 나타낼 수도 있다.

사랑은 오해를 해소하고 갈등을 조정해주는 가장 강력한 창조적인 힘이다. 마더 테레사는 사랑을 다음과 같이 실천하라고 말했다. "어디를 가든 가는 곳마다 사랑을 베푸십시오; 무엇보다 집 안에서 사랑을 베푸십시오. 아이들을, 아내 혹은 남편을, 이웃을 사랑하세요. 어떤 사람이든 당신을 만나면 더 기분이 좋아지고 더 행복해지도록 행동하세요. 하나님의 선하심에 살아있는 증거가 되도록 노력하세요; 얼굴에 친절을, 눈에 친절을, 웃음에 친절을, 따뜻한 인사에 친절을 담으세요." 윌리엄 워즈워드는 한 사람의 일생에서 사랑이 갖는 힘과 효과를 이렇게 말했다. "훌륭한 사람의 삶에서 가장 소중한 부분은 세상에 알려지지도, 기억되지도 않은 친절과 사랑의 작은 행동들이다."

그러니 당신의 목 아래에서 용이 거칠게 숨쉬고 있는 것이 느껴질 때는 잠시 멈추고 이렇게 해보라.

1. "이 용은 지금 나에게 무엇을 말하려 하는가?" 스스로에게 물어보라.
2. 당신이 지금 느끼고 있는 감정을 잘 관찰하고 인정하라.
3. 당신 자신이나 다른 사람에게 상처를 입힐 수 없는 곳으로 용(분노, 두려움, 슬픔, 또는 다른 어떤 감정이든)을 옮겨놓고 용이 열을 발산할 수 있도록 하라.

당신이 사랑하고 있다는 사실을 용이 믿게 되면 더 이상 용을 두려워하지 않아도 된다. 오랜 격언 중에 "다른 사람들을 받아들이고 우정과 사랑을 실천하며 살아가는 사람은 세상 어디를 바라보든 자신과 같은 품성을 가진 사람을 발견하게 된다"는 말이 있다. 사랑하는 마음으로 찾아 발견하라!

행복의 열쇠

당신 인생의 모든 사건과 모든 조건이 여러 가지 다른 그릇에 담겨 가스레인지 위에 놓여 있다고 상상해보라! 당신은 태어나면서 반짝반짝 빛나는 조리기구 세트와 주방장 모자를 받았다. 당신은 수많은 음식들이 차려진 엄청난 진수성찬을 준비해야 하며 모든 음식은 같은 시간에 조리되어야 한다는 지시를 들었다. 모든 그릇은 비어있고 당신이 선택한 방식에 따라 채워져야 한다. 당신의 그릇들은 맛있고 멋진 음식들을 담고 있을 수도 있고, 타다 남은 어제의 생각들을 담고 있을 수도 있다!

그릇 하나는 가족관계를 위한 것이고, 또 하나는 공부를 위한 것이다. 또 건강과 부와 인간관계와 휴식 등 당신의 인생을 이루는 모든 요소들을 위한 각각의 그릇이 있다. 각각의 그릇은 무한한 잠재력을 담을 수 있다.

지혜로운 주방장은 맛있는 음식을 만들기 위해 "영적인 조화"라고 불리는 "인생을 위한 요리책"을 참조할 것이다. 여기에는 성공적인 삶에 필요한 재료들이 적혀 있다. 또 몸과 마음과 영혼을 위한 음식들을 만드는 방법이 소개되어 있다. 이 조리법은 인생에 필요한 영양소로 당신을 살찌울 것이다.

커다란 가스레인지와 이 그릇들은 너무나 신비로워서 무엇이든 그릇에 넣어 요리를 시작하면 저절로 커진다! 이 그릇들은 당신의 마음에서 우러나온 생각과 아이디어를 담는다. 이 그릇에는 마음의 활동으로 발생한 모든 것, 신선한 것, 시큼한 것, 맛 좋은 것, 쓴 것 등이 모두 들어 있다. 모든 재료들은 당신의 자유의지에 따라 더해진다.

신의 조리법에는 어떤 음식이든, 심지어 시어버린 음식까지도 맛을 살릴 수 있는 마법의 재료가 있다. 이 재료는 당신이 요리책에서 잠시 눈을 뗐을 때 실수로 넣었을지도 모르는 잘못된 재료를 제거해준다. 독이 되는 어떤 잘못된 재료도 이 마법의 재료를 넣으면 아무것도 아닌 것으로 녹아버린다. 이 재료는 바로 사랑이다!

당신이 인생의 어떤 그릇에서 무엇을 요리하고 있든 이 한가지 재료는 당신의 음식에서 항상 필요하다.

당신의 그릇 가운데 하나가 불행한 가정 생활이라는 음식을 담고 있다면 사랑을 넣어라!

만약 당신의 그릇 중 하나가 실패한 사업이나 실패한 경력을 담고 있다면 사랑을 첨가하라!

당신의 그릇 중 하나가 마음과 몸을 병들게 만드는 과거의 온갖 것을 다 담고 있다면 사랑을 듬뿍 넣어라!

어떤 그릇이든, 어떤 방법으로 조리했든 사랑은 음식을 살린다!

이제 가만히 가스레인지 위에 놓인 그릇들을 바라보라. 무엇이 들어 있는가? 어떻게 조리되고 있는가? 각각의 그릇에 담긴 것에 만족하는가? 아니면 바꾸기를 원하는 것이 있는가? 그렇다면 마법의 재료, 사랑을 넣어라.

WORLDWIDE
Laws of Life

05
마음의 법칙

행복은 추구하면 도망가지만 남에게 주면 돌아온다
존 템플턴

　　　　　　행복하게 살겠다고 결심한 사람이 있었다. 그는 행복해지기 위해 사업을 해서 큰 돈을 벌었다. 그러나 아무리 열심히 일해도 그 속에 행복은 없었다. 그는 흥미진진한 멋진 삶을 살고 있는 돈 많은 친구들을 만났다. 그러나 그들과 만나고 있어도 무엇인가 놓치고 있는 듯한 느낌이 들었다. 그들과의 우정도 그에게 행복을 가져다 주지는 못했다. 그는 누구라도 행복하게 해줄 것 같은 아름답고 우아하며 재치 있는 여성과 결혼했다. 그러나 그녀 역시 자신을 행복하게 해줄 누군가를 찾고 있었다. 그와 그의 아내 모두 행복을 바라는 상대방의 기대치에 부합하지 못했다. 아이가 태어났을 때 그는 마침내 자신에게 행복을 가져다 줄 수 있는 존재를 발견했다고 생각했다. 그러나 아이들은 그의 시간과 인내와 보살핌을 필요로 했다. 그는 일과 친구들에게 너무 많은 시간을 빼앗겼기 때문에 아이들과 함께 할 시간적 여유가 없었다. 그는 아이들이 삶의 행복이 아니라 단순히 또 다른 책임일 뿐이라고 생각했다. 어느 날 그는 행복이란 책임질 필요가 전혀 없는 상태라는 결론을 내렸다. 결국 그는 일과 친구와 부인과 가족들을 모두 버리고 자연 속에서 한가롭게 살 수 있는 곳으로 떠나 버렸다.

이 이야기에는 끝이 없다. 이 남자가 자연 속의 한가로운 삶 속에서 행복을 찾았는지 의문이다. 그는 아마도 여전히 행복을 찾고 있을 것이다. 어쩌면 일과 친구, 가족이 과거 자신의 삶에 문제를 일으켰다고 생각하면서도 새로운 일, 새로운 친구, 새로운 가족을 다시 얻으려 시도할 지도 모른다. 그는 행복이란 자기 자신 안에서 찾아야 한다는 사실을 결코 깨닫지 못할 것이다. 사실 이 사람은 내면에 항상 행복을 가지고 다녔다. 그의 독특한 개성은 깊은 행복의 우물과 같다. 그러나 행복을 퍼 올리기 위해서는 먼저 우물 펌프에 '마중 물'을 부어야 한다. 그래야 행복이 다른 사람들에게 넘쳐 흐른 뒤 다시 그의 삶으로 돌아온다. 결정을 내려야 한다. 그가 "행복은 다른 사람들과 나눌 때 더해지고 곱해진다"는 사실을 알았더라면 좋았을 것이다.

그가 돈을 모으는 대신 자신이 가진 특별한 것을 나눠주고 다른 사람들에게 봉사했다면 그는 아낌없이 주는 기쁨 속에서 행복을 발견할 수 있었을 것이다. 그가 가족과 친구들에게 자기 자신을 나눠줬더라면, 자신의 행복만을 생각하는 것이 아니라 그들의 행복을 고려했더라면 그가 베푼 사랑이 그에게 풍부하게 되돌아왔을 것이다. 많은 사람들이 삶의 외적인 조건이 만족을 가져다 준다고 믿고 있다. 하지만 행복을 찾기 위해 바깥을 바라보고 있으면 행복이 우리를 피해 달아나는 것을 발견하게 된다. 행복이 우리의 품성 중의 하나로 이미 우리 안에 존재하고 있다면 어떻게 그 행복을 깨달아 끄집어내어 나눌 수 있을까?

먼저 자기 자신이 가진 독특함에 대해 감사함으로써 선순환이 시작되도록 할 수 있다. 그런 다음 자기 자신을 충분히 이해하고 다른 사람

안에서도 우리와 같은 독특함과 다양성을 찾아내 이해하는 것이 중요하다.

당신이 하는 말의 힘을 깨달으라. 때로는 사랑이 넘치는 긍정적인 말이 최고의 선물이 될 수 있다. 진심으로 다른 사람들이 가진 특별한 재능을 찾으라. 그리고 그들에게 당신이 발견한 장점을 말해주라. 필요하다면 그들을 격려하라. 그들이 과거에 이룬 성과와 기쁨과 성공을 즐겁게 상기시켜 주라. 다른 사람들을 인정하고 받아들이라. "당신을 사랑합니다"라고 기꺼이 말하라.

너그럽게 용서하라. 가장 중요한 것은 미안하다고 말해야 할 때 "미안합니다"라고 말하는 것이다. 누가 옳든 그르든 상관없이 이런 진실한 말은 주위 사람들에게 행복을 주는 선물이다.

친절한 마음을 가져라. 외롭거나 아프거나 어려운 일을 겪고 있는 친구에게 전화를 걸어주는 것이 행복일 수 있다. 행복은 무엇인가 말할 것이 있는 사람의 이야기를 어떤 충고도 하지 않고 가만히 들어주는 것이거나, 허드렛일을 도와주는 것, 심부름을 해주는 것, 상대방의 필요를 미리 알아차리고 충족시켜 주는 것일 수 있다.

《노인과 바다The Old Man and the Sea》를 쓴 어니스트 헤밍웨이는 노벨 문학상을 수상한 뒤 상금 전액을 그가 살았던 쿠바 동부의 아바나 성당에 기부했다. 그는 "무엇이든 나눠야만 비로소 그것을 소유할 수 있게 된다"라고 말했다. 진정한 나눔이란 오직 우리 안에서 발견할 수 있는 행복을 다른 사람들과 공유하고 싶다는 마음일 뿐 다른 동기와는 전혀 상관없다. 진정한 나눔은 다른 사람을 조종하고 이용하기 위함이 아니다. 자신 안에 있는 행복의 우물을 바로 보지 못하고 내면이 텅 비어 있다고 느낄 때 우리는 우리 자신이 가치 없다는 생각, 또는 무엇인가 결핍되어 있다는 감정을 갖게 된다. 그러면 행복을 돈으로 사거나 얻어서 공허함을 채우려고 노력하게 된다. 그러나 이런 방법으로는 행복해질 수 없다. 우리의 나눔은 내적인 평화와 행복이라는 잣대로 평가할 수 있다. 우리 안에 쌓여 있는 행복을 사랑으로 나눠주면, 연못의 물결이 밖으로 퍼져나갔다가 다시 물결이 처음 시작된 중심으로 돌아오듯 이 행복도 우리에게로 되돌아온다.

행복하기를 간절히 원했던 남자처럼 우리도 무엇인가를 "얻는 것"이 행복하게 "되는 것"이라고 오해하기 쉽다. 우리 삶에 물질적인 것이나 바깥 세상의 어떤 의미를 더해봤자 거짓 만족감만 얻을 수 있을 뿐 덧없이 지나가버린다. 개인적인 평화와 행복을 추구할 때 역설적인 사실은 우리가 찾고 있는 것이 이미 우리 안에 있으며, 그것은 나눠줄 때만 가장 강력하게 경험할 수 있다는 것이다.

당신이 당신 자신의 현실을 만들어낸다
제인 로버츠

한 청년이 길에서 아름다운 처녀를 발견하고는 한참을 뒤쫓아갔다. 마침내 그녀가 뒤를 돌아보며 "왜 제 뒤를 미행하는 건가요?" 하고 물었다.

그는 정열적으로 대답했다. "당신은 내가 지금까지 만나본 그 어떤 여인보다도 아름답습니다. 나는 당신을 보자마자 미칠 듯한 사랑에 빠져버렸습니다. 부디 나의 여인이 되어 주십시오!"

그녀는 이 청년의 말에 이렇게 대답했다. "그렇다면 당신 뒤에 걸어오고 있는 내 여동생을 돌아보세요. 그 애는 나보다 열 배는 더 예쁘거든요."

용감한 구혼자는 뒤를 돌아봤다. 그러나 거기에는 흔히 만날 수 있는 평범한 소녀가 있었다. "이게 무슨 장난이오?" 청년은 아름다운 처녀에게 화를 냈다. "당신은 나에게 거짓말을 했소!" 그러자 그녀는 이렇게 대꾸했다. "그건 당신도 마찬가지예요. 당신이 나를 그렇게 미칠 듯이 사랑했다면 왜 뒤를 돌아봤지요?"

행복은 내면에서 이뤄지는 일이다. 바깥의 변화만으로 행복해질 수는 없다. 바깥 세상보다는 내면의 세상을 훨씬 더 잘 조절할 수 있다는 사실을 기억하면 살아가는 데 도움이 된다. 내면을 바꾸는 것이 쉬운 일은 아니다. 우리에게 깊이 뿌리내려 있는 사고방식, 무엇인가를 느끼는 방법, 믿음의 체계는 우리가 오랫동안 발전시켜 온 것이다. 변화가 언제나 쉬운 것은 아니지만 변화할 수는 있다. 자신의 믿음과 태도를 돌아보고 생각과 감정을 점검하는 것부터 시작하자. 잘못된 믿음을 인식하고 그 믿음을 현실에 맞게 조화시키려고 노력할 때, 부정적인 생각을 찾아내 부정적인 생각에 귀 기울이지 않기로 할 때, 부정적인 감정을 알아차리고 그 부정적인 감정이 영향을 미치지 못하도록 할 때, 변화는 시작된다. 긍정적이고 진실된 생각과 믿음을 선택함으로써 우리 자신의 현실을 창조할 수 있는 힘을 갖게 된다. 그러니 진실로 당신 자신의 현실, 당신 내면의 현실, 당신이 정말로 살아가고 있는 유일한 현실을 만들어내라.

우리는 본질적으로 정신적인 존재다. 우리의 세계는 본질적으로 정신적인 세계이며, 이 세계를 지배하는 근본적인 힘은 정신적인 법칙으로 확인할 수 있다. 정신적인 본질과 "사랑에 빠지거나", 정신적인 본질과 우리의 정신이 조화를 이룰 때, 우리는 우리의 세계가 좋은 곳이며 사람들의 내면은 천성적으로 선하다는 사실을 이해하기 시작한다. 그러면 우리는 아마도 "영혼의 눈"으로 볼 수 있게 될 것이다. 우리는 모든 사람들에게서 선함을 발견할 수 있으며 선함을 이끌어낼 수 있다.

당신의 삶은 당신이 생각하는 대로 된다
마르쿠스 아우렐리우스

생각할 수 있는 능력은 우리가 가진 다른 능력들과 마찬가지로 자신의 선택에 따라 긍정적으로도, 혹은 부정적으로도 사용할 수 있다. 그럼에도 불구하고 대부분의 사람들은 우리의 정신이 가진 위대한 힘인 생각을 어떻게 사용해야 하는지 한번도 배운 적이 없다. 올바로 생각하는 것을 아는 것이야말로 올바로 말하고 행동하는 것을 아는 것만큼이나 중요하다. 정신과학(Science of Mind)의 창시자인 어니스트 홈스는 "인생은 거울이다. 당신이 생각한 것은 인생이라는 거울에 부딪쳐 다시 당신에게 반사된다"라고 말했다.

우리의 마음은 무엇을 생각해야 할지 뇌에 지시할 수 있다. 흔히 우리는 머리 속에 떠오르는 생각을 조절할 수 없다고 여기지만 실은 머리 속에 떠오르는 생각은 충분히 조절할 수 있다. 좋지 않은 생각이 떠오르면 즉각 다른 것을 생각하라. 그러면 좋지 않은 생각이 사라질 것이다.

좀 어렵다면 실험을 해보자. 누군가 당신에게 "바나나에 대해 생각하지 마!"라고 말한다면 오히려 당신 머리 속에는 즉각 바나나의 이미지가 떠오를 것이다. 어떤 것을 생각하지 말자고 결심하는 것은 전혀 좋은 방법이 아니다. 바람직하지 않은 생각을 바람직한 생각으로 바꾸는 것이 더 효과적이다. 바나나에 대해 생각하고 싶지 않다면 대신 '발렌타인데이 하트'를 떠올려 보라. 발렌타인데이 하트라는 두 단어가 마음속에 들어오는 순간 당신머리 속에는 발렌타인데이 하트의 아름다운 이미지가 떠오를 것이고, 바나나의 이미지는 곧 사라질 것이다.

나는 이것을 '밀어내기 기법(Crowding-out Technique)'이라고 부른다. 만약 당신의 마음이 긍정적이고 생산적인 생각으로 가득하다면 나쁜 생각이 들어갈 틈이 전혀 없을 것이다. 당신이 '밀어내야' 하는 생각들은 질투, 증오, 탐욕, 자기 중심적인 사고, 다른 사람에게 해가 되는 비판, 복수, 인생의 궁극적인 목표에 전혀 도움이 되지 않는 소모적인 생각 등이다. 부정적인 생각을 밀어낼 수 있는 다른 또 방법은 부정적인 생각들을 조용히 풀어주는 것이다. 부정적인 생각들을 향해 "한때 너희가 있었던 광활한 무로 너희를 기꺼이 풀어준다"라고 말하라. 그러면 부정적인 생각들이 사라질 것이다.

예를 들어 잔디를 깎아야 하는데 정말로 하기 싫다면 불평하기 쉽다. 그러나 어차피 잔디를 깎아야 한다면 일을 좀 더 재미있게 하는 편이 좋지 않을까? 자신과의 '마음의 대화'를 통해서 말이다. 우선 잔디 깎는 일과 관련해 좋아하는 부분이 있는지 생각해보라. 잔디 깎는 기계의 색깔을 좋아하는가? 그렇다면 "잔디 깎는 일은 정말 싫어"라는 생각이 떠오를 때마다 "잔디 깎는 기계의 빨간 색이 참 좋아"라고 생각하라. 가족들과 친구들에게도 도와달라고 부탁하라. 당신이 잔디 깎기가 싫다며 불평할 때마다 그들은 살짝 윙크하며 "그래요? 그런데 잔디 깎는 기계가 무슨 색깔이죠?"라고 말할 수 있다.

아무리 하찮게 보이는 것이라도 당신이 정말로 좋아하는, 그래서 부정적인 생각을 대체할 수 있는 무엇인가를 발견하는 것이 중요하다. 잔디 깎는 기계의 색깔이 아니더라도 신선한 공기나 태양, 밖에 나왔다는 것, 금방 깎은 잔디에서 나는 냄새, 옆집 친구에게 잠깐 들릴 수 있다는 것 등 어떤 것도 가능하다. 만약 당신이 오늘 이런 특별한 방법으로 생각하기 위해 노력한다면 내일은 이렇게 생각하는 것이 조금 더 쉬워질 것이다. 부정적인 생각을 긍정적인 생각으로 바꾸는 것, 바로 이것이 당신의 태도를 바꾸고, 결과적으로 당신의 경험까지도 바꿀 것이다. 그러면 당신은 잔디를 깎는 것은 물론이고 잔디를 깎으면서 기분까지 좋아질 것이다.

이 과정에서 스스로에게 관대해야 한다. 생각을 바꾸기 위해 노력했음에도 불구하고 부정적인 생각이 마음 깊이 뿌리내려 좀처럼 사라지지 않는다면 자신을 향해 크게 웃어보라. 최선을 다하고 있다는 사실을 받아들인 뒤에 다시 부정적인 생각을 대체하기 위해 당신이 선택한 새로운 생각에 집중하라. 생각을 조절하는 일에 익숙해질수록 긍정적이고 좋은 생각들이 당신의 인생을 더욱 좋게 변화시킬 것이다.

아름다운 생각이 아름다운 영혼을 만든다
존 템플턴

　　　　　　　　우리가 살아가는 데 아름다움이 반드시 필요하다고 생각한 적이 있는가? 아름다움이란 눈에 즐거움을 줄 뿐만 아니라 우리가 좀 더 풍요롭고 행복하게 살아갈 수 있도록 도와주는 핵심적인 요소다.

아름다움이 무엇이라고 생각하는가? 우리는 어떤 대상이 균형이 잡히고 비율이 맞고 질서와 연속성을 보여주면 아름답다고 느낀다. 이런 속성은 우리 존재의 깊은 곳, 영혼 안에 잠재되어 있는 똑같은 속성을 자극해 우리 안과 바깥의 아름다움이 공통적으로 갖고 있는 진실함을 깨닫게 해준다.

아름다움은 모든 사람이 자신의 영혼 안에 선천적으로 타고난 것이다. 인생과 세상의 아름다움은 그것을 긍정할수록, 좀 더 분명히 이해하기 위해 노력할수록 점점 더 뚜렷해진다. "아름다운 생각이 아름다운 영혼을 만든다." 이 법칙은 일상 생활에서 실제로 경험할 수 있는 위대한 진리다. 잠시 멈춰서 당신 자신에게 이런 질문을 던져보라.

작은 개미와 개미집 구멍 주위에 쌓여 있는 흙 알갱이 사이에는 어떤 차이가 있는가? 단지 세포 구성만이 아니라 세포 자체의 무엇인가가 다를 것이다. 생명 내면의 아름다움이 다른 것이다.

몇 년간 남극의 얼음 속에서 얼어붙어 있던 미세한 생명체가 얼음이 녹자마자 다시 움직일 수 있는 것은 무엇 때문일까? 생명이라고 불리는 아름다운 기적 때문이다.

작은 겨자씨에서 싹을 틔워 자라게 하는 것은 무엇일까? 역시 생명이라고 불리는 미스터리이자 기적이다. 그렇다면 생명이란 무엇인가? 생명이란 신이 모든 다양한 생명체 안에서 생기와 역동과 활력과 아름다움으로 스스로를 드러내는 표현 방식이다. 양귀비는 싹을 틔우고 자라나 꽃을 피운 후 여전히 양귀비인 채로 흙으로 돌아간다. 그러나 사람은 아무것도 없이 무지한 상태로 태어난다 해도 생각과 감정과 행동과 자신의 선택을 통해 운명을 개척하고 운명을 조정할 수 있다. 사람은 이렇게 자기 운명의 주인이 되어 육신의 생명이 끝날 때에는 좀 더 발전한 영혼으로 변모할 수 있다. 우리에게 내재해있는 이런 아름다움은 노력할 만한 가치가 충분한, 대단한 선물이자 마음의 힘이 아닌가?

행복하고 성공적인 삶을 살기 위해서는 배우고 익히고 실천해야 할 좋은 사상들, 즉 '삶의 법칙'이 있다. 모든 사람과 사물에서 아름다움을 발견하고 감사하는 것도 이 법칙 가운데 하나다. 이런 법칙을 믿을 때 인생에는 마술과 같은 변화가 시작된다. 가령 자기 자신을 돌아보며 좀 더 사랑이 많은 사람이 되어야겠다고 생각하면 마음속에 더 많은 사랑이 자리하게 된다. 사랑이라는 좋은 생각에 우리 자신을 맡길 수 있게 된다.

나이지리아 남부에 사는 요루바족에게 전해져 오는 예언시 가운데는 "아름다운 것을 보고도 아름다움을 깨닫지 못하는 사람은 곧 가난해질 것이다"라는 구절이 있다. 베트남 사람들이 즐겨 읊는 『루』라는 시가는 "아름다움의 수없이 많은 모습과 표현 속에 몰입해 나는 다만 아름다움을 열렬히 사랑할지니"라고 노래한다.

당신의 인생은 아름다운가? 삶의 모든 부분에서 아름다움이 더욱 분명하게 드러나기를 원한다면 당신 자신과 당신의 영혼과 당신이 살아가는 세상을 깊이 사랑하고, 신과 모든 생명체에 경외심을 가져야 한다.

당신이 보려고만 한다면 당신이 있는 바로 그 자리에서 언제든 아름다움을 발견할 수 있다. 삶의 선하고 아름답고 진실한 부분에 생각을 집중하라. 이런 긍정적인 사랑의 마음을 가지면 신이 당신의 삶에 직접 역사하고 있으며 신성한 기적을 통해 더 큰 만족과 기쁨으로 향하는 문을 활짝 열어준다는 사실을 깨달을 수 있을 것이다.

자신이 그렇다고 믿는 존재가 바로 자신이다
안톤 체호프

어떤 여성이 끔찍한 괴물에게 쫓기는 꿈을 꾸었다. 그녀가 어디로 도망가든 이 괴물은 그녀 바로 뒤에 나타나 그녀를 궁지로 몰아 넣었다. 그녀는 멀리 도망치려고 깊은 협곡으로 내려갔지만 이 협곡은 막다른 길이었다. 그녀는 갇혀 버리고 말았다. 등 뒤에는 높고 가파른 절벽이 가로막고 서있었고 바로 앞에는 괴물이 조금씩 더 가까이 다가오고 있었다. 마침내 괴물이 몇 센티미터 앞까지 다가오자 그녀는 울면서 소리쳤다. "도대체 나한테 무슨 짓을 하려는 거지?"

그러자 괴물은 그녀를 바라보며 이렇게 대답했다. "그거야 네가 알겠지. 이것은 너의 꿈이니까 말이야!"

이 순간, 그녀는 괴물에게 잡아 먹힐 수도 있고, 이 괴물을 잘 생긴 왕자님으로 변신시킬 수도 있고, 괴물을 사라지게 만들 수도 있다. 이것은 그녀의 꿈이고, 그녀는 이 꿈을 어떻게 전개할지 선택할 수 있는 힘을 가지고 있다.

누구나 어느 정도씩은 스스로 만들어낸 괴물을 가지고 있다. 이 괴물은 우리가 스스로에게 느끼는 '단점'이라고 할 수 있다. 자기 자신의 독특하고 차별되는 특징을 '단점'으로 여기고, 이런 '단점'을 감추는 데 인생의 대부분을 낭비하는 것이다. 우리는 자기 자신에게 천성적으로 좋지 않은 무엇인가가 있다고 느끼면서 본래의 모습으로부터 도망치려 노력한다.

삶이란 우리가 꾸는 꿈과 비슷하다. 우리는 생각을 지배할 수 있고, 우리 인생이 어떻든 그것을 우리가 선택한 것으로 받아들일 수 있다. 우리의 생각이 우리 자신의 어떤 면으로부터 괴물을 만들어냈다면 역으로 우리는 생각을 통해 이 괴물을 지배할 수 있고 이 괴물을 긍정적인 이미지를 연출하는 다른 무언가로 바꿀 수 있다.

사람들은 자기 자신에게 보여지는 그대로 다른 사람에게도 비쳐진다. 당신 자신의 어떤 점을 잘못이라고 여기거나, 실패했다고 생각하거나, 혹은 그래서는 안 되는 것이었다고 믿는다면, 또 이런 믿음때문에 당신 자신의 어떤 점을 싫어하고 있다면, 이 믿음대로 당신 자신을 세상에 내보이게 되고, 세상은 당신의 그런 부분들에 대해 당신과 똑같은 방식으로 반응하게 된다. 우리 모두는 살아가면서 우정과 조화로운 관계, 삶의 편안함, 사랑 받고 축복 받고 있다는 느낌 들을 통해 충분한 만족을 얻기를 원한다. 우리 자신과 인생을 기꺼이 믿고, 이를 행동으로 실천하면 우리는 안에서 소망하는 것을 밖에서도 얻을 수 있게 된다. 단순히 사람들이 우리를 사랑해주기를 바라는 것만으로는 충분하지 않다. 다른 사람들에게 친절을 베풀고 도움이 되고 자애로운 사람이 되는 것은 우리 자신에게 달려 있다. 성공하기 위해서는 바라는 것 이상을 행해야 한다. 성공을 성취하는 데 필요한 기술과 흥미와 인내를 발전시키는 것이 중요하다.

나무와 꽃과 풀잎은 하나하나가 모두 놀랄 만큼, 마치 마술처럼 서로 다르게 생겼다. 당신 역시 놀라울 만큼 독특하다. 다른 사람들과 다르다는 것을 부정적으로 생각하지 말고 다양성이 가진 도전과 기쁨과 기적으로 받아들이라. 당신은 일생을 통해 행복하게 살 수 있는 자아를 만들어낼 수 있다. 당신 자신을 최대한으로 활용해 작은 가능성의 불꽃을 성취의 화염으로 활활 타오르게 만들수 있다. 감히 다르기를 원하는가? 당신 자신만의 방식을 갖고 싶은가? 신성한 영감에 의해 글을 썼던 셰익스피어의 명언을 기억하라. "당신 자신에게 진실하라. 그러면 당신은 다른 어떤 사람도 거짓으로 대할 수 없게 된다. 밤이 지나면 낮이 오듯이, 반드시 그렇게 된다." 우리는 자기 자신이 스스로 믿는 존재가 된다. 따라서 스스로 정직하게 "괜찮다"고 생각할 정도의 모습으로 우리 자신을 세상에 내보이면 세상도 우리에게 긍정적이고 기쁘게 반응할 것이다.

생각이 곧 사물이다
찰스 필모어

생각은 사물이다. 생각은 사물을 창조한다. 생각은 사물을 규정한다. "생각은 실재한다!" 우리가 생각하는 것이라고 부르는, 머리 속에서 진행되는 눈에 보이지 않는 과정은 우리가 걷는 땅이나 먹는 음식과 마찬가지로 실재하는 사물을 만들어낸다.

당신의 생각들이 산줄기를 타고 흘러내리는 시냇물이라고 생각해보라. 생명을 주는 시냇물은 산 높은 곳에서 시작해 계곡 아래로 내려와 당신 인생의 평야와 과수원으로 흘러 스며든다. 당신은 시냇물이 원천에서 처음 솟아났을 때처럼 맑고 깨끗하게 유지되기를 바란다. 당신은 그 사랑스러운 시냇물을 오염시키는 화학물질이나 쓰레기를 함부로 버리지 않으려고 노력할 것이다. 그렇게 하지 않으면 당신의 평야와 과수원에서 나는 수확이 튼실하지 못하고 부실할 것이라는 사실을 알기 때문이다.

최대한 풍성한 수확을 얻기 위한 농부의 노력이 오염되지 않은 물에 달려 있는 것처럼 당신의 삶은 번영과 건강, 아름다움, 조화에 대한 당신의 생각에 달려 있다.

정신적인 오염은 기본적으로 부정적인 생각과 감정, 태도들을 의미한다. 분노와 미움, 질투, 시기, 죄, 두려움, 원망, 복수 등과 같은 감정적인 반응은 우리 마음의 정신적, 영적 생태계를 어지럽히는 오염물이다. 이로 인해 궁극적으로 얼마나 고통스러울 것인지는 마치 공기와 땅과 물이 오염됐을 때 얼마나 심각한 문제가 발생하는가를 생각해보면 분명하게 알 수 있다. 어려웠던 경험이나 질병, 혹은 부당하거나 불평등하다고 느꼈던 일 등 적극적이든 소극적이든 부정적인 주제에 관해 이야기하면서 감정적으로 고조됐던 때를 생각해보라. 어떻게 느꼈는가? 당신의 몸은 어떻게 반응했는가? 아마도 맥박이 빨라지고 얼굴이 붉어지고 손은 차가워지다가 나중에는 오히려 끈적끈적해지지 않았는가? 이 때 떠올릴 수 있는 긍정적인 사실은 당신 스스로 당신의 생각에 책임을 지고 있다는 것이다. 생각은 사물을 규정한다. 우리가 매일 사용하고 접촉하는 거의 모든 것이 근본적으로는 생각이다. 예를 들어 이 책을 인쇄한 윤전기나 종이를 만든 기계도 한때는 생각이나 아이디어, 이론, 혹은 꿈이었다. 마찬가지로 우리가 운전하는 자동차와 엔진, 타이어, 각종 부품들도 누군가의 마음속에 들어있던 생각에서 나온 것들이다. 우리가 당연하게 여기는 사물들, 우리 생활을 편리하고 즐겁게 만들어주는 물질적인 것들, 연필, 볼펜, 껌, 잡지, 책, 사탕, 아이스크림, 전화기, TV, 라디오, 비디오, 집, 아파트, 학교, 교회 등등이 모두 생각에서, 아이디어에서 출발했다.

생각은 눈에 보이지 않기 때문에 생각의 실재적인 존재를 깨닫지 못할 수도 있다. 또 생각이 첫 아이디어에서 물질로 표현되기까지는 몇 시간에서 며칠, 몇 개월, 혹은 몇 년이 걸릴 수도 있다. 마음이 가진 힘을 과소 평가하는 것은 큰 오산이다. 우리의 생각이 우리가 어떤 사람이 될 것인지를 결정한다. 우리의 생각은 행동만큼이나 중요하다. 사실 우리의 생각이 바로 우리가 행동하는 방식이다. 우리가 부정적인 생각을 한다면 우리는 수동적이고 비창조적이 될 것이다. 그러나 우리가 긍정적인 생각을 하고 모든 상황에서 선을 찾으려 노력한다면 우리의 태도와 삶을 통해 밝고 즐거운 성향이 드러날 것이다.

우리의 마음이 선하고 생산적인 생각들로 가득하다면 부정적인 생각이 들어설 자리가 없어질 것이다! 생각을 훈육하고 조정하는 방법을 배우라. 무너져 내려가는 것이 아니라 쌓아 올리는 생각과 행동에 집중하라. 성경에 나와있는 사도 바울의 말을 기억하라. "형제들아 무엇에든지 참되며, 무엇에든지 경건하며, 무엇에든지 옳으며, 무엇에든지 정결하며, 무엇에든지 사랑할 만하며, 무엇에든지 칭찬할 만하며, 무슨 덕

이 있든지 무슨 기림이 있든지 이것들을 생각하라."(빌립보서 4장8절)

행복의 열쇠

어떤 사람이 당신에게 엄청나게 좋은 생일 선물을 주었는데 그것을 옷장이나 서랍 속에 처박아 둔 채 열어보지 않는다면 그 선물이 당신에게 무슨 소용이 있겠는가? 어떤 사람이 당신에게 공장에 가서 열쇠를 받아오면 그 대가로 매우 덧진 새 차를 선물하겠다고 제안했다. 그러면 당신은 그 차를 갖기 위해 발끝에서 먼지가 피어오를 정도로 재빨리 공장으로 달려갈 것이다. 차를 당신의 것으로 만드는 데 결코 주저함이나 소홀함이 없을 것이다. 그러나 수많은 사람들이 이 세상에서 가장 훌륭한 선물을 받고도 그 선물을 자신의 것이라고 주장하지 않는다.

창조자는 당신에게 행복하고 조화롭게 살아갈 수 있도록 삶을 조정할 수 있는 능력을 선물했다.

당신 안에 묻혀 있는 이 기적적인 선물을 발견하라. 이 선물을 사용해 당신의 잠자고 있는 영혼의 근육을 강화하라. 이 근육들이 당신을 위해 일하도록 하라. 아마도 당신의 능력 중에 어떤 것은 잠자고 있는지도 모른다. 이런 능력을 일깨운다면 단순히 손과 손가락의 신경조직이나 근육을 발전시키는 데 필요한 것 이상으로 크게 키울 수 있다.

이런 능력을 사용할 때 나타나는 결과는 바로 "새로운 당신"이다. 새로운 하루하루를 반기라. 오늘 하루는 당신에게 또 다른 영광스러운 기회다. 오늘 하루는 흥분되는 새로운 경험이 될 수 있으며 영혼의 성장을 위한 행복한 모험이 될 수 있다. 당신은 하늘이 눈부시게 파랗고, 나무와 풀은 초록색으로 생기가 넘치며, 자연의 모든 창조물들이 활기찬 빛을 내뿜고 있다는 사실을 발견할 것이다. 아니다. 아무 것도 변한 것은 없다. 당신을 제외하고는. 당신은 영혼의 눈을 통해 창조자의 역사하심을 목격하기 시작한 것뿐이다. 그리고 그것은 매우 좋은 일이다. 정말로 좋은 일이다!

-레베카 클락의 《대발견Breakthrough》 가운데

WORLDWIDE
Laws of Life

06

긍정의 법칙

행복한 사람이란 어떤 조건을 갖춘 사람이 아니라
어떤 태도를 가지고 살아가는 사람이다

무명씨

당신은 도넛을 보고 있는가, 아니면 도넛의 구멍을 보고 있는가? 컵에 물이 반이나 차 있다고 생각하는가, 아니면 반밖에 없다고 생각하는가? 어떤 사람이 낙관론자인지 비관론자인지 알아보기 위해 흔히 쓰이는 질문들이다. 이 질문들이 어떤 의미를 갖고 있는지 좀 더 깊이 생각해보자.

젊은 두 여성 앤과 메리는 같은 월급을 받으며 같은 사무실에서 일했다. 앤은 종종 월급이 너무 적다고 불평했다. 그녀는 자신이 월급에 비해 너무나 많은 일을 요구 받고 있다고 생각했다. 그녀는 매일 아침 오늘 하루는 또 어떻게 보내나 걱정하며 사무실에 도착했고 지치고 풀이 죽은 채 퇴근했다. 반면 메리는 안정적인 직장에 만족했고 필요한 지출을 한 뒤에도 저금할 돈이 남을 만큼 월급을 받는 데 행복해 했다. 그녀는 모든 일을 하나의 도전으로 여겼고 어떤 일이 주어지든 잘 해내기 위해 최선을 다했다. 그녀는 매일 아침 그 날에 대한 기대감을 안고 사무실에 도착했고 퇴근할 때면 오늘 한 일에 만족해하며 행복한 마음으로 집으로 돌아갔다. 직원 평가 결과 긍정적인 메리는 승진을 하고 급여도 오른 반면 부정적인 앤은 해고당했다. 전혀 놀라운 일이 아니다.

우리 삶에서 일어나는 일들은 긍정적인 태도로 바라보면 훨씬 더 큰 기쁨이 된다. 자녀와 함께 연을 날리는 것은 큰 기쁨이 될 수도 있지만 다른 일을 해야 한다고 생각하면 시간 낭비로 느껴질 수도 있다. 당신이 한 일에 대해 직장 상사나 선생님, 또는 가족이 칭찬해주면 기분이 좋아진다. 최선을 다해 해내겠다는 결심으로 일을 맡으면 실제로 일을 해나가는 과정에서 긍정적인 일이 일어나고 일을 끝낸 후에도 만족스러운 성취감을 느낄 수 있다. 당신은 아침에 새로운 또 하루의 모험을 준비한다는 생각으로 가뿐하게 일어날 수도 있지만 조금이라도 더 이불 속에 오래 머무르려 하다가 하루를 시작하기도 전에 벌써 지쳐버린 몸과 마음으로 지각을 걱정하며 초조한 마음으로 학교나 직장으로 돌진할 수도 있다. 당신의 태도가 삶의 조건들을 창조하는 데 영향을 미친다. 당신의 태도가 당신을 행복한 사람으로도, 불행한 사람으로도 만든다. 물론 살아가다 보면 불가피한 문제와 어려움, 슬픔 등이 생길 수도 있지만 컵에 물이 반이나 차 있다는 생각을 가지고 있으면 시련을 극복하는 데 도움이 될 것이다.

우리의 성격을 구성하는 한 부분은 우리가 정신적으로, 또 감정적으로 강화하고 있는 것과 관계가 있다. 불안감을 느낄 때 우리는 불안감을 키우는 악순환의 고리에 빠지곤 한다. 다른 습관적인 생각이나 감정도 우리가 계속해서 강화하면 우리 삶에 영향을 미치기 시작하고 심지어는 우리 삶을 조절하기까지 한다. 이는 긍정적인 생각도 마찬가지다.

《이상한 나라의 앨리스》를 보면 앨리스가 하트의 여왕 앞에서 재판을 받을 때 여왕이 앨리스에게 "저 애의 목을 잘라버려"라고 말하는 장면을 기억할 것이다. 앨리스는 공포에 굴복하기 직전 갑자기 현실을 깨닫고 "뭐야, 너는 종이카드일 뿐이잖아"라고 말한다. 그리고 이 말과 함께 앨리스를 잡으러 오던 모든 카드들이 날아가 버린다! 두려움이나 걱정 때문에 상황이 어렵다고 느껴졌지만 그 상황은 실제로 아무것도 아니며 당신의 인생을 제어할 수 없다는 사실을 깨닫고 두려움이나 걱정을 "날아가 버리게" 만든 적이 얼마나 많은가?

생각이 굳어지면 습관이 되고 습관이 쌓이면 환경이 된다
무명씨

스미스는 미국 테네시 주의 한 작은 마을에서 가장 큰 부자였다. 그는 이 작은 마을에서 평생을 살았다. 그는 부자였지만 돈이 많은 것은 아니었다. 그와 아내는 적은 연금으로 검소하게 살았다. 스미스가 누리는 부는 경제적인 것과는 전혀 상관 없었다.

그는 여러 가지 일을 즐기느라 하루가 짧았다. 매일 동물들의 여물통과 새들의 물통을 채웠다. 이웃 사람들은 그에게 얼마 되지 않는 소득으로 새 모이를 왜 그렇게 많이 사느냐고 물었다. 그는 새 모이를 살 만큼은 돈이 된다고 말했다. 새들은 하얀 울타리나 현관 가로대, 나뭇가지나 관목나무 위에 앉아 지저귀며 스미스 부부에게 노래를 들려줬다. 이런 식으로 스미스는 준 것보다 더 많이 돌려 받았다. 삶을 사랑하는 긍정적인 사고방식은 하루의 여러 가지 활동을 즐겁게 맞아들이는 습관으로 굳어졌고, 그의 세상을 맑고 아름답게 만들어줬다.

스미스는 주말을 제외하고는 매일 아침 집에서 두 블록 떨어진 곳에 있는 낡고 아름다운 빅토리아풍 건물을 찾았다. 그 곳에는 지체장애인을 위한 시튼연합회(SARC)가 있었고, 그는 아이들을 도와주는 일을 했다. 지체장애아들은 정규교육을 받을 수 없었지만 시튼연합회에서는 이 아이들이 가진 작은 잠재력이나마 최대한으로 발휘할 수 있도록 지원했다. 전문 교육을 받은 교사는 아니었지만 그가 할 수 있는 일은 많았다. 그는 끝없는 인내심으로 아이들이 신발끈을 묶는 법이나 숟가락과 포크로 식사할 수 있는 방법을 가르쳤다. 친구들은 스미스에게 그런 일을 할 수 있다면 분명히 돈을 받으며 재능을 발휘할 수 있는 일자리가 있을 것이라고 말했다. 그러나 스미스는 지체장애아들과 함께 지내며 엄청난 보수를 받았다. 아이들의 부모로부터 받는 눈물 어린 "감사합니다"라는 말, 아이들이 혼자서 무슨 일인가를 성공적으로 해낸 다음 기쁨에 넘쳐 선사하는 힘찬 포옹, 또는 시튼연합회에서 돈을 받고 일하는 정식직원들이 "하나님의 축복을 받으실 거예요"라고 해주는 말이 그가 받는 가장 큰 보수였다. 스미스는 아이들에게 줄 것이 많았고, 그는 그 보답으로 차고 넘치는 개인적인 축복을 받았다.

스미스가 시튼연합회에서 봉사하고 있는 동안 그의 부인은 마을의 사업가나 전문직 종사자들을 지원하는 상공회의소에서 자원봉사자로 일했다. 그 곳의 급여는 많지 않았기 때문에 사무실에는 정식직원이 단 두 명밖에 없었다. 스미스 부인은 그 곳에서 우편물을 정리하고, 서류를 복사하고, 전화를 받고, 마을 지도나 엽서, 무료 잡지들을 선반

위에 정리해놓는 일을 기쁘게 했다. 그녀는 사무실 화분에 물도 줬다. 스미스 부인은 사무실에서 진행되고 있는 일 한가운데 관여하고 있었기 때문에 사무실을 좋아했다. 그 사무실에 자신의 많은 부분을 바쳤지만 그에 상응하는 보답을 받았다. 일을 하면서 그녀의 가슴이 기쁨으로 채워졌기 때문이다.

스미스 부부는 그들의 자녀와 손자, 손녀들에게도 시간을 할애했다. 스미스 부부의 생활은 감화력이 있었고, 자녀와 손자, 손녀들에게도 전달되었다. 스미스 부부의 아들은 회계사였는데 매주 토요일 오전에는 그가 사는 마을의 노인복지회관에서 노인들의 재정 상황에 대해 상담하고 조언해주는 일을 했다. 물론 무료봉사였다! 스미스 부부의 며느리는 손자가 다니는 초등학교에서 자원봉사자로 일했다. 어린 손자는 복지시설에서 장애인 안내견을 키우는 일을 도왔다. 스미스 부부의 딸은 일주일에 다섯 번씩 아침마다 마을의 작은 병원에서 환자들을 돕는 일을 했다. 그녀의 남편은 보험회사 임원이었는데 교회 재정이사회 이사로 활동하며 이 일에 많은 시간을 할애했다. 그들의 자녀는 토요일 아침마다 양로원을 방문하는 모임의 회원이었다. 이 모임의 회원들은 양로원에 가서 노인들의 이야기를 듣고, 편지를 써주고, 머리를 빗겨주고, 휠체어를 밀고, 바깥으로 함께 산책을 나가는 일을 했다. 그들은 주고 또 줬다. 그리고 받고 또 받았다!

우리가 마음속에 들어오도록 허락한 모든 생각은 우리가 표현하는 생각과 감정, 행동에 영향을 미친다. 우리가 부정적인 생각을 가지고 있으면 우리의 행동도 부정적이 되기 쉽다. 이렇게 되면 부정적인 행동이 습관으로 굳어지고 부정적인 결과가 우리에게 돌아온다. 반대로 긍정적인 생각은 긍정적인 습관으로 굳어져 긍정적인 결과를 낳고, 우리의 삶도 행복하고 동기 유발적인 모험이 된다. 이렇게 되면 우리 자신과 다른 사람들을 진짜 우리 자신인 진실한 빛 속에서, 삶의 경이롭고 신비롭고 마술과 같은 표현 속에서 바라볼 수 있게 된다. 긍정적으로 생각하고 우리 앞에 놓인 목표를 달성하려는 의지를 갖고 있으면 살아가면서 꾸준히 발전하며 보답을 받을 것이다. 생각은 습관으로 굳어지고, 습관이 쌓이면 우리 삶의 환경이 된다.

습관이 아니라 사고방식에서 나온 결과를 선택하는 결정자가 바로 우리 자신이라는 사실을 기억한다면 나쁜 습관을 극복하는 것은 어렵지 않다. 습관은 우리라는 존재 한가운데 있는 무엇이 아니라, 우리가 하는 무엇이라는 사실을 기억하는 것이 중요하다. 한 작가는 습관을 이렇게 표현했다. "습관은 무의식 속에 잘 저장된 프로그램이 단지 행동으로 드러난 것뿐이다. 습관을 바꾸려는 결심은 의식적인 것이며, 습관을 바꾸는 능력은 자기 자신의 무의식을 지배하는 기술에 달려있다."

> 남의 비판에 앙갚음하기보다 비판을 달갑게 받을 때
> 더 많이 배우게 된다
>
> J. 옐리네크

다른 사람의 비판에 맞서 반박하기로 결심하면 자신이 옳고 상대방이 틀렸다는 자신의 입장을 방어하기 위해 필요한 것은 무엇이든 하게 된다. 다른 사람의 비판에 방어적으로 대처할 때 사람들은 상대방에게 비난의 화살을 돌리며 큰 소리로 자신의 논지를 증명한 뒤에 분노를 가득 품고 돌아서 버린다. 어느 날 영국의 판사 조지 제프리스가 자신이 들고 있던 지팡이로 재판을 받고 있던 피고를 가리키며 이렇게 말했다. "내 지팡이의 끝에 악한이 있군요." 그러자 피고는 제프리스의 눈을 똑바로 쳐다보며 "지팡이의 어느쪽 끝을 말씀하시는 겁니까, 재판장님?"라고 응수했다. 존 러스킨은 비평가로서 최고의 명성을 날리고 있을 때 친한 예술가에게 내린 자신의 혹평이 그와의 우정에는 전혀 영향을 주지 말아야 한다고 주장했다. 물론 예술가들은 이를 조금 다르게 받아들였다. 러스킨의 혹평을 받았던 한 예술가는 이렇게 러스킨의 말을 비꼬았다. "당신을 다시 만나면 반드시 한대 갈겨 주겠소. 당신을 한대 갈긴다 해도 우리 우정이야 변함이 없을 것이라고 믿소만······."

　반면 갈등을 해결하는 과정에서 배우는 입장에 선다면 궁지에 몰려도 평온함과 인내심을 발휘할 수 있다. 다른 사람의 의견을 충분히 듣고, 그들이 자신의 감정을 충분히 표현할 때까지 조용히 듣고 있는다. 우리의 입장을 정당화하기 위해 논쟁하기보다는 서로간의 오해를 풀기 위해 몇 가지 질문을 하면 우리는 친구가 말한 것이 이미 가졌던 생각과는 다르다는 사실을 발견하게 될 수도 있다. 또는 상대방이 지금 표출하고 있는 분노가 이전 논쟁의 연장선상에 있거나, 혹은 다른 사람을 대상으로 하고 있거나, 우리와 전혀 상관이 없는 일이라는 사실을 알게 될 수도 있다.

  다른 사람의 비판이나 주장이 맞든 틀리든 먼저 질문을 해서 갈등 뒤에 숨겨진 감정이 무엇인지 파악하는 것이 좋다. 이런 식으로 우리는 우리 자신에 대해 배우고, 친구에 대해서는 거부가 아니라 수용의 태도를 보여줄 수 있다. 다른 관점에 대해 귀를 기울여 진지하게 듣는 것은 우정을 존중하는 표시이자, 우정을 오랫동안 깊이 있게 하는 데에도 도움이 된다. 자신의 입장과 다른 주장과 관점을 두려워하지 않아야 믿을 만한 친구를 만들고, 그와 평생 지속할 수 관계를 구축할 수 있다.

  삶의 모든 순간마다 우리는 성격을 만들어가고 있으며, 이 성격은 우리의 운명을 결정짓는다. 우리 자신과 다른 사람과의 관계에 대한 인식이 자라나 우리의 생각이 바뀔 때까지 우리는 현재 존재하는 조건들을 반복해서 계속 만들고 있는 것이나 마찬가지다. 사람이 된다는 것의 일부는 우리가 언제나 완전한 존재는 아니라는 사실을 깨닫는 것이다. 비판이 우리의 가치에 대한 공격이라고 생각해서는 안 된다. 오히려 비판을 통해 자신의 행동이나 생각에서 고쳐야 할 점이 있는지 살펴보는 계기를 얻을 수 있다. 비판은 우정을 망칠 수도 있지만 다른 사람의 말을 열린 마음으로 솔직하게 들으면 우정이 더욱 깊어질 수 있다.

우리는 구하는 것을 얻게 된다. 그것이 선이든 악이든, 문제든 해결책이든

존 템플턴

객관적인 사실은 물론 우리가 직면한 현실조차도 실은 개인적인 인식의 문제인 경우가 많다. 똑같은 상황에서 두 사람이 거의 언제나 다르게 반응한다는 것이 이를 증명한다. 각각의 관점에 따라 한 가지 상황에 대한 해석도 달라진다. 고대 로마의 사상가 세네카는 "마음이 보지 않기를 원하면 눈은 보지 않게 될 것이다"라고 말했다. 내면의 눈을 열어 '영혼의 눈'으로 봐야 한다는 의미가 아닐까? 어떻게 이게 가능할까? 우리의 이상을 높인다면, 모든 상황에서 선을 찾겠다고 결심한다면, 나쁘다고 생각되는 것에 신경 쓰지 않고 문제를 풀어주는 실행 가능한 해결책에 관심을 둔다면, '영혼의 눈'으로 바라볼 수 있다.

어떤 상황에서 전망이 밝지 않다면 너무 '바깥'만 바라보다가 외부의 조건에 골몰했기 때문일 수도 있다. 어쩌면 영혼의 관점에서 멀어져 세속적인 일들을 내려다보며 의기소침해 있는 것일 수도 있다. 해결책은 밖이 아니라 안에 있다. 해결책은 아래가 아니라 위를 바라볼 때 찾을 수 있다. 해결책은 이른바 악이 아니라 선을 찾는 데 있다. 위를 바라봄으로써 우리의 비전을 세상의 한정된 믿음에서 다른 곳으로 돌릴 수 있다. 위를 바라봄으로써 우리 자신이나 주위 환경을 더 이상 세상의 한정된 관점으로 바라보지 않게 된다.

운동 선수에게 승자와 패자를 가르는 태도가 무엇인지 물어보라. 왜 어떤 사람은 노력하고도 지고, 어떤 사람은 노력해서 이기는가? 대답은 아마도 믿음에 있을 것이다. 믿음은 이룰 수 있다는 비전이다. 믿음은 운동 선수가 자기 자신을 승자로 바라보는 내면의 비전이다. 믿음은 개인이 세상을 바라보는 관점의 하나라고 할 수 있다.

스토아학파 철학자인 에픽테토스는 "사람들은 사건 자체가 아니라 사건에 대한 그들 자신의 견해 때문에 혼란스러워 한다"라고 말했다. 실제로 우리는 어떤 일을 잘못 이해해 과민 반응하는 경우가 수도 없이 많다. 가수 로렐 리는 "나는 어떤 상황을 그 상황 자체로서가 아니라 나의 입장에서 바라보고 있다는 것을 안다"라고 말했다. 우리가 어떤 상황에 대해 설명하면 우리가 묘사하는 상황도 드러나지만 그만큼 우리 자신이 어떤 사람인지도 드러난다. 우리가 어떤 관계에서 질투를 느꼈다면 그것은 자신을 신뢰하는 방법을 배우지 못했기 때문이다. 관점이다! 자신이 처해있는 세계를 어떻게 바라보느냐에 따라 우리 인생이 얼마나 많이 달라지는가! 켄 케이스는 《더 높은 인식을 위한 지침서 Handbook to Higher Consciousness》라는 책에서 "사랑이 많은 사람은 사랑이 많은 세상에 살고, 적대적인 사람은 적의로 가득 찬 세상에 산다"라고 말했다.

우리는 매일 아침 잠에서 깨어나면 우리 자신의 관점으로 하루의 일들을 그려본다. 한 연설자가 이런 질문을 던진 적이 있다. "아침에 일어나면 당신은 '하나님, 좋은 아침입니다!(Good morning, God!)' 라는 말로 하루를 시작합니까, 아니면 '하나님 맙소사, 아침이네!(Good God, morning!)'라는 말로 하루를 시작합니까?" 에일린 캐디는 《변화의 아래The Down of Change》라는 책에서 "생각은 부메랑과 같다"라고 말했다. 생각은 우리에게 되돌아 온다. 우리가 긍정적으로 전개되는 선을 믿으면 그것이 바로 우리 주변에서 일어나는 일이 된다. 우리가 성장을 받아들이는 사고방식을 가지고 있으면 가장 어두운 구름 속에서도 한 줄기 빛을 찾을 수 있다. 부정적인 것과 비관적인 것은 이미 해답을 알고 있는 우리 자신의 일부를 받아들이는 데 장애가 된다. 우리의 눈을 내적인 존재의 진실에 고정시킬 때 바깥 세상이 우리를 적대시하거나 무너뜨리는 경우는 거의 없다. 당신의 관점이 높은 비전을 향하고 있다면 당신은 질병과 패배와 실패라는 외관에서 눈을 돌려 빛나는 건강과 극복할 수 있는 힘과 성공을 바라볼 수 있는 능력을 가지고 있다는 내적인 깨달음에 도달할 수 있다!

긍정적인 것은 더욱 강조하라. 부정적인 것은 아예 없애라
조니 머서

잠에서 늦게 깨어난 어느날, 마침 그 날 입으려고 생각했던 셔츠가 더러워서 입을 수 없었던 적이 있는가? 아침에 먹을 시리얼이 마침 하나도 남아 있지 않았던 적이 있는가? 늦게 일어난 데다 동생이 먼저 욕실을 차지해 발을 동동 구른 적은 없는가? 그날 하루가 그 순간부터 계속 나쁜 일로 가득할 것인지, 그렇지 않을 것인지는 이미 일어난 일에 대해 당신이 어떻게 느끼느냐에 전적으로 달려 있다. 자명종시계를 켜놓는 것을 잊어버리고 셔츠를 세탁소에 맡기지 않은 자기 자신에 대해 너무 화가 나는가? 시리얼을 미리 사놓지 않은 사람에 대해서는 어떻게 느끼는가? 당신보다 먼저 욕실을 차지해 시간을 보내고 있는 동생에 대해서는 어떤가?

사람들은 자신에게 닥친 불행을 다른 사람의 탓으로 돌리는 경향이 있다. 그러나 화를 내고 남을 탓하는 데 시간과 정력을 낭비하는 것보다는 해결책에 초점을 맞추고 문제에서 눈을 돌려 긍정적인 마음으로 당신의 하루에 집중하는 것이 훨씬 더 생산적이다. "긍정적인 것은 더욱 강조하고 부정적인 것은 아예 없애라." 이 말은 정말 효과가 있다!

화는 화를 낳는다. 욕실에 있는 동생을 향해 시간을 너무 오래 끈다고 불평하며 소리를 지른다면 동생은 오히려 화가 나서 욕실을 더 오래 쓸 수도 있다. 이는 당신이 시간에 맞춰 집을 나서는 데 전혀 도움이 되지 않는다. 동생과 싸우려 하지 말고 기다리는 시간 동안 하루가 평화롭게 유지되고 일정대로 진행될 수 있도록 점검하고 준비하라. 동생에게 당신의 입장을 설명하고 몇 시까지 나와달라고 부탁하면 당신과 동생 모두 "부정적인 것을 없애는" 기회를 얻게 된다.

일찍부터 이런 교훈을 배운다면 당신은 일생 동안 평화로운 상태를 유지할 수 있을 것이다. 분노는 감정일 뿐이다. 감정이 문제를 성공적으로 해결해주는 경우는 거의 없다는 사실을 기억하라. 오히려 감정은 새로운 문제를 유발시키는 경우가 더 많다.

긍정적으로 생각하는 연습을 계속하면 인생은 훨씬 더 부드럽게 흘러가고 긴장감이나 분노는 줄어든다. 외부 환경이 당신의 삶을 지배하도록 허용하지 말고 감정을 조절하라. 긍신은 언제든지 사고방식을 바꿔 긍정적으로 반응할 수 있으며 부정적인 생각이 당신 밖으로 자연스럽게 빠져나가도록 할 수 있다.

긍정적인 사고방식에 다가갈수록 삶은 더욱 즐겁고 더욱 생산적이 된다. 사람의 무의식은 기억의 저장소나 마찬가지다. 따라서 어떤 상황이 일어나더라도 자동적으로 빠르게 반응하게 된다. 당신의 무의식은 과거에 어떤 일이 일어났는지 기억하그 있으며, 그 때 당신의 생각과 감정이 어떻게 반응했는지 저장해놓고 있다. 오늘 비슷한 일이 일어난다면 당신의 무의식은 기억하고 있는 과거의 메시지, 아마도 분노나 원망, 좌절 같은 메시지를 보낼 것이다. 감정적으로 반응하든, 균형이 잡힌 조화로운 사고방식으로 대처하든 당신은 무의식 속에 새로운 메시지를 전달할 수 있는 능력을 가지고 있다.

정신과 마음을 조절하면 인생도 조절할 수 있다. 그러면 외부 환경이 당신에게 미치는 부정적인 영향도 줄어들 것이다. 랄프 왈도 에머슨은 "생각은 모든 행동의 아버지"라고 말했다. "긍정적인 것은 더욱 강조하고 부정적인 것은 아예 없애라." 그리고 당신의 재능과 축복을 넘치도록 감사할 수 있는 사람이 되라!

기도의 응답은 "그래(Yes)"가 될 수도 있지만 "안돼(No)" 혹은 "다른 대안들(Alternatives)"이 될 수도 있다

루스 스태포드 펄

긍정적인 사고방식의 힘은 놀라운 발전을 이뤄낸 수많은 방법들을 제시해왔다. 성직자와 철학자, 심리학자, 정신병리학자들은 마음의 힘이 시련을 극복하고 인생을 의미 있게 살아갈 수 있도록 도와주는 강력한 도구 중의 하나라고 말하고 있다. 마음의 힘은 많이 사용할수록 더욱 능숙하게 사용할 수 있다.

그러나 긍정적인 사고방식을 너무 강조하다 보면 "아니오"라는 말이 부정적이라는 잘못된 생각을 갖게 되기도 한다. 그러나 "아니오"가 올바른 대답인 경우도 많으며 이럴 때는 "아니오"라고 말해야 긍정적인 사고방식을 가진 사람으로서 우리 자신을 표현할 수 있게 된다.

이는 우리의 기도에도 적용된다. 우리의 기도도 "그래"나 "안돼" 혹은 "다른 대안들"로 응답 받을 수 있다. 이런 가능성을 세 가지 측면에서 살펴보자. 첫째, 고요히 신의 인도를 기다리면 "그래"나 "안돼", 혹은 우리의 결정을 요구하지 않는 방식으로 분명하고 어김없이 응답이 온다. 우리 마음속으로는 이미 결정을 내렸을 수도 있다! 즉시 나타나는 결과가 실패로 보이거나 기도에 대한 응답이 "안돼"일지라도 결국에는 삶을 통해 성공적인 결과가 드러나게 된다.

둘째, 우리가 무슨 일을 하거나 기도를 하고 내면이 이끄는 대로 따랐을 때 우리는 마음과 정신을 신을 향해 밖으로 표출할 수 있게 된다. 우리는 신의 완벽한 계획에 따라 마음속에 품은 소망을 실현할 수 있을 것이라는 확신을 갖고 일상생활을 계속할 수 있게 된다. 삶의 신성한 흐름을 믿을 때 놀랄 만큼 고요하고 평화로운 감정을 갖게 된다.

셋째, 어떤 일이 아무리 불가능해 보인다 해도, 환경이 아무리 절망적으로 느껴져도 우리 자신과 주변 사람들을 위해 준비된 축복이 있다는 사실을 깨닫는 것이 중요하다. 그리고 그 축복은 우리가 전혀 예상하지 못했던 방식으로 다가올 수 있다! 이는 우리 기도에 대한 대안의 응답이 될 수 있다.

기도를 했는데 원하는 응답을 얻지 못할 때 영원하고 무한한 우주의 창조자인 신과 조화를 이루지 못하고 있다고 생각하는 경우가 있다. 그러나 어떤 것도 신으로부터 분리될 수는 없다. 당신이 접촉하는 모든 것, 우주의 각 개인이 접촉하는 모든 것이 신의 일부다. 성경은 하나님이 우리의 머리카락 숫자까지도 세고 계신다고 전한다. 내면의 고요한 장소, 신의 창조 영역과 조화를 이룰 때 우리는 신의 무한한 사랑을 더욱 잘 느낄 수 있다. 고요함 속에서 신으로부터 받은 거룩한 사랑은 하늘로부터 내려온 어머니와 같다. 이 사랑은 우리를 통해 항상 새롭고, 항상 생생하고, 항상 아름답고, 항상 좀 더 경이로운 하루하루를 선사한다.

낙관적인 자세는 변함없는 선량함에서 나온다
무명씨

낙관적인 생각은 삶이란 기본적으로 선하다는 진실에 근거하고 있다. 낙관적인 사람은 삶을 가능한 한 가장 유리한 방향으로 해석하고, 무엇이든 가장 좋은 일이 일어날 것이라고 확신한다. 좋은 일이 일어날 것이라고 기대하는 사람들에게는 대체로 일이 잘 풀려나간다는 사실을 느껴본 적이 있는가? 랄프 왈도 에머슨이 표현한 대로 낙관적인 사람들은 "행복이 소중하다"는 사실과 우주가 모든 존재에게 호의적인 곳이라는 사실을 알고 있다.

그러나 낙관적인 생각을 갖는다는 것이 당신에게 절대로 '나쁜' 일이 일어나지 않을 것이라고 믿는다는 의미는 아니다. 또 당신이 원하는 것은 모두 얻을 것이라고 생각한다는 의미도 아니다. 사람들은 누구나 살아가면서 어려운 상황을 만난다. 낙관적인 자세란 어떤 상황에 처하든 그 상황이 더 좋은 결과를 가져올 수 있으며, 따라서 모든 일에는 더 좋아질 수 있는 잠재력이 있다는 사실을 아는 것이다. 낙관적인 사람들의 의도는 이런 식으로 더 좋아질 수 있는 점을 발견하는 것이다. 건전한 낙관주의자는 곤경에 처했을 때 혼란이나 두려움, 고통을 느끼지 않는 척 하면서 가장하지 않는다. 그는 자신의 감정을 솔직히 인정하지만 좋은 결과가 나타날 것이라고 믿는다. 비록 어떤 식으로 좋은 결과가 나타날지 알 수 없다 해도 더 나아질 수 있다는 믿음을 버리지 않는다.

정신치료학자인 톰 왈시는 우울한 사람들을 수없이 상담하고 관찰한 결과 이렇게 결론지었다. "웃고 있을 띠는 우울해 하거나 걱정하거나 화를 낼 수 없다. 절대 그럴 수 없다." 그는 프란시스칸 갱생센터와 미국 애리조나 주 피닉스의 여러 예배당을 다니면서 『유머, 환희, 치료 그리고 행복한 약(弱)우울증(Hypothalmia)』이라는 제목의 매우 인기 있는 강좌를 진행했다.

에머슨은 건강이 나빠 몇 년 동안이나 심하게 고생했고, 첫 번째 아내와 두 형제를 먼저 떠나 보냈으며, 너무나 사랑했던 아들이 열여섯의 나이로 죽는 것을 지켜보았음에도 삶을 낙관하는 자세에 대해 설득력 있는 글을 남겼다. 이런 비극적인 일들을 잇따라 겪게 되면 사람들은 대개 냉소적이고 비관적으로 변하기 쉽다. 그러나 에머슨은 삶이 선하다고 믿으며 삶에 대한 사랑을 유지했기에 아무리 깊은 슬픔도 이 같은 고귀한 신념을 굴복시키지 못했다.

에머슨은 이렇게 말했다. "흔들리지 않는 믿음, 그리고 가장 좋은 것이 진리임을 아는 통찰력. 이런 자세를 견지할 때 모든 불확실성과 두려움은 깨끗이 잊어버리고, 어떤 곤경 속에서도 결국은 시간이 해결해 줄 것이라는 확신을 가질 수 있게 된다." 당신도 에머슨이 말한 믿음과 통찰력을 가질 수 있다.

삶을 바꾸려면 마음을 바꾸라
존 템플턴

우리의 마음은 모든 행동과 생각과 감정의 출발선이다. 찰스 필모어는 마음의 중요성을 이렇게 설명했다. "마음은 보고 듣고 느낀 것에 대한 인식이 자리하는 곳이다. 우리는 마음을 통해 땅과 하늘의 아름다움, 음악과 미술의 아름다움, 사실상 모든 것의 아름다움을 느낄 수 있다. 생각은 베틀의 북처럼 세포와 신경 사이를 들락날락하며 마음의 수많은 감정들을 하나의 조화로운 전체로 짜는데, 우리는 이것을 인생이라 부른다."

당신의 마음은 영사기다. 당신의 태도는 필름이다. 당신의 경험은 화면에 비치는 영화다. 영사기가 필름을 돌려 여러 가지 사건을 담아 영화를 찍듯이 당신의 마음은 태도를 취해서 당신에게 일어난 여러 가지 일들을 찍어 경험으로 만든다. 당신이 화면 속에서 진정으로 좋은 느낌과 만족스러운 관계를 보게 된다면 당신이 자기 자신과 다른 사람에게 건강한 존경심을 가지고 있음을 의미한다. 당신이 자주 상처 받고 좌절한다면 내면의 생각과 믿음이 당신에게 더 좋은 것을 받을 만한 가치가 없다고 부정적으로 속삭이기 때문이다.

부정적으로 생각하는 사람들의 말을 들어보자. "나를 위협하는 일들이 너무 많다. 나는 내가 원만하게 지내기 어렵고, 매사에 부정적이라는 말을 들었다. 뭐 그리 놀라운 일도 아니다! 세상에는 언제나 나를 공격하려 들고, 나를 이용하려 하는 사람들이 있는 것 같다. 누구를 신뢰한다는 것은 결코 안전하지 않다. 게다가 나는 내가 매력적이지 않다는 사실을 잘 안다. 그런데 어느 누가 나를 진심으로 아끼고 좋아하겠는가?"

당신은 이 사람이 어떤 경험을 하게 될 것인지 짐작할 수 있을 것이다. 그는 다른 사람과의 관계에서 어려움을 느끼고 자주 관계가 깨져버리는 경험을 한다. 그는 부정적인 에너지를 언제나 가지고 다닌다. 그런 부정적인 에너지로 식당에 가면 분명히 사람들은 그를 무례하게 대하거나 차갑게 쳐다볼 것이다. 음식 값은 너무 비싸고 맛은 없다. 게다가 다른 사람들은 좋은 대우를 받는데, 그에게는 모든 것이 불리하게 돌아가는 것처럼 보인다. 그는 자신에게 일어난 나쁜 일 때문에 부정적인 생각을 갖게 된 것일까, 아니면 부정적인 생각 때문에 나쁜 일을 당하게 된 것일까?

두 가지 모두 가능하다. 이 사람이 어떤 삶을 살아왔는지 완벽하게 알기 전까지는 문제의 원인이 무엇인지 알 수 없다. 그러나 불행한 환경을 지목하며 "이것이 그가 부정적인 생각을 갖게 된 근본 원인"이라고 말한들 무슨 소용이 있겠는가? 과거를 탓하는 것이 과거의 부정적인 영향을 줄이는 데 어떤 역할을 할 수 있는가? 어렸을 때 겪은 어떤 일 때문에 그가 자신과 다른 사람에 대해 긍정적인 생각을 갖기 어려울 것이라고 말한다면 그는 앞으로도 부정적인 생각의 짐을 지고 살아야 하는가?

전혀 그렇지 않다. 사고방식을 바꾸는 것은 환경에 관계없이 의지로 가능하다. 생각할 때마다, 매 순간마다 사고방식은 얼마든 바뀔 수 있다. 삶의 질을 개선하고 싶다면 부정적인 생각에서 긍정적인 생각으로 바꾸는 것이 중요하다. 변화하겠다고 결심함으로써 새로운 관점으로 생각할 수 있고, 당신과 다른 사람에게서 선한 품성을 찾을 수 있게 된다. 당신은 오로지 노력하려는 의지만 가지면 된다. 당신의 정신은 엄청나게 창조적일 수 있다. 정신은 지속적으로 생각의 수준을 높여갈 수 있다. 당신의 정신 근육을 훈련시키라! 당신의 정신이 어떤 태도를 취할지, 어떤 태도를 표현하고 투영할지 조절할 수 있는 사람은 오직 당신뿐이다. 당신의 영사기이고 당신의 필름이다. 당신은 상상할 수 있는 최고의 삶과 태도를 창조해낼 수 있는 자유와 권한을 갖고 있다.

  변하기 위해서는 당신이 어떤 생각을 하고 있는지 계속해서 인식하고 경계해서 부정적인 생각이 스며들지 못하도록 해야 한다. 생각을 바꾸기 위해서는 관심과 연민을 갖고 정직하게 자신이 품고 있는 부정적인 생각들과 직면하는 용기를 가져야 한다. 생각을 바꾸기 위해서는 당신 자신이나 다른 사람이나 똑같이 소중하다는 확고한 믿음을 가져야 한다.

행복의 열쇠

어떤 사람이 기차 안의 복도를 지나가다 체스를 두고 있는 두 사람 옆에 멈춰 섰다. 체스를 두던 두 사람 중 한 명은 10대 소년이었다. 이 소년이 막 패배를 인정하고 포기하려던 참에 옆에 서있던 사람이 한번 더 움직여볼 만한 여지가 있다고 말했다. 소년은 그에게 자기 자리에 앉아 체스를 두어보라고 했다. 그 사람은 소년의 자리에 앉자마자 단 한 수로 게임의 흐름을 바꿔버렸다. 그는 몇 분 전만 하더라도 소년이 포기하려 했던 바로 그 자리에 앉아 게임을 승리로 이끌었다. 그는 일어서서 체스판에서는 이번과 달리 전혀 움직일 여지가 없을 때가 있지만 삶에서는 모든 노력이 물거품으로 돌아간 것처럼 보일 때조차도 언제나 한번 더 움직일 만한 여지가 있다고 말해주었다. 우리 삶에서 움직일 만한 여지란 모든 일을 가능하게 하는, 우리 안에 존재하는 신에게 지혜를 구하며 의지하는 것이다.

몇 년 후 이 소년은 군인이 되어 전쟁터에 나갔다. 치열한 전투 끝에 대열에서 이탈해 길을 잃고 여우굴에 혼자 숨어있게 됐다. 얼마 후 적군의 순찰병이 가까이 다가왔고 모든 것이 끝난 것처럼 보였다. 그 때 그는 몇 년 전의 체스 게임을 떠올렸다. 그리고 "한 번 더 움직일 만한 여지"를 생각했다. 그는 신의 존재를 확신했고 믿음 안에서 긴장을 풀었다. 그러자 놀랍게도 적군들에게 "항복하면 살려주겠다"라고 외치고 싶다는 생각이 들었다. 그는 자신도 놀랄 정도의 당당한 목소리로 적군들에게 "항복하면 살려주겠다"라고 소리쳤다. 그러자 모든 적군들이 무기를 내려놓고 그의 포로가 됐다. 그가 선택한 한번 더 움직일 만한 여지는 그의 생명을 구해주었다. 그가 처한 상황은 전혀 긍정적이지 않았지만 그의 긍정적인 태도가 그를 궁지에서 벗어나게 만든 것이다.

WORLDWIDE
Laws of Life

07
균형의 법칙

남에게 대접을 받고자 하는 대로 너희도 남을 대접하라
황금률, 마태복음 7장 12절

　　　　　　행복과 조화로움, 용기, 성공, 만족까지 모든 좋은 것을 당신에게 가져다 주는 어떤 특별한 일이 있다면 당신은 그것을 하겠는가? 아마도 이 책을 읽고 있는 모든 사람들은 기꺼이 "물론(Yes)"이라고 대답했을 것이다. 그 특별한 비결은 지금 당장 활용할 수 있다. 황금률을 실천하기만 하면, 황금률은 당신에게 이 모든 것들을 성취할 수 있도록 도와줄 것이다.

　황금률을 만들어낸 예수에 대해 잠시 생각해보자. 예수는 목수였다. 그는 좋은 도구의 중요성을 알고 있었다. 그가 목수를 그만두고 삶의 법칙들에 대해 가르치기 시작했을 때 그는 말을 자신의 생각을 전달하는 수단으로 사용했다. 그는 자신의 생각을 "다른 사람들의 가슴에 생생하게 다가가도록 다듬어" 스스로 대접 받기를 원하는 대로 다른 사람을 대접하라는 매우 평이하면서도 쉬운 말로 표현해냈다. 속고 싶지 않다면 다른 사람을 속이지 말라! 거짓말을 듣고 싶지 않다면 다른 사람에게도 거짓말하지 말라! 다른 사람을 공정하게 대하면 기분이 좋을 것이다. 다른 사람도 기분이 좋을 것이고, 당신도 속임수와 음모를 피할 수 있을 것이다.

　좋은 집을 짓기 위해서는 좋은 재료가 필요하다. 당신의 집을 짓는

데 썩은 나무를 쓰지는 않을 것이다. 휘어진 나무를 사용한다면 집의 기초는 안전하지 않을 것이고, 벽도 곧게 서지 못할 것이다. 이런 집은 구조적으로 견고하지 못하다는 평을 들을 것이다. 마찬가지로 자신의 삶을 짓는 건축가로서 인생이라는 집을 짓는 데도 좋은 태도가 필요하다. 다른 사람들에게 모욕감을 준다면 당신도 모욕감을 느끼게 될 것이다. 당신의 인생은 원만하지 않을 것이고, 다른 사람들은 당신의 성실함을 믿지 못할 것이다.

친절과 보살핌, 배려 등은 '실천된 사랑'이라고 할 수 있다. 우리가 살아가는 하루하루는 모든 사람들에게 작은 친절을 베풀고, 다른 사람들을 돌보고 배려하고 이해하고 도와줄 수 있는 수많은 기회들을 제공해준다. 그러나 사람들은 너무 바빠서, 혹은 너무 서두르느라, 때로는 자신이 처한 상황을 걱정하느라 사랑을 보여줄 수 있는 축복된 기회들을 놓치게 된다. 이 일에서 저 일로, 이 약속에서 저 모임으로 돌아다니느라 다른 사람들이 어떻게 느끼고, 그들 인생에 어떤 일이 일어나는지 알아채지 못하고 있지 않은가? 당신 바깥의 다른 사람들에 대한 인식을 바꿈으로써 긍정적인 변화를 시작하라. 분명히 오늘 당신이 만난 누군가는 당신의 친절을 사용할 것이다. 진정에서 우러난 당신의 작은 보살핌이 이 세상 누군가에게는 너무나 감사한 일이었을 것이다. 이 세상 모든 것들에 우리의 보살핌과 도움이 필요하다. 황금률을 읽고, 그것을 따르고, 그것에 기초해 우리의 인생을 건설해나갈 때 모든 종류의 좋은 일들이 우리 인생에 일어나 다른 사람들과 나눌 수 있게 해줄 것이다. 황금률은 그런 의미에서 행동의 양식이자 설계도다. 원하는 일을 성취하는 것은 물론 주위 사람들의 삶까지 충만하게 해주는 방향으로 우리의 삶이 움직이게 된다. 당신이 대접 받기를 원하는 대로 다른 사람을 대접하는 것, 이 황금률이야말로 어떤 여건, 어떤 상황, 어떤 측면에서도 놀라울 정도의 효과를 발휘한다.

황금률에는 무엇인가 매우 강력한 효과가 있는 것이 틀림없다. 문구가 조금씩 다르긴 하지만 황금률의 개념은 전세계 모든 주요 종교에서 삶의 영적인 법칙 가운데 하나로 여기고 있다. 황금률이 각각의 종교에서 어떻게 표현되고 있는지 살펴보자.

브라만교: 이것이 모든 의무의 합이다. 너에게 행해졌을 때 고통이 되는 어떠한 일도 다른 사람에게 하지 말라.
불교: 너 자신에게 상처가 되는 것으로 다른 사람에게 상처주지 말라.
기독교: 남에게 대접을 받고자 하는 대로 너희도 남을 대접하라.
유교: 다른 사람이 너에게 하지 않았으면 하는 일은 다른 사람에게도 하지 말라.
힌두교: 인생의 진정한 역할이란 그가 행한 그대로를 다른 사람들이 그에게 행함에 따라 진행되는 것이다.
이슬람교: 자신이 바라는 것을 형제를 위해 바랄 수 있어야 비로소 믿음을 가질 수 있다.
유대교: 너에게 해로운 일은 무엇이든 동료에게 하지 말라. 이것이 율법의 전부다. 나머지는 모두 이를 설명하기 위한 것이다.
도교: 네 이웃의 이익을 너 자신의 이익처럼 생각하고, 네 이웃의 손해를 너 자신의 손해인 것처럼 여기라.

고집을 부리기 보다는 남을 배려하는 것이
더 좋은 결과를 낳는다

무명씨

베어낸 나무를 강물에 띄워 하류에 있는 가구 공장까지 운반한다고 하자. 나무들은 강을 타고 내려가다 바위와 같은 장애물을 만나면 걸려 멈추게 된다. 그러면 뒤따라 내려오던 다른 나무들도 밑으로 더 내려가지 못하고 그 곳에 걸리면서 점점 더 많은 나무들이 옴짝달싹하지 못하는 정체 상태에 빠지게 된다. 장애물을 제거해 나무들이 다시 강물을 따라 밑으로 내려가게 하기 위해서는 다이너마이트 같은 폭발물로 정체된 지점을 폭파해야 한다. 문제는 다이너마이트가 장애물을 제거해주긴 하지만 유용하게 사용할 수 있었을 다른 나무들까지 함께 폭파시키는 바람에 자원 낭비가 불가피하다는 점이다.

우리가 고집을 부릴 때, 즉 마음이 자신의 의지로 가득 차 있을 때, 우리 삶의 선한 흐름을 막는 결과를 낳을 수 있다. 마치 나무들의 흐름을 막는 정체가 생기는 것처럼 말이다. 우리가 스스로의 고집에 갇혀버리면 어떤 일이 벌어질까? 막힌 흐름을 트기 위해 다이너마이트를 사용하는 것처럼 우리도 인생의 정체 상태에서 벗어나게 해줄 수 있는 어떤 사람 혹은 어떤 사건이 필요하다. 그리고 그 결과는 종종 고통스럽고 파괴적이다. 우리가 인생의 흐름에 역행하면 할수록 바람직하지 않은 일이 일어날 가능성은 더 커진다. 정체된 지점에 나무가 많이 쌓일수록 정체 상태를 해결하기 위해 더 많은 다이너마이트가 필요하게 된다.

　어떤 사람과 의견이 충돌할 때 상대방은 우리가 동원하는 온갖 논리 속에서 우리가 이기려 하고 있음을 꿰뚫어 보게 된다. 이렇게 되면 상대방은 진실을 파악하려 하지 않고 대신 저항하려고 준비한다. 사람들간의 의지 사이에 싸움이 전개되는 것이다. 반면 부드러움과 겸손과 예의로 다가가면 상대방의 협력을 쉽게 이끌어 낼 수 있다.

　데이비드와 그의 형 마이클은 완전히 정반대였다. 마이클은 성공적인 사업가였던 반면, 데이비드는 관광 목장이나 공원, 휴양지 등을 전전하며 임시직으로 생계를 이어갔다. 마이클은 데이비드가 걱정이 됐다. 그래서 데이비드에게 "나의 새로운 사운드 시스템"이나 "나의 새 컴퓨터"처럼 "나의 무엇"이라고 이름붙인 사진을 계속해서 보냈다. 이런 사진들을 보면 데이비드가 좀 더 안정적인 삶을 살고 싶다는 생각을 하게 될 것이라고 믿었다. 그러나 마이클의 "나의 무엇" 캠페인은 데이비드가 보낸 와이오밍 주 그랜드티톤 국립공원 포스터로 끝나버렸다. 데이비드가 보낸 그 포스터 뒤에는 "나의 뒷마당"이라고 쓰여 있었다.

　우리는 너무나 자주 우리 삶의 현상들을 당연한 것으로 여긴다. 우리는 스스로 만들어놓은 한계 안에서 살아가는 법을 배울 수도 있다. 아니면 정체된 한 지점에서 다른 정체된 지점으로 옮겨 다니는 습관이 붙어 인생의 힘이 우리의 세계를 파괴하고 내적인 위대함에 도달할 수 있는 잠재력을 줄어들게 만드는 결과를 초래할 수도 있다. 우리는 자기 자신이 누구인지, 우리가 어떤 존재가 될 만한 역량을 가지고 있는지 더욱 잘 표현하고 경험하기 위해 여러 가지 측면에서 인생의 힘과 조화를 이룰 수 있는 능력을 가지고 있다. 이를 위해서는 기꺼운 마음으로 현재 우리가 가진 태도를 살펴봐야 한다. 자진해서 마음을 바꾸고, 흔쾌히 다시 생각하고, 기쁘게 새로운 선택을 하고, 기꺼이 하겠다는 마음으로 자신의 고집을 접을 수 있어야 한다. 우리는 지금 이 곳에서 새로 시작할 수 있다.

의지력이란 성공이든 실패든 어떤 것에든 평온하게 대처할 수 있는 마음의 힘이다. 다른 가능성은 전혀 생각하지 않고 자신의 개인적인 희망만을 강요하는 고집과 의지력을 혼동해서는 안 된다.

지금의 우리는 우리가 생각한 것의 결과다
부처

"당신이 찾으려고만 하면 발견할 수 있는 아름다운 것은 언제나 존재한다. 삶의 악하고 추하고 거짓된 면이 아니라 선하고 아름답고 진실된 면에 집중하라. 삶과 사람에 대한 이런 긍정적이고 사랑스러운 태도는 활기 넘치는 생명력을 충만하게 이용할 수 있도록 도와주고, 당신의 삶 속에 신의 존재가 역사하고 있음을 느끼게 해주며, 모든 가능성을 열어주는 신성한 마술이 일어나도록 해준다."

레베카 클락은 그의 저서 《대발견Breakthrough》에서 이렇게 말했다.

우리의 태도가 삶에 어떤 변화를 가져오는지 한 친구가 들려준 멋진 이야기를 소개한다. "최근에 공원으로 산책을 간 적이 있었네. 좀 걷다가 벤치에 앉아 따뜻한 햇볕과 아이들의 행복한 웃음 소리를 즐기며 쉬고 있는데, 중년이 훨씬 넘어 보이는 한 남자가 우산을 흔들며 흥겹게 걸어오는 거야. 그 남자는 야구모자를 쓰고 카키색 바지에 흰색과 빨간색 격자무늬 티셔츠를 입고 밝은 빨간색 카디건을 걸치고 있었지. 그 남자는 나와 눈이 마주치자 웃음으로 인사한 뒤 곧바로 그네로 다가가더군. 그러더니 우산을 땅에 내려놓고 그네를 타는 거야. 마치 안팎의 모든 동심을 발산하듯 아주 기쁘고 활기차게 타더군! 난 그 사람의 이미지와 행동에 마음이 빼앗겨 버렸지. 얼마 뒤 그 남자는 그네에서 내려오더니 우산을 집어 들고 내가 앉아있는 곳으로 걸어왔어. 그는 웃으면서 자신은 매일 이 공원에 와서 정확히 50번씩 그네를 탄다고 말하고는 지나갔네. 그 남자는 삶의 충만함으로 빛나고 있었고 삶의 기쁨으로 반짝거렸지. 아마 그 남자는 자신이 그 날 나에게 어떤 깨달음을 선물했는지 모를 거야. 그 남자가 삶에 대해 가지고 있는 어린아이와 같은 단순한 충만함, 그리고 그 열정은 정말 감동스러웠어. 그 일이 있은 후 나는 여러 번 그 남자를 떠올렸고, 그 때마다 내 영혼은 그가 갖고 있는 기쁨으로 감동을 받았네. 그는 어디에 가든 다른 사람들에게 기쁨을 선사해주는, 눈에 띄는 사람일거야. 그에게 나이는 전혀 문제도 되지 않겠지. 그는 진정으로 기뻐하는 영혼을 가진 사람이었네!"

많은 사람들이 일상적인 생각 속에서 엄청난 에너지가 발산될 수 있다는 사실을 잘 이해하지 못한다. 그들에게는 증기나 전기가 어떻게 에너지를 만들어내는지 이해하는 것이 더 쉽게 느껴진다. 증기나 전기가 발생시키는 에너지는 눈으로 볼 수 있어 작용 원리를 쉽게 이해할 수 있는 반면 생각의 힘은 이해하기 어렵다.

예수는 어린아이와 같이 되어야 천국, 즉 삶의 충만함에 들어갈 수 있다고 말했다. 그러나 나이와 체면, 소소한 일상사, 해야 할 일과 하지 말아야 할 일, 할 수 있는 일과 할 수 없는 일, 자기 자신에 대해 품고 있는 이미지, 우리에게 가능하다고 여겨지는 일과 같이 스스로에게 부여한 한계가 우리로부터 삶의 충만함을 빼앗는다. 내 친구의 이야기에 등장하는 그 나이 든 신사는 한계를 가지고 있지 않았다. 그는 내면으로부터 삶의 충만함을 찬양했다. 그가 삶에 대해서 느끼고 있는 기쁨은 그가 생각하고 있는 것의 결과를 반영하고 있다.

그네를 마지막으로 타본 게 언제인가? 당신을 현재의 경계선 밖으로 밀어내 당신이 온전히 살아있음을 세상에 발산시킬 수 있는 '재미있는' 일을 마지막으로 해본 게 언제인가? 당신 안에 존재하는 어린아이 같은 영혼이 기쁨과 흥분 속에서 자유롭게 흘러 넘쳤던 적은 언제인가? 나이는 핑계가 될 수 없다. 다른 사람이 당신에게 가지고 있는 의견도 변명이 될 수 없다. 스스로를 한정시키는 당신 자신의 의견도 삶의 선물을 포용하지 못하고 인생을 충만하게 살지 못하는 데 대한 변명이 될 수 없다. 당신 안의 영혼은 흥분한 어린이와 늙지 않는 지혜라는 두 가지 말로 표현할 수 있다. 당신의 영혼에는 한계가 없다고 진실로 믿고 있는가? 그렇게 믿는다면 당신이 삶의 풍요로움을 표현하지 못하도록 막는 것은 무엇인가?

불교 경전 가운데 불교의 기본적인 믿음을 이해하고 기억하기 쉽게 정리해놓은 법구경이 있다. 법구경에서 생각의 중요성을 강조하는 구절들이다.

"지금의 우리는 우리가 생각한 것의 결과다. 생각이 우리의 근본이며, 우리는 생각들로 이루어져 있다."

"악한 생각으로 말하고 행동하면 마치 수레바퀴가 수레를 끌고 가는 소의 발자국을 따라 가듯 괴로움이 그 사람을 따르게 된다. 반대로 순수한 생각으로 말하고 행동하면 그림자가 결코 그를 떠나지 않듯 행복이 그를 따르게 된다."

"지혜로운 사람은 자비와 절제를 통해 어떤 홍수에도 수몰되지 않는 자신만의 섬을 만들 수 있다."

"어떤 사람이 천 명을 상대로 천 번의 싸움에 나갔다 해도 자기 자신을 정복하는 것이 훨씬 더 위대하다."

"선한 사람은 히말라야의 산 정상과 같이 멀리 떨어진 곳에서도 빛이 난다."

**당신이 화를 내는 것도 남이 당신에게 화를 내는 것만큼
당신 자신과 다른 사람들을 괴롭게 만든다**

켄 키스

당신이 모습을 드러내자 거기 있던 모든 사람들이 갑자기 하던 말을 멈췄던 경험이 있는가? 그래서 그 사람들이 분명히 당신에 대해 얘기하고 있었을 것이라는 확신이 들었던 적이 있는가? 아니면 한 그룹의 사람들이 앉아서 속삭이기 시작하는 모습을 본 적이 있는가? 당신은 아마도 그들이 당신의 옷이나 태도를 얘기하고 있는 것이라고 확신했을 수도 있다. 이런 상황에 당신이 반발하느냐, 아니면 긍정적으로 반응하느냐에 따라 다른 사람들에게 고통을 줄 수도, 반대로 평화와 이해심을 줄 수도 있다.

자기 자신의 가치를 잘 아는 사람은 어떤 상황에서도 그의 인간관계에 조화와 평화를 가져올 수 있도록 반응한다. 그는 가치있는 비난은 받아들일 만한 넉넉함을 보여준다. 그는 부정적인 감정에 휩쓸리는 대신 다른 사람들이 무슨 말을 했을까 생각해보고 진실의 씨앗을 찾는다. 그는 진실의 씨앗들을 찾아내면 이를 상황에 적용하고 그의 판단에 근거해 사람들에게 가장 가치있고 바람직한 행동을 한다.

효과적인 의사 소통이야말로 오늘날 가장 절실하게 필요한 것 중의 하나다. 우리가 의사 소통하는 방법은 행복과 기쁨을 가져오기도 하지만 반대로 고통과 아픔을 가져오기도 한다. 자기 자신한테 한번 물어보라. "내가 어떻게 의사 소통하고 있지? 집에서, 사회에서, 모임에서, 직장에서 나는 어떻게 말하고, 어떻게 일하고 있지?" 자신의 내적인 가치와 진가를 알고 있는 사람은 어떻게 대처해야 하는지 알고 있다. 그는 사람들을 품위와 존경으로 대한다. 그는 친절하고 사려깊다. 다른 사람의 옳지 못한 행동을 접하면 그가 어떻게 반응해야 긍정적인 결과가 나올지 판단하기 위해 상황을 가늠해본다. 가끔은 무대응이 최선의 대응이다. 자신의 내적인 가치를 잘 알고 잇는 사람은 해야 할 적절한 말을 찾아낸다.

한 여인이 이런 이야기를 소개해줬다. 그녀의 아들이 베트남에서 전화했는데 이 전화는 하와이의 중계국을 통해 그의 어머니에게 연결이 됐다. 교환원은 그녀에게 이전에 무선통신으로 말해본 적이 있느냐고 물었다. 그녀가 없다고 하자 방법을 일러줬다. "말하고 싶은 것을 말한 다음에 '오버(Over)' 라고 말하고 들으세요. 당신 두 사람이 동시에 말할 수는 없어요."

인생을 살아가는 이 위대한 여행에서 우리는 어떤 주어진 상황에 어떻게 반응할 것인지 선택할 수 있기에 우리의 인간 관계는 보답 받을 수 있다.

주는 그대로 돌려 받는다
존 템플턴

골다 메이어는 1969년, 일흔한 살의 나이에 이스라엘 총리로 선출돼 5년간 총리직을 수행하며 중동전쟁까지 치렀다. 그녀는 안와르 사다트 이집트 대통령, 교황 요한 바오로 6세 등과 같은 세계적인 지도자들과 만나며 중동 평화를 위해 헌신적으로 노력했다. 그녀는 이스라엘에서 "골다 록스(Golda Lox)"라는 애칭으로 불리며 국민들로부터 사랑과 존경을 받았다.

골다 메이어의 삶은 "주는 그대로 돌려 받는다"는 진리를 증명하는 실제 사례였다. 그녀는 정직하고 성실했으며, 애국심과 평화에 대한 열망을 가지고 있었다. 그녀의 이런 자질은 마치 강력한 자석 같아서 다른 사람에게서도 비슷한 자질을 끄집어내곤 했다. 골다 메이어가 아랍국가 정상들과 협상할 때였다. 그녀는 직접 만나 얼굴을 맞대고 얘기하자고 고집했다. 이에 대해 한 언론인이 굳이 만날 필요는 없지 않느냐며 "이혼 절차를 밟을 때도 서로 얼굴을 맞댈 필요가 없다"라고 말했다. 그러자 그녀는 "나는 이혼에는 관심 없다, 결혼에 관심이 있다"라고 응수했다.

당신은 살며 사랑하며 배우며 성장하기 위해 지금 이 순간, 이 지구상에 존재하고 있다. 당신의 존재 깊은 내면으로부터 무엇인가를 끄집어 내도록 요구하는 실로 다양한 모험과 경험과 상황을, 삶이 당신에게 제공할 수 있음을 믿으라. 그러나 당신이 경험하는 삶의 질은 자아를 어떻게 인식하고 있는지, 그리고 그 자아를 어떻게 표현하고 있는지에 따라 크게 달라진다. 당신이 주는 그대로 돌려 받기 때문이다.

그러므로 자신을 계발하기 위한 계획을 세우고, 삶의 법칙을 더 깊이 이해할 수 있도록 노력하고, 자제심을 키우는 것이 현명하다. 정신과학이라는 학문을 정립한 어니스트 홈스는 한 강의에서 이렇게 말했다. "당신은 자신이 바라는 것을 보고 있다. 당신이 바라는 그것으로 당신은 보고 있다." 이런 지혜로운 말도 있다. "당신이 세상에 비춘 것, 즉 당신의 투영이 당신의 인식이 되기 마련이다. 당신이 바라보는 세상은 당신이 세상에 준 것이다. 세상은 당신의 마음 상태가 어떤지 증언하는 증인이며, 당신 내면의 풍경을 밖으로 보여주는 그림이다. 그러니 세상을 바꾸려 노력하지 말고 세상을 바라보는 당신의 마음을 바꾸기로 결심하라."

당신 앞에 놓여 있는 모든 것을 흔들리지 않는 확고한 믿음으로 대면할 수 있는 능력이 당신 안에 있다. 진심으로 이 사실을 믿으면 당신의 삶에 좋은 일을 끌어당겨주는 확신을 가질 수 있다. 시계를 고치기 위해서는 정교한 도구가 필요하다. 영적인 원칙으로 삶의 여러 가지 문제들을 조율할 때도 역시 정교한 도구가 필요하다. 평범한 방법으로 일을 서둘러 끝내려는 사람은 망치로 시계를 고치려는 것과 같다. 삶의 법칙을 실천할 때 당신의 삶에 평화와 조화와 풍요로움과 행복이 찾아온다.

세네카는 이렇게 표현했다. "사람들 사이에 있을 때에는 마치 신이 당신을 바라보고 있는 것처럼 행동하라, 신에게 얘기할 때는 마치 다른 사람들이 듣고 있는 것처럼 말하라." 그러면 당신은 당신이 주고 있는 것, 표출하고 있는 것이 최고라는 사실을 알게 될 것이다.

겉모습은 종종 우리의 눈을 속인다
이솝

로마 시대의 철학자 에픽테토스는 겉모습과 본질의 관계에 대해 이렇게 말했다. "마음과 외양의 관계는 다음 네 가지로 분류할 수 있다. 그렇게 보이고 실제로도 그렇거나; 그렇게 보이지도 않고 실제로도 그렇지 않거나; 실제로는 그런데 그렇게 보이지 않거나; 실제로는 그렇지 않은데 그렇게 보이거나. 이 네 가지 경우 중 어디에 해당하는지 올바른 판단을 내리는 것이 현명한 사람의 임무다." 겉모습과 관련한 성경의 조언은 훨씬 더 간단하다. "외모로 판단하지 말고."(요한복음 7장24절)

이 법칙은 겉으로 드러나 보이는 것은, 그것이 물질적인 것이든, 정신적인 것이든, 혹은 영적인 것이든 좀 더 깊이 살펴볼 필요가 있다는 말이다. 모든 것을 좀 더 세밀하게 관찰하면 지금까지 불가능하다고 생각해왔던 기적들을 향해 문이 활짝 열리는 행운을 얻기도 한다.

중세 시대의 신학자이자 철학자였던 토마스 아퀴나스의 일화는, 한 사람의 실제 모습이 겉으로 드러난 외양보다 훨씬 더 심오하다는 사실을 잘 보여준다. 토마스 아퀴나스는 위대한 스콜라 철학자인 알베르투스 마그누스의 학생으로 파리에서 공부하고 있었다. 아퀴나스는 자신을 "벙어리 황소"라고 부르는 동료 학생들 때문에 가슴앓이를 하고 있었다. 어느 날 스승인 마그누스가 아퀴나스를 따로 불러 대학 교과 과정의 전반적인 주제에 대해 함께 토론하는 시간을 가졌다. 마그누스는 다음 강의 때 학생들에게 이렇게 말했다. "여러분들은 토마스 형제를 벙어리 황소라고 부르고 있습니다. 그러나 언젠가 온 세상이 그의 포효에 귀를 기울일 것이라고 여러분들에게 약속할 수 있습니다." 훗날 토마스 아퀴나스는 신학자이자 스콜라 철학자로 큰 명성을 얻었으며, 인간의 이성과 기독교적인 믿음을 조화롭게 융화시키는 것을 목표로 위대한 연구를 많이 남겼다. 신의 존재를 증명하기 위한 그의 논거는 이후 수백 년간 수많은 신학자와 철학자들에게 영향을 미쳤다. 조용하고 말이 없던 학창시절 토마스 아퀴나스의 겉모습만 보았던 당시 친구들은 전혀 상상할 수 없었던 결과다.

겉으로 보이는 모습 너머를 바라볼 수 있도록, 또 당신 앞에 놓여 있는 것이 실제로 무엇을 의미하는지 열린 마음으로 분명하게 인식할 수 있도록 훈련하는 것이 중요하다. 당신이 이미 가지고 있는 것을 지금 당장 사용하기 시작하라. 특별한 재능과 능력, 물질적인 소유물, 당신 자신이나 다른 사람에게 봉사할 수 있는 특별한 기회, 무엇이라도 좋다. 현재의 인식 수준과 능력으로 당신이 할 수 있는 최대한의 것을 하라! 당신을 이끌어 주는 깨달음이 겉모습이 아니라 내면으로부터 나오도록 하라. 한 번에 한 걸음씩 내딛고 당신 바로 앞에 발을 내딛는 일부터 시작하라. 당신이 이미 갖고 있는 것을 좋은 곳에 쓰라. 당신이 간절히 바라는 삶의 선량하고 좋은 것이 풍요롭게 흘러 넘칠 수 있도록 정신적 자각과 감정적 인식과 삶에서 행하는 모든 행동을 깨끗이 하라. 부드러운 유머감각과 긍정적인 기대감을 갖고 주위를 '가볍게' 바라보라.

유명한 사진작가 세실 비튼이 왕비의 모습을 여러 장 찍은 뒤 왕비에게 보여주었다. 왕비가 그 중에서 한 장을 골라내자 비튼은 그 사진을 수정해 얼굴의 주름을 가려주겠다고 말했다. 왕비는 이렇게 말하며 거절했다. "그 많은 세월을 살아놓고도 그 세월을 보여줄 만한 것이 아무것도 없다고 여겨지고 싶지는 않아요."

우리는 외모에 관심을 쏟거나 미망 속에 빠져 지내는 대신 하루하루를 최대한 활용할 수 있다는 확신을 가지고 앞으로 나아갈 수 있다. 성장하고 발전하는 만큼 정직하고 꾸준하고 진실되게 삶의 법칙에 헌신할 수 있다. 삶의 법칙을 지킬 때 삶의 다른 부분에서도 반드시 긍정적인 결과가 나타난다는 사실을 알 수 있다. 매일 아침 가슴에는 평화와 기쁨을 품고 입술에는 웃음을 띠고, 날개가 달린 듯 가벼운 발걸음으로 나아가 세상을 향해, 접촉하는 모든 사람을 향해 인사할 수 있다.

예상치 못한 일이 닥친다 해도, 언제 어디서든, 또 어떤 경험에서든 영혼의 지혜가 마음속으로 흘러 들어오도록 허락하기만 한다면 더 큰 깨달음을 얻고 새로워질 수 있다.

모든 결과에는 원인이 있다
연금술의 원칙

"심은 대로 거둔다." 옥수수든 무엇이든 어떤 씨앗을 뿌린다면 당신은 이 자연법칙을 실천에 옮기는 것이고, 씨앗을 심는 당신의 행동은 원인이 된다. 자연은 이 원인에 반응해 당신의 삶에 결과를 가져다 준다. 이 결과는 물론 씨앗으로부터 거두는 수확이 된다.

원인과 결과는 "연속의 법칙, 우주의 균형 바퀴"라고 불린다. 원인과 결과의 관계는 여러 종교 경전에서 공통적으로 발견할 수 있다.

성경에서는 "사람이 무엇으로 심든지 그대로 거두리라"(갈라디아서 6장7절)라고 가르친다. 친숙하게 들리는가?

힌두교의 3대 경전 중 하나인 바가바드 기타에는 "올바르게 행하고 그 보상을 올바르게 깨우치라"라는 구절이 있다. 바가바드 기타에는 이런 글도 있다. "어떤 사람도 행동을 피한다고 해서 행하는 것에서 벗어날 수는 없을 것이며, 어떤 사람도 단지 금욕한다고 해서 완전함에 도달할 수는 없을 것이다."

불교 경전에는 다음과 같은 법어가 있다. "반드시 후회할 행동, 눈물로 받아들일 수밖에 없는 결과는 잘한 일이 아니다. 후회하지 않을 행동, 기쁨으로 받아들일 수 있는 결과야말로 잘한 일이다."

자이나교에는 이런 가르침이 있다. "갇혀 있는 새가 새장 밖으로 날아갈 수 없듯 옳고 그름에 무지한 사람들은 비참함에서 벗어날 수 없다."

유교에서도 비슷한 교훈을 발견할 수 있다. 하루는 공자의 제자인 자공이 물었다. "일생 동안 실천할 만한 한마디 가르침이 있다면 무엇입니까?" 이에 공자가 대답했다. "서(恕)가 바로 그러하니라. 네가 원하지 않는 일은 다른 사람에게도 하지 않는 것이다."

히브리 경전에는 "마음속으로 생각하는 것이 바로 그 사람이다"라는 글이 있다. 또 "너의 빵을 물 위에 던지라. 여러 날 후에 도로 찾으리라"라는 구절도 있다.

이슬람 경전인 코란은 "부당한 일을 하지 말라. 그러면 부당한 대우를 당하지 않을 것이다"라고 가르친다. 코란에는 이런 구절도 있다. "네가 선한 일을 하면 너의 영혼을 위해 선한 일을 한 것이다; 네가 악한 일을 하면 너 자신에게 악한 일을 한 것이다."

고대 이집트와 그리스의 연금술에 관한 가르침을 연구한 책 《키발리온Kybalion》에는 일곱 가지의 기본적인 진리가 소개되어 있는데, 그 중에 인과관계도 포함돼 있다. 《키발리온》은 인과관계를 심오한 글로 설명해놓았다. "모든 원인에는 결과가 따른다. 모든 결과에는 그 원인이 있다. 모든 일은 인과관계의 원칙에 따라 일어난다. 우연이란 단지 깨닫지 못한 인과관계의 다른 이름일 뿐이다. 인과관계에는 수많은 단계가 있을 수 있으나 어떠한 것도 이 원칙을 피해가지는 못한다."

인과관계에 대한 이 같은 광범위하고 우주적인 인식을 통해 매우 중요한 사실 한 가지를 깨달을 수 있다. 우리에게 일어난 일 대부분은 우리 자신의 책임이라는 사실이다! 모든 사람들이 이 사실을 편안하게 받아들이지는 못할 것이다. 적지 않은 사람들이 실은 자신의 삶에 완전하게 책임지기를 원치 않기 때문이다. 대부분의 경우 부모나 이웃, 친구, 배우자, 또는 정부나 다른 어떤 조직, 아니면 조건 같은 것을 탓하는 것이 훨씬 더 쉽다.

그러나 잠시 생각해보자. 우리에게 일어난 일이 당신과 나의 책임이라면, 이는 우리가 원하는 대로 삶을 창조할 수 있고, 또 유도할 수 있는 광범위하고 무한한 기회가 우리에게 있다는 의미가 아닌가? 얼마나 흥분되는 사실인가? 현재 상황이 어떻든 우리는 앞에 놓여있는 조건에서 긍정적인 경험을 창조해낼 수 있다. 어떻게 이렇게 할 수 있을까? 선택이라는 힘을 통해서 할 수 있다.

그렇다면 '우연'이라고 불리는 일들은 무엇인가? 많은 사람들이 우연이나 운, 때로는 우발적인 사건이, 좋은 쪽으로든 나쁜 쪽으로든 삶에 영향을 미치고 있다고 믿고 있다. 어떤 여자는 자신이 자동차 사고를 내고도 아무런 책임도 지려 하지 않는다! 교통사고를 일으켜 소환장까지 받았지만 책임이 없다고 버틴다. 반대로 어떤 여자는 신호등 앞에서 멈춰서 기다리고 있다가 뒤따라 오던 차에 받히고 말았다. 그녀는 삶의 법칙에 대해 잘 알고 있었고, 삶의 법칙이 어떻게 작용하는지 잘 이해하고 있었다. 그녀는 자신의 차를 박은 운전자와 이야기를 나누고, 경찰서에 사고 경위서를 제출하고, 차를 수리하는 일까지 조용하고 원만하게 해결했다. 그녀는 사고를 낸 운전자의 자동차보험회사를 통해 관련 비용을 지급 받았고, 곧 일상생활로 돌아갔다. 그녀는 이런 사고가 왜 일어났는지 궁금했다. 하지만 "중요한 것은 어떤 일이 일어났는가가 아니라 그 상황에 어떻게 다 처하느냐다"라는 지혜를 터득하고 있었다. 다니엘 H. 오스몬드라는 생리학자는 《생리학자가 보는 삶의 목적과 의미A Physiologist Looks at Purpose and Meaning in Life》라는 제목의 글에서 이렇게 주장했다. "우연이라는 믿음은 일이 여기까지 진행되어온 경위보다는 우연이라고 믿는 사람의 무지를 더 많이 드러낼 뿐이다."

태양계의 행성들이 태양 주위를 도는 이유가 (아직 우리가 완전하게 이해하지 못하고 있는) 어떤 질서와 목적 때문이라면 우리 각자의 삶에도 아직 이해하지 못하고 있는 가능성과 목적이 있지 않을까? 케임브리지 대학교 퀸스 칼리지의 존 폴킹혼 학장은 "목적이 있다는 가장 분명한 신호는 사람이 만든 각종 도구와 작품, 특별한 역할을 수행해 내기 위해 고안해낸 각종 발명품이다"라고 말했다. 우리의 삶에서 일어나는 여러 가지 일들은 현재의 사고 범위를 뛰어넘어 "모든 결과에는 원인이 있다"는 삶의 법칙을 보다 깊이 이해하도록 우리를 깨우쳐 주는 발명품(결과)은 아닐까?

**우리의 마음은 천국을 지옥으로 만들 수도 있고,
지옥을 천국으로 만들 수도 있다**

존 밀튼

〈선샤인Sunshine〉이란 잡지에서 사람들이 주로 어떤 단어를 사용하는지 소개한 적이 있다. 이 잡지에 따르면 사람들은 'P'로 시작하는 단어보다는 'D'로 시작하는 단어를 더 많이 사용한다. 사람들이 매일 사용하는 'D'로 시작하는 단어는 다음과 같다. 빚(debt) 의심(doubt) 병(disease) 재난(disaster) 포기(discouragement) 우울(depression) 부패(decay) 사기(deception) 위험(danger) 패배(defeat) 어려움(difficulty) 불화(discord) 실망(disappointment) 불신(distrust) 반대(disagreement) 불안(dread) 불행(dejection) 가난(destitution) 외로움(desolation) 등이다!

이 기사는 이어 사람들이 사용하면 훨씬 더 좋을 만한 'P'로 시작하는 단어를 소개했다. 평화(peace) 번영(Prosperity) 풍요(plenty) 힘(power) 용기(pluck) 끈기(persistence) 목표(purpose) 격려(promotion) 소유(possession) 능숙(proficiency) 전진(progress) 인내(perseverance) 기도(prayer) 가능성(possibilities).

당신은 D와 P 가운데 어떤 삶이 천국에 더 가깝다고 생각하는가?

한 남자가 단골 고객을 아주 많이 확보한 보석상 친구를 방문했다. 보석상 친구는 이 남자에게 상점에 진열된 최고급 다이아몬드와 값비싼 보석들을 보여주었다. 그 보석들 가운데 하나는 광택이 없었다. 이 남자는 친구에게 "저것은 전혀 아름답지가 않은데?"라고 말했다. 친구는 "과연 그럴까?"라고 말하며, 그 보석을 진열장에서 꺼내 손으로 꼭 쥐었다. 몇 분 후 그가 주먹을 풀자 그 보석은 휘황찬란한 무지개 빛을 뿜어냈다.

"아니 도대체 어떻게 한 건가?" 남자는 친구에게 물었다.

보석상은 웃으며 대답했다. "이건 오팔이라는 보석일세. 교감하는 보석이라고 알려져 있지. 오팔은 사람 손에 꼭 쥐여지기만 하면 놀랄 만큼 아름다운 빛을 내뿜는다네!"

삶의 올바른 면, 혹은 "천국과 같은" 면을 따라 살아가면 우리의 인격과 우리 앞에 펼쳐진 삶의 길에 광채와 아름다움이 비친다. 아마 당신도 "천국과 같은" 의식 상태를 가지고 살아가는 사람들을 알고 있을 것이다. 그들에게는 모든 일이 잘 풀리는 것처럼 보일 것이다. 그들은 매우 건강하고, 그들의 생활은 행복하고 조화롭게 보인다. 또 그들에게는 사람들이 간절히 바라는 좋은 일들이 자주 일어나는 것처럼 보인다.

 그러나 어떤 사람들은 "인생의 잘못된 측면"을 따라 살아간다. 그들은 점점 더 건강과 행복, 성공, 또는 그들이 추구하는 좋은 일에서 멀어지는 것처럼 보인다. 확실히 상반된 이 두 가지 삶의 방식 사이에 어떤 차이가 있을까?

 마음의 태도가 삶의 좋은 일들을 우리에게 끌어당기기도 하고 우리에게서 멀어지게도 한다는 데 차이가 있다. 우리의 마음과 사고방식이 천국을 지옥으로도, 지옥을 천국으로도 만들 수 있다. 그렇다면 어떻게 마음의 바른 태도를 기르고 발전시킬 수 있을까?

 첫째, 지금 있는 바로 그 곳에서 멈춘 다음 머리 속에서 잡다한 소음들을 몰아내고 생각이 올바르게 맞춰지도록 해야 한다. 활동하는 중에 잠시 멈춘다고 해서 포기한다거나 그만둔다거나 "될 대로 되라"는 식으로 한다는 의미는 아니다. 오히려 그런 것과는 거리가 멀다! 이런 휴식은 우리 삶에서 적절한 전망을 새로 세울 수 있게 도와주고, 우리 생각이 다시 긍정적인 방향을 향할 수 있도록 해준다.

 두 번째 단계는 믿음을 다시 확고히 하고 의식과 생각을 더 높은 표현의 단계로 끌어올리는 것이다. 예를 들어보자. 당신이 어떤 어려움에 처해 있다고 가정해보자. 하루하루의 삶이 지탱하기조차 힘겹게 느껴지고, 당신은 이제 무엇을 해야 할지조차 모르겠다고 생각한다. 이 때 혼란에 빠지거나 스트레스를 받지 말고 잠시 쉬면서 "영혼이 내 앞에서 나의 노력과 방향을 인도하고 이끌어준다"고 믿어보라. 당신의 생각을 더 높은 단계로 끌어올리면 마음과 삶의 평화와 고요함을 새롭게 회복할 수 있다!

행복의 열쇠

한 목사가 일요일에 예배 준비를 도와주는 어느 소년의 이야기를 해준 적이 있다. 이 소년은 교회 의자를 똑바로 정리하고 신도들이 앉는 자리에 찬송가를 놓는 일을 했다. 목사와 소년은 약 20분 가량 함께 일했다. 그런데 어느 순간부터 소년이 휘파람을 불면서 거의 일을 하지 않고 목사만 일을 했다. 마침내 목사가 소년을 불러 "무얼 하고 있는 거니?"라고 물었다.

소년은 잠시 멈칫하더니 "찬송가를 자리에 놓으면서 휘파람을 불었습니다"라고 대답했다. 이 소년은 잠시 멈추더니 "그러고 보니 거의 휘파람만 불고 있었군요!"라고 덧붙였다.

목사는 소년의 말을 듣고 곰곰이 생각해보니 일을 하면서 휘파람을 부는 것이 상당히 좋은 아이디어라는 생각이 들었다. 사실 휘파람을 부는 일도 우리가 할 수 있는 가장 좋은 속죄 행위 중의 하나가 될 수 있다. 바쁜 생활 속에서 휘파람을 불며 자유롭게 느끼고, 우리가 하고 있는 일을 즐기는 능력이야말로 발전시켜야 할 자질이다.

"창조적으로 더 잘 살기 위해서" 어떤 활동이든 상당히 심각하게 하는 사람들이 있다. 그러나 이렇게 살아간다면 우리는 휘파람을 얼마나 불 수 있겠는가? 삶은 진지할 수 있지만 침울할 필요는 없다. 삶이 지옥처럼 되어서는 안 된다. 삶은 천국과 같은 경험이 될 수 있다. 삶은 위대한 도전이거나 모험일 수 있다. 삶은 산을 오르는 것처럼 모든 발걸음이 유쾌해지는 경험이 되도록 의도되었다.

 우리 삶은 "휘파람을 부는 것"과 "찬송가를 자리에 놓는 것"을 함께 필요로 한다. 그리고 거의 대부분은 휘파람을 불면서 지낼 필요가 있는 순간도 있다.

WORLDWIDE
Laws of Life

08

절제의 법칙

**당신이 사랑과 기쁨, 평화, 인내, 친절, 선행, 신의, 절제,
온유함을 드러내 보이면 사람들은 당신을 따르게 된다.**

존 템플턴

거울을 바라보면 무엇이 보이는가? 당신의 눈에는 기쁨의 빛이 있는가? 당신의 얼굴 표정은 평화롭고 친절한가? 당신의 웃음은 인자하고 따뜻한가? 당신은 거울에 비친 당신 "자신"을 좋아하는가? 누구나 다른 사람들로부터 사랑 받고 존경 받고 싶다는 자연적인 욕구를 갖고 있다. 다른 사람과 잘 지내는 것은 행복하고 가치 있게 살기를 원한다면 꼭 익혀야 할 중요한 기술이다. 어떻게 다른 사람과 잘 지낼 수 있을까? 답은 단순해 보이지만 매우 중요한 것이다. 사람들을 진심으로 좋아하라. 성공한 사람들은 부지런히 일하고 긍정적으로 생각하라고 조언하지만 무엇보다 사람들을 좋아하라고 강조한다. 개인적인 이해관계를 떠나 다른 사람들을 진심으로 좋아하라.

옛날에 수피라는 이름의 사람이 살았는데, 그의 머리는 가공된 지식과 오만으로 가득 차 있었다. 그는 어느 날 먼 곳에 살고 있는 코쉬어라는 현자를 찾아갔다. 코쉬어는 수피의 마음속을 꿰뚫어 보고, 그에게 아무것도 가르쳐주지 않은 채 이 말만 해줬다.

"너는 스스로 현명하다고 생각할지 모르지만 가득 차 있는 항아리

에는 아무 것도 더 넣을 수가 없다네. 네가 가식으로 가득 차 있다면 실은 텅 빈 것이지. 가치 없는 생각을 모두 비운 뒤에 찾아온다면 너 자신을 더 수준 높은 인식으로 채울 수 있고, 인생의 진정한 의미도 이해할 수 있을 것이네."

인생은 배움의 연속이고, 지혜가 성장해가는 과정이다. 내가 좋아하는 시 중에 이런 구절이 있다. "인생은 현실이며 인생은 진지한 것! 무덤이 인생의 목표는 아니다. 너는 흙이니, 흙으로 돌아가란 말은 영혼을 두고 한 말이 아니다." 젊었을 때 꼭 배워두어야 할 교훈 가운데 하나를 꼽자면 인생은 우리가 주는 대로 돌려준다는 것이다.

우리가 세상에 줄 수 있는 가장 큰 선물은 사랑과 기쁨, 평화, 인내, 친절, 선행, 신의, 절제, 온유함이다. 이것들은 모두 겸손하고 신실한 사람들의 품성이며, 마음에서 직접 전해오는 것이다. 아리스토텔레스는 "지식만으로는 아무것도 감동시킬 수 없다"라고 말했다. 생각과 느낌과 마음과 감정은 서로 섞여서 행동으로 드러난다.

사람들을 정직하고 친절하고 신실하고 따뜻하게 대할 때 우리는 그들에게 관심을 갖고 있다는 메시지를 보내는 것이다. 그러면 그 보답으로 우리도 똑같이 대접 받게 된다. 왜냐하면 우리가 다른 사람에게 준 것이 그대로 우리에게 돌아오기 때문이다. 내면의 자아와 조화롭게 살아가는 사람은 외부의 영향력이 바꿀 수 없는 힘을 가지고 있으며, 또 즐겁게 살아간다. 자제력은 각 개인의 '집'을 제대로 자리잡게 해주고. 사적인 이기심보다는 더 위대한 힘에 의해 인도되도록 해준다.

자제력을 키워나가면 다른 좋은 품성들을 더욱 완전하고 완벽하게 실천할 수 있도록 해주는 균형 감각을 얻을 수 있게 된다. 자제력이 없으면 자기 자신과 다른 사람에게 인내하지 못하며 다른 사람들을 조건 없이 사랑하지 못한다. 자제력은 우리의 자아가 올바른 관점을 가질 수 있도록 만들어 우리 자신과 다른 사람 모두 해를 입지 않게 해준다. 우리가 이렇게 할 수 있을 때 자기 마음대로 하는 독재자로서가 아니라 우리를 표현하는 수단으로서 자아의 진정한 가치를 깨닫게 된다. 자기 방식만을 고집하는 자아는 파괴적인 자아이며 파괴적인 습관으로 이끈다. 자제력을 배우는 것이야말로 우리 삶의 지배력을 얻는 열쇠다.

성찰하지 않는 삶은 살 가치가 없는 삶이다
소크라테스

소크라테스는 자기 절제를 그리스의 이상으로 강조했다. 그는 내면의 목소리를 통해 표현되는 신성한 원칙을 믿었으며, 이 원칙이 우리의 행동을 도덕적인 행로로 인도한다고 믿었다. 내면에 도달하기 위해, 또 가치 없는 행동들을 우리 인생에서 제거해 버리기 위해 생각과 행동을 면밀히 검토해보라고 말했다. 정직하게 자기 자신을 분석해보면 사회적으로 일정한 조건에 얽매어져 있기 때문에 어떤 사람이나 사건에 대해 조건 반사적인 대응이 나오는 것인지, 아니면 우리의 행동이 신성한 원칙과 우리 안에 있는 내면의 목소리에 의해 인도되고 있는 것인지 알 수 있다. 우리의 행동은 우리가 바꿀 수 있는 유일한 행동이라는 점에서 다른 사람의 행동을 이해하는 것만큼이나 중요하다. 우리가 무엇을 했고, 왜 했는지 이해하게 되면 우리 자신에게 솔직해지게 된다. 우리 자신에게 솔직하면 우리 삶을 성실하게 만든다. 우리에게 중요한 것이 무엇인지 이해하게 된다. 또 단순히 반응하기보다는 행동하는 것을 배우게 된다. 우리 자신에게 솔직해지고 명예롭게 삶을 사는 법을 배우게 되는 것이다

우리 인생을 돌아보고, 우리가 어디에 서있는지 살펴보고, 우리가 어디를 향해 가고 있는지 생각하는 시간을 갖게 된다. 창조자와 우리 존재의 하나됨에 중심을 두고 초점을 맞추게 된다. 신은 둔감한 사람에게는, 마치 나비가 애벌레에게 그렇듯 모호한 존재다. 애벌레는 나비가 바로 옆 잎사귀 위에 앉아도 나비를 인식하지 못한다. 애벌레의 현실 속에는 나비가 존재하지 않기 때문에 애벌레는 나비를 못 볼 수도 있다! 그러나 어느 맑은 날 아침, 애벌레는 나비로 변신하고 신의 감로를 맛보게 된다. 그때가 되어서야 애벌레, 즉 나비는 자신이 되기로 계획되어 있었던 아름다운 창조물로서의 자기 자신을 알게 된다.

성장과 변화에 초점을 둔 자기 성찰은 우리가 좀 더 충만하고 풍부한 삶을 살아가도록 도와준다. 그러니 다른 사람의 행동 뒤에 숨은 동기를 이해하는 데 시간을 쓰라. 다른 사람과 우리 자신에 대한 연민과 공감을 배우면 진정으로 살 만한 가치가 있는 평화롭고 성공적인 존재가 될 수 있다.

자기 절제가 결국 승부를 결정짓는다
무명씨

이솝 우화에 나오는 토끼와 거북이 이야기는 "빨리 갈수록 늦게 도착한다"는 옛말이 사실일 수 있음을 입증한다. 다리가 길어 빨리 달릴 수 있는 토끼는 다리가 짧아 느린 거북이를 놀려댔다. 하루는 거북이가 토끼에게 누가 빠른지 내기를 해보자고 했다. 토끼는 물론 자신만만하게 도전에 응했다. 출발 신호가 떨어지고 시합이 시작되자 토끼는 그야말로 거북이를 빙빙 돌면서 그를 비웃고 자신의 빠른 다리를 뽐내면서 승리를 확신했다. 거북이는 토끼를 무시하고 그저 묵묵히 앞으로 나아가기만 했다. 토끼는 거북이가 별다른 반응을 보이지 않자 길 위에 앉아 뭔가 재미있는 일이 없나 두리번거리다 들판의 다람쥐를 쫓기도 하고 토끼굴 몇 개를 들어가보기도 했다. 급기야 토끼는 주위를 돌아다니는데도 지쳐 부드러운 풀밭에 누워 잠시 잠을 청했다. 반면 거북이는 한 걸음 한 걸음씩 쉬지 않고 앞으로 나아갔다. 마침내 그는 토끼가 자고 있는 곳을 지났고 결승선에 먼저 도착했다. 토끼는 다른 동물들이 거북이의 승리를 축하해주는 소리에 잠이 깨자 지금까지 달리기 시합에서는 결코 보여주지 못했던 최선을 다해 가장 빠른 속도로 숲속으로 숨어버렸다. 토끼는 더 빨랐지만 결승선까지 가지도 못했다. 승리는 꾸준히 계속 걸어간 거북이에게 돌아갔다.

　무엇인가를 빨리 하는 능력은 유용한 능력임에 틀림없다. 그러나 거북이는 토끼에게 속도가 전부가 아니라는 사실을 가르쳐줬다. 토끼는 자신이 누구보다도 빠르다는 천부적인 재능에 현혹돼 자신에게는 노력이 필요 없다고 생각하는 실수를 범했다. 토끼는 자신이 확실히 이길 것이라고 믿었기 때문에 시합과 관계없는 다른 곳에 관심을 쏟았고 결국에는 잠들어 버렸다. 반대로 거북이는 느리다는 단점을 의지와 노력으로 보완했다. 그는 천부적인 재능이란 단지 이 정도까지 데려다 줄 수 있을 뿐이라는 사실을 알고 있었다. 결국에는 전력을 다하는 것만이 지속적인 성공을 얻는 방법이다. 나는 어떤 사소한 방법으로 다른 사람이 나를 이용하는 데 대해서는 전혀 개의치 않는다. 그러나 나는 다른 어떤 사람도 결코 이용하지 않으려 노력한다. 다른 사람이 나를 선하게 대해주는 것은 좋다. 그러나 더욱 중요한 것은 내가 다른 사람들을 선하게 대하는 것이다.

　작은 노력조차 기울이지 않았는데도 일을 쉽게 처리하는 사람을 부러워한 적이 있는가? 그들은 돈과 외모와 재능과 인맥을 가지고 있어서 성공의 길에 빠르게 오른다. 반면 당신은 터벅터벅 걷는 수준으로 한번에 아주 조금씩 전진할 수 있을 뿐이다. 그러나 중요한 것은 당신이 가진 것이 아니라 당신이 가진 것으로 무엇을 하는가라는 사실을 기억하라. 토끼처럼 최고인 것, 가장 빛나는 것은 종종 불꽃을 닮았다. 그들은 찬란한 모습으로 보는 사람들의 눈을 현란하게 하지만 진정한 성취를 위한 지속성이 부족하다. 거북이처럼 목표에 눈을 맞추고 발을 땅에 붙이고 계속해서 앞으로 나아간다면 당신은 자신의 노력으로

먼 곳까지 갈 수 있다. 당신은 빠른 성공에 유혹될 수도 있다. 그러나 역사는 "천천히 그리고 꾸준히"가 오랜 기간에 걸쳐 지속적인 진보를 가져왔다는 사실을 증명한다. 중국의 유학자 정이는 "한 가지 일에 집중해서 거기에서 벗어나지 않는다면 강력한 추진력을 소유하게 된다"고 말했다. 오늘날과 같이 급속도로 변하는 사회에서 승자가 되고 싶다면 현명하고 꾸준한 거북이에게서 배우라. 그는 인내와 자기 절제의 법칙을 상징한다.

일곱 가지 치명적인 죄악은 교만, 음란, 나태, 시기, 분노, 탐욕, 탐식이다

성 그레고리

　　　　　　　　삶의 가장 진실하고 고결한 목표에서 벗어난 사람은 삶에서 선해질 수 있는 무한한 잠재력을 발견하지 못한다. 그는 성취할 수 있는 가능성에 둔감해지고 오히려 삶의 현실을 더욱 왜곡해 성취감을 느끼려 헛된 노력을 하게 된다. "일곱 가지 치명적인 죄악"은 삶의 선한 면에 지속적으로 둔감해지도록 만드는 일곱 가지 방법이다. 사람들은 때로 만족과 성취감을 얻기 위해 교만과 음란과 나태와 시기와 분노와 탐욕과 탐식에 빠지지만 이렇게 해서는 결코 원하는 것을 얻을 수 없다.

자기 자신에 대해 느끼는 자부심과 자긍심은 삶의 모든 부분에서 성공하는 데 중요하다. 또 대부분의 사람들은 자신이 가치 있는 존재라는 느낌을 조금 더 갖기 위해 일생 동안 노력한다. 그리고 이것이 죄는 아니다. 그러나 자기 자신을 다른 사람보다 더 중요하고 더 특별한 존재로 내세우게 되면 '교만'의 죄에 빠지게 된다. 성경은 "교만은 패망의 선봉이요, 거만한 마음은 넘어짐의 앞잡이니라"(잠언 16장28절)라고 가르친다. 이 성경 구절은 "올라간 것은 내려오기 마련"이라는 금언을 생각나게 한다. 자신의 중요성을 과도하게 부풀리는 것은 마치 열기구를 타고 하늘로 올라가는 것과 같다. 열기구는 기구 속의 공기를 따뜻하게 만들어 하늘로 올라가지만 언젠가는 공기가 식어 반드시 땅으로 내려오게 돼 있다. 사람은 있는 모습 그대로의 자기 자신이 마음에 들지 않을 때 다른 사람보다 더 낫게 보일 수 있는 방법을 찾으려 한다. 더 정의롭게 보이기 위해 다른 사람의 잘못을 찾으려 노력하기도 한다. 그러나 우리 모두가 같은 인간으로서 평등한 존재며, 현실 속에서는 지나친 부끄러움이나 과도한 자기 자랑 모두 아무런 의미도 없다는 사실을 이해하게 되면 허영의 풍선에서 바람이 빠져나가게 된다. 우리 자신을 다른 사람과 평등한 존재로 바라볼 수 있는, 현실적이고 균형잡힌 관점을 세우는 것이 필요하다. 그래야 우리 주변에서 우리 자신의 세계가 무너져 내리는 사태를 막을 수 있다. 그래야 우리 자신만의 독특하고 가치 있는 품성을 표현하는 가운데 진정한 만족감을 느낄 수 있다.

TV를 비롯해 요즘 미디어를 보고 있자면 세상은 사랑이 아니라 '음란' 속에 빠져있는 것처럼 느껴진다. 어떤 사람은 왜 음란이 치명적인 죄악에 포함되어야 하는지 의아해할지 모른다. 성 그레고리가 짐짓 점잖은 척하는 사람이기 때문에 음란을 치명적인 죄악으로 분류한 것이라고 생각할 수도 있다. 그러나 오늘날 음란한 정념에 탐닉한 결과를 좀 더 자세히 살펴보면 왜 음란이 죄악이 될 수밖에 없는지 이해하게 된다. 에이즈(AIDS)와 10대의 원치않는 임신, 마약 중독 등은 음란한 만족을 늦추는 것이 충족시키는 것보다 훨씬 더 낫다는 사실을 보여준다. 성적인 것은, 성적인 신체기관이든 성적인 관심이든, 당신의 존재 가운데 너무나 아름다운 부분이며, 당신이 그런 성적인 것을 표현하기 위해 선택하는 방법은 인간으로서 당신이 가진 도덕적인 품성에 대해 많은 것을 말해준다. 당신이 성적인 것을 우정과 보살핌과 헌신과 강한 믿음의 일부로 표현하면 당신과 상대방 모두에게 이롭다. 그러나 음란은 사랑이 아니라 이기심에 더 가깝다. 흥분에 대한 열망을 보류하고, 자제심에서 오는 축복을 즐길 수 있을 때 진정으로 친근하고 건강한 관계를 맺을 수 있으며, 자신의 감정에 대해서도 더 깊이 이해할 수 있게 된다.

'나태'는 일상생활에서 그리 자주 쓰는 단어는 아니다. 당신은 아마도 이와 비슷한 뜻을 가진 게으름이라는 단어에 더 익숙할 것이다. 사람들은 때로 삶의 속도를 줄이고 일상의 일에서 벗어나 휴식을 취할 필요가 있다. 이는 나태함이나 습관적인 게으름과는 다르다. 정신과 의사인 M. 스콧 펙은 그의 유명한 저서 《아직도 가야할 길The Road Less Traveled》에서 "환자들이 회복하도록 도와줄 때 가장 큰 적은 언제나 변함없이 그들의 게으름이라는 사실을 깨닫는다"라고 말했다.

그는 모든 사람들이 "사고와 책임, 성숙함의 새로운 영역으로 뻗어나가는 것"을 보편적으로 꺼린다는 사실을 발견했다. 펙이 지적한대로 게으름은 두려움을 감추기 위한 것일 수 있다. 이런 게으름은 사람을 완전히 무기력하게 만들어 생명력을 제한한다. 우리는 문제가 너무 많아 임무를 완수하기 어렵다고 자주 느낀다. 심지어 인내심을 발휘해야 할, 가장 관심 있는 분야에서조차 게으름 때문에 일을 진행하지 못하는 경우가 있다. 두려움에 맞서 게으름을 극복할 때 우리는 활력 넘치는 경험을 하게 된다. 나태가 죄악이 되는 이유는 인생을 낭비하기 때문이다.

다른 사람이 가진 것을 '시기'하거나 탐낼 때 우리는 삶으로부터 우리 자신을 표현할 수 있는 새로운 성장의 기회를 제공 받고 있는지도 모른다. 시기란 "악의를 갖고 바라본다"는 의미다. 우리가 표현하기를 원하는 개인적인 특징을 다른 사람에게서 발견했다고 치명적인 죄악이 되는 것은 아니다. 대부분의 사람들이 이런 감정을 종종 느낀다. 이런 감정이 죄악이 되는 것은 불만과 원망이 삶을 가득 채워 삶의 다른 측면을 즐길 수 없게 될 때다. 다른 사람에게서 갖고 싶은 것을 발견했는데, 자신은 그것을 결코 가질 수 없을 것이라고 느낀다면 자기 자신이 갖고 있는 잠재력의 진실을 왜곡하는 것이 아닐까? 성격이든 소유물이든 자신이 가진 것을 다른 사람의 것과 비교해 스스로를 비참하게 만들 때 우리는 내적인 재능을 활용하고 계발하는 데 쓰일 수 있는 시간과 에너지를 낭비하게 된다. 시기심이 생기면 자신의 태도에 변화가 필요하다는 신호라고 생각하자. 우리에게 주어진 독특한 성품과 재능을 사용할 때 진정한 삶을 발견할 수 있다. 삶에 우리 자신을 더 많이 쏟아부을 때 삶으로부터 더 많은 것을 돌려받을 수 있다.

사람들은 때로 '분노'를 표현하고 싶은 유혹을 느끼고, 분노하는 것이 정당하다고 생각한다. 일이 계획대로 진행되지 않았을 때, 사랑하는 사람으로부터 상처를 받았을 때, 어떤 방식으로든 좌절했을 때, 분노를 밖으로 표출하지는 않더라도 최소한 마음속에 분노의 기미는 느낀다. 유혹 그 자체는 치명적인 죄악이 아니다. 유혹을 느껴서 행한 행위가 치명적인 죄악이다. 우리는 분노의 에너지를 결집해 변화를 일으키는 데 사용할 수도 있다. 그러나 분노는 대개 자기 멋대로 하지 못하는 상황을 무력하게 만들어보려는 반응으로만 보인다. 분노는 다른 사람과의 대화와 소통을 어렵게 만들고, 사랑으로 맺어진 관계를 깨뜨리고, 행복과 좋은 감정을 향해 열린 문을 닫아버린다. 분노라는 죄악은 때로 파괴적인 행동까지 낳는다. 우리는 때로 분노한 데 대한 책임을 지려 하기보다 우리를 분노하게 만들었다는 이유로 다른 사람을 비난하고 탓한다. 분노를 느끼고 있다는 사실을 애써 외면하지 말고, 차라리 분노의 원인을 파악하고 분노의 에너지를 삶에 도움이 되는 건설적인 행동으로 변화시켜라.

'탐욕' 또는 탐심은 욕심을 의미한다. 욕심은 삶의 자연적이고 풍요로운 흐름에 반대되기 때문에 치명적인 죄악이 될 수 있다. 욕심이 많은 사람은 흐르는 강을 가로막아 강물을 모두 자신의 것으로 만들려는 사람이나 마찬가지다. 진짜 중요한 것은 강에 있는 물이 아니라 물의 흐름을 통해 우리가 경험하게 되는 사랑과 활동이라는 사실을 그는 이해하지 못한다. 그리스 신화에 나오는 미다스 왕은 끝없이 욕심을 부리다 자신의 손이 닿는 모든 것을 황금으로 변하게 만드는 저주를 받게 된다. 그때가 되어서야 미다스 왕은 자기 중심적이고 탐욕스러운 삶이 얼마나 잘못된 것인지 깨달을 수 있었다. 욕심이 많은 사람은 앞날을 지나치게 걱정하고, 어떠한 상황에서도 안심할 수 있을 만한 물질적인 부를 쌓으려고 노력한다. 그러나 이런 시도 자체가 나누고 베풀고 사랑하는 데서 오는 진정한 풍요로움을 막는다.

'탐식'은 무엇이든 과도하게 하는 것을 말한다. 탐식은 대개 육체적인 중독과 관련있다. 어떤 사람이든 자신이 가진 에너지의 대부분을 술이나 음식, 마약, 섹스 등과 같은 일에 쏟을 때 중독이 된다. 탐욕과 마찬가지로 이런 중독 역시 자아 도취적인 특징을 갖기 때문에 배움이나 일, 친구, 가족 등과 같은 삶의 다른 부분은 무시하도록 만든다. 탐식이 죄악이라는 사실은 탐식이 신체와 정신상태, 인간관계, 더 나아가 우리 삶 전반에 미치는 폐해를 통해 분명하게 드러난다. 탐식에 대한 해독제는 어떤 일을 하든 중용을 지켜 조화로운 삶을 살기 위해 노력할 때 발견할 수 있다.

이런 '죄악'의 에너지 가운데 단 하나라도 관계된 것이 있다면 그 사람은 강물과 같은 삶의 흐름을 막으려 노력하고 있는 것이나 마찬가지다. 강물은 그 흐름을 막으려는 사람을 포함해 어떤 장애물이 가로막고 있든 돌아서 흘러갈 수 있는 곳을 발견하기 마련이다. 성 그레고리가 지목한 일곱 가지 죄악 가운데 하나라도 해당되는 것이 있다면 그 사람은 시간이 흐를수록 강물의 필연적인 흐름을 막느라 삶의 에너지를 쓸데없이 낭비한 데 대해 실망하고 좌절할 것이다. 그가 어느 순간 언제나 가능한 용서를 받아들이고, 삶의 흐름이 자연스럽게 진행되도록 내버려 두기를 희망할 뿐이다.

습관은 최고의 하인이자 최악의 주인이다

J. 옐리네크

                습관은 우리 스스로 몸에 익힌 행동 양식이며 자동적으로 나오는 것이다. 그래서 고치거나 없애기가 어렵다. 습관은 무의식적으로 하게 되는 행동이어서 언제, 어디서, 어떻게 할 것인지, 또는 하지 말아야 할 것인지 생각해야 할 필요가 없다. 습관은 우리의 의지가 닿지 않는 곳에서 이루어지는 것처럼 보인다.

  독일의 뛰어난 수학자 데이비드 힐버트가 사람들을 초청해 파티를 열었다. 힐버트 부인은 남편이 깨끗한 셔츠로 갈아입지 않은 것을 보고는 위층으로 올라가 옷을 갈아 입으라고 말했다. 위층으로 올라간 힐버트는 10분이 지나도록 내려오지 않았다. 남편을 찾으러 위층 침실로 올라간 힐버트 부인은 남편이 침대에서 자고 있는 것을 발견했다. 힐버트 부인은 남편의 이런 행동을 이렇게 설명했다. "그건 연속적으로 자연스럽게 하던 일이었던 겁니다. 겉옷을 벗고 넥타이를 풀고 셔츠를 벗고 그리고는 잠자러 침대에 들어갔던 거예요!"

  습관적인 행동들은 우리가 살아가는 데 확실히 도움이 된다. 우리는 걷거나 달리거나 계단을 오를 때 몸을 어떻게 움직여야 하는지 생각할 필요가 없다. 그저 습관적으로 걷고 달리고 계단을 오른다. 연필이나 포크, 컵을 쥘 때도 거의 자동적이다. 운전자들은 액셀러레이터와 브

레이크를 적절히 밟는 습관이 들어 있으며 전조등도 필요할 때마다 효과적으로 바꿀 수 있다. 운전하는 동안 운전하는 방법에 대해 생각하는 경우는 거의 없다. 영국의 추리작가 애거서 크리스티는 《검찰측 증인Witness for the Prosecution》이라는 단편 추리소설에서 "습관이란 기이한 것이다. 사람들은 자신이 어떤 습관을 가지고 있는지 알지 못한다"고 지적했다.

예의 바른 습관, 예를 들면 "안녕하세요" "죄송합니다" "감사합니다" "괜찮습니다" "실례합니다" 같은 말을 하는 습관은 일상 생활에서 다른 사람들과 조화롭게 지낼 수 있도록 도와준다. 몸을 청결하게 유지하는 습관도 우리 삶의 조력자다. 규칙적으로 목욕을 하고, 양치질을 하고, 영양이 풍부한 음식을 적당히 먹으면 신체가 건강해진다. 입는 옷과 사는 집을 깨끗하고 깔끔하게 유지하는 습관을 들이면 자신을 존중하는 마음이 생기고, 성공도 촉진된다. 이런 습관들은 아마도 무의식적인 삶의 방식이겠지만 몸에 익히기만 한다면 매우 유용하다.

일상적인 일을 일정한 순서에 따라 하는 습관이 몸에 배면 때로 맡은 임무를 잘 완수할 수 있도록 보장해주는 보증수표를 가진 것과 같다. 예를 들어 잠자리에 들기 전에 일을 하러 갈 때 필요한 모든 것을 문 가까이 같은 장소에 준비해 놓는다면 다음날 아침 출발이 훨씬 더 순조로울 것이다. 매일 집을 떠나기 전 몇 초 동안 집안을 살펴보면서 가지고 가야 할 것이 무엇인지 생각해본다면 집을 나갔다가 다시 돌아오는 일이나 가지고 있어야 할 것이 없어 당황하는 일을 피할 수 있다. 또 집을 나가기 전에 (가스레인지 같은 것을) 모두 껐는지, (헤어드라이어의 코드 같은 것은) 모두 뺐는지 확인하는 습관을 들이면 집을 안전하게 지키는 데 큰 도움이 된다.

　그러나 모든 습관이 도움이 되는 것은 아니다. 나쁜 습관은 건강하고 행복한 삶을 살아가는 데 치명적인 해를 끼치는 잔인한 주인이 될 수 있다. 흡연, 음주, 마약 등은 빠르게 습관으로 발전해 건강은 물론 다른 사람과의 관계를 파괴한다. 마약 중독의 위험성이 점점 더 뚜렷해지는 동안 습관은 서서히 몸에 배어 성공적인 개인으로 생활하는 데 치명적인 걸림돌이 되어 버린다.

　자기 자신과 자신이 가지고 있는 기회에 대해 부정적으로 생각하는 습관과 일에 집중하는 대신 백일몽에 빠져 지내는 습관도 자기 파멸로 이끈다. 일을 미루는 버릇도 많은 사람들의 삶을 망가뜨린 교활하고 자기 파괴적인 습관이다. 자신의 실패를 두고 다른 사람이나 환경을 탓하는 버릇은 목표를 완성하기 위해 나아가는 전진을 방해한다.

　행동 양식이 일단 습관으로 굳어지면 그 습관에 너무 익숙해져 버려 마치 우리의 천성인 것처럼 느껴지게 된다. 그러나 사실 습관은 익히고 훈련된 것이다. 오랜 시간에 걸쳐 습관을 익힌 것과 마찬가지로 우리는 의식적인 노력을 통해 이런 몸에 밴 행동들을 "고칠 수 있다." 자기 자신을 잘 관찰해보면 자신에게 해가 될 수 있는 습관적인 사고방식과 행동양식이 무엇인지 깨달을 수 있다. 습관이 무엇인지 알게 된 뒤에 그 습관을 바꾸고 싶다면 과거와는 다른, 좀 더 사려 깊은 반응을 함으로써 자신도 모르게 자동적으로 하게 되는 행동을 고치도록 하라. 물론 실수할 수도 있고 어느 새 다시 과거의 나쁜 습관으로 되돌아갈 수도 있지만 포기하지 않는 것이 중요하다. 과거의 습관으로 되돌아갔다고 느끼는 즉시 행동을 수정하기만 하면 된다. 습관의 주인이 되겠다고 결심하라. 그러면 습관은 당신의 유용한 하인이 될 것이다.

채무자는 채권자의 종이 되느니라
잠언 22장 7절

돈을 빌린 사람은 그 돈을 어떻게 갚을지 걱정하느라 기쁨이 사라지는 것을 경험한다. 돈을 빌린 사람이 파티에 참석했는데, 거기에서 돈을 빌려준 사람을 만났다고 가정해보자. 두 사람이 빚에 대해서는 전혀 얘기하지 않는다 해도 돈을 빌린 사람은 죄책감이나 불편함을 느낄 것이다. 돈을 빌려준 사람이 단지 눈 앞에 보인다는 이유만으로도 마음이 편안하지 않다.

돈을 빌린 사람이 돈을 제 때에 갚지 못하는 경우에는 채무자와 채권자의 관계는 또 다른 국면을 맞게 된다. 현대 사회에서는 신용카드를 발급 받아 사용하는 것이 너무나 쉽다. 그러나 돈에 쉽게 접근할 수 있도록 해주는 이 편리한 도구가 부담이 될 수도 있다. 갑자기 일자리를 잃거나 예상치 못했던 사고나 수술 등으로 위급한 사태에 직면하게 되면 카드대금을 갚을 수 없는 상황에 처하기도 한다.

이렇게 되면 카드회사나 은행에서 수시로 전화를 한다. 신용카드 발급 안내서에 적혀 있던 "지금 사고 나중에 갚으세요"라는 달콤한 말은 사라져버린다. 카드대금 연체가 몇 개월로 길어지면 전화하는 태도가 무섭게 바뀌고, 내용도 "지금 갚지 않으면 곤란한 결과를 맞게 됩니다"라는 식이 된다.

불행하게도 인생의 사다리에서 더 깊은 곳까지 내려가는 사람도 많다. 새로운 대출을 받아 앞서의 빚을 갚는 식의 악순환을 계속하고 싶지 않거나, 도저히 더 이상은 빚을 내거나 대출을 받을 곳이 없어 기존의 빚을 갚을 길이 막막할 때 유일한 방법은 파산밖에 없다. 사람들은 대개 자신이 돈을 잘 관리하지 못한다는 사실을 인정하기를 꺼린다. 일단 신용이 나쁜 사람으로 분류되면 그 오점을 극복하는 데 많은 노력과 시간이 필요하다.

에이브러햄 링컨 대통령이 남긴 지혜로운 말을 소개한다. "버는 것 이상으로 쓰는 한 문제에서 벗어날 수 없다. 빌린 돈으로는 안전한 삶의 터전을 구축할 수 없다." 빚은 사람을 두려움과 불안, 모욕이라는 감정으로 끌어내리는 모래늪과 같다. 작은 빚이 늘어나는 것은 더 많은 시간과 생각을 필요로 하는 모래늪이 한 평씩 넓어지는 것과 같다. 큰 빚은 사람을 감정적으로 서서히 가라앉게 만들어 마침내는 구속의 모래늪에 머리까지 완전히 빠지게 만든다. 이렇게 되면 빚을 갚아야 한다는 의무감 외에 다른 중요한 일을 생각하기 어려워진다. 더 많이 사서 더 많이 누리기 위해 빚을 늘려가는 사람은 거짓 풍요를 경험하는 것이며, 자기 자신을 제한된 생각과 행동의 범위 안에 가두는 결과를 낳는다. 이런 상황은 개인뿐만 아니라 국가에서도 일어날 수 있다.

노예가 되기를 원하는 사람은 없다. 그러나 자신의 운명을 신용카드와 주택담보대출, 할부판매, 회전(리볼빙)결제 같은 현대적인 금융편의 제도에 맡길 때 노예가 될 수도 있다는 사실은 쉽게 잊어버린다. 무엇이라고 이름 붙이든 돈을 빌리면 돈을 빌려준 사람에게 비굴한 느낌을 갖게 된다. "모든 청구서는 가능한 한 가장 빠른 방법으로 갚는 것이 중요하다"는 R. 벅민스터 풀러의 말을 기억하라.

행복의 열쇠

유명 칼럼니스트 앤 랜더스는 윌리엄 J. H. 보텍커 목사가 1916년에 쓴 《할 수 없는 10가지 Ten Cannots》를 "꼭 기억해둘 필요가 있다"며 자신의 칼럼에 소개했다.

1. 검약하지 않고 풍요로울 수는 없다.
2. 큰 사람을 울게 만들어 작은 사람을 도와줄 수는 없다.
3. 강한 사람을 약하게 만들어 약한 사람을 강하게 만들 수는 없다.
4. 월급을 주는 사람을 끌어내려 월급 받는 사람을 끌어올릴 수는 없다.
5. 부자를 망하게 만들어 가난한 자를 도울 수는 없다.
6. 소득보다 더 많이 쓰면 문제에서 벗어날 수 없다.
7. 집단적인 분노를 자극해 인류의 형제애를 증진할 수는 없다.
8. 빌린 돈으로 안정을 꾀할 수는 없다.

9. 사람들의 주도권과 독립성을 빼앗아 인격과 용기를 쌓아올릴 수는 없다.
10. 다른 사람들이 할 수 있고 해야 할 일을 대신 해주면 영원히 그들을 도울 수 없다.

WORLDWIDE
Laws of Life

09
정직의 법칙

정직은 지혜의 책에서 가장 먼저 나오는 첫 번째 장이다
토마스 제퍼슨

셰익스피어는《햄릿Hamlet》에서 이렇게 말했다. "무엇보다 당신 자신에게 정직하라. 그러면 밤이 낮을 따르듯 다른 사람에게도 정직하지 않을 수 없느니라." 그러나 정기적으로 직관적인 내면의 목소리를 듣지 않으면 내면의 목소리에 점점 더 귀를 기울이지 않게 되고 자기 자신을 속이기는 점점 더 쉬워진다. 그리고 별다른 의식 없이 다른 사람에게도 진실하지 않게 된다.

토마스 제퍼슨은 한 지인에게 이런 내용의 편지를 보냈다. "한 번 거짓말을 해본 사람은 두 번째와 세 번째 거짓말은 훨씬 더 쉽게 하게 됩니다. 그리고 결국에는 거짓말이 습관이 되고 맙니다. 그는 거짓말을 하고 있다는 사실도 모른 채 거짓말을 하게 되고, 이제 세상은 그가 진실을 말해도 믿지 않게 됩니다. 혀의 잘못은 마음의 잘못으로 이어지고, 얼마 후에는 모든 선한 품성을 빼앗겨 버립니다."

제퍼슨은 정직한 사람들이 나라를 이끌어갈 수 있도록 노력했다. 그는 이렇게 말했다. "우리는 때로 어떤 사람을 가리켜 자기 자신도 관리하지 못할 만큼 신뢰할 수 없다고 이야기합니다. 그렇다면 이런 사람이 과연 다른 사람들을 위해 정부를 관리하면 되겠습니까?"

당신이 할 수 있는 한가지 중요한 일은 당신 자신과 다른 사람에게 언제나 정직하도록 노력하는 것이다. 어떤 장면을 피하기 위해, 혹은 단지 '멋있게' 보이기 위해 우리의 느낌을 외면할 때 우리는 내면의 목소리를 틀어막게 된다. 우리는 진실의 소리를 침묵하게 만들고 있는지도 모른다. 그리고 얼마 지나지 않아 우리는 더 이상 진실의 소리를 듣지 못하게 될지도 모른다. 이 세상에 수많은 심리학자와 정신의학자들이 바쁘게 일하는 이유도 이 때문일 것이다. 자기 자신의 내면이 격려하는 진실과 소통하는 방법을 배우기 위해 돈을 지불하고 있는 것이다.

오늘 시작하자. 여기에 소개하는 방법을 따라해보면 당신 자신에 대해 의미 있는 깨달음을 얻을 수 있을 것이다. 종이 한 장을 준비한 뒤 둘로 나누라. 한 쪽에는 인간의 본성 가운데 당신이 좋아하는 품성, 즉 당신이 존경하는 부분을 적으라. 아마도 부드러움, 강함, 유머, 협상력, 사랑, 노력 등을 쓸 수 있을 것이다. 마음에 떠오르는 것은 무엇이든 좋다. 다른 쪽에는 부정적인 성질, 즉 자신을 돌아볼 때 반성해야 할 부분을 적으라. 여기에는 분노, 게으름, 거짓말, 비겁함, 잔인함, 질투 등을 쓸 수 있을 것이다.

다 적은 뒤 종이를 바라보라. 자신에게 완전히 솔직한 상태에서 두 장의 종이를 모두 살펴보라. 종이에 적은 존경할 만한 품성 가운데 당신에게서 발견할 수 있는 것이 있으면 소리내어 읽어보라. 당신의 어떤 점이 그 품성과 닮았는지 생각해보라. 그리고 어떤 품성을 좀 더 강화하고 훈련해야 하는지 생각해보라.

이번에는 바람직하지 못한 성격을 적은 종이를 들고 하나씩 읽어보라. 비록 다른 사람들은 잘 알아채지 못한다 해도 당신에게 조금이라도 이런 부분이 있는지 생각해보라. 이런 나쁜 성질들이 튀어나오려

할 때마다 그 사실을 알 수 있도록 하라. 그 부분을 완전히 부인하지는 말라. 그렇지 않으면 그 성질들은 당신이 결코 인정하지 않는 적들처럼 당신 안을 몰래 기어다니게 될 것이다. 그 성격은 당신이 은연 중에 당신 주위로 끌어당기고 있는 다른 사람 안에서만 발견할 수 있을 것이다. 왜냐하면 당신도 그런 성질을 갖고 있다는 사실을 인정하지 않기 때문이다.

정직하라. 진실한 마음을 가지라. 당신 자신의 모든 부분을 사랑하라. 당신은 사람이기 때문에 다른 사람들과 마찬가지로 내면에 스스로를 아름답게 표현할 준비를 하고 있는 품성, 즉 선함을 가지고 있다. 세상에 드러내기를 원하는 당신의 선한 부분을 정직과 자유 의지로 선언할 수 있다.

당신에게는 어떤 작은 것보다 더 크고, 어떤 약한 것보다 더 강하고, 스스로 생각하는 것보다 더 현명하고, 어떤 두려움보다 더 용감한 부분이 있다. 당신에게는 세상의 것, 즉 세속적인 부분도 있지만 동시에 영혼의 것, 즉 영적인 부분도 있다. 이는 당신에게 매우 중요한 부분이다. 진짜 당신이 진짜가 아닌 것을 변화시킬 수 있다. 당신 자신과 다른 사람들에게 정직하라. 진짜 당신이 무엇인지를 배우라.

정직이 최선의 방책이다
미겔 드 세르반테스

아프리카 어느 부족의 추장이 자신의 후계자가 될 젊은이의 지혜를 시험해보기로 했다. 추장은 젊은이에게 두 가지 음식을 준비하라고 명령했다. 첫 번째 음식에는 세상에서 가장 좋은 재료가 들어가야 하고, 두 번째 음식에는 세상에서 가장 나쁜 재료가 들어가야 한다.

첫 번째 음식을 준비하기로 약속한 날 젊은이는 추장에게 얇게 썬 소의 혀와 야채들을 섞어 만든 음식을 내놓았다. 추장은 음식을 맛있게 먹은 뒤 왜 혀를 재료로 사용했느냐고 물었다. 젊은이는 "혀는 우리의 몸에서 가장 좋은 것 중의 하나입니다"라고 대답했다. "혀는 아름다운 진리의 말을 하게 해서 사람들이 성장하고 풍요로워지도록 도와줍니다. 올바른 말은 사람들에게 용기를 주고 성실함을 키워줍니다. 혀는 사랑과 조화에 대해 말하고 우리 부족을 화합하게 해줍니다."

추장은 젊은이의 말에 깊은 인상을 받았다. 그리고 큰 기대를 갖고 두 번째 음식을 기다렸다. 그러나 약속한 날 추장 앞에 내놓은 두 번째 음식은 첫 번째 음식과 똑같았다. 추장은 식사를 마친 뒤 젊은이에게 왜 첫 번째 음식과 똑같은 재료를 사용했는지 물었다.

젊은이는 대답했다. "혀는 우리 몸 가운데 가장 좋은 것일 수 있지만 때로는 최악의 것이 될 수도 있습니다. 혀는 분노를 일으키고 실망시키는 말을 해서 사람들의 가슴을 아프게 하고 희망을 빼앗아버립니다. 혀는 다른 어떤 무기보다 더 심하게 우리 부족을 파멸로 몰고 갈 수 있습니다. 혀는 책략을 꾸미고 거짓을 말해 불화를 일으킵니다." 추장은 젊은이의 말을 주의 깊게 듣고난 뒤 천천히 고개를 끄덕였다. 그는 자신이 후계자를 잘 선택했다는 사실을 깨달았다.

다른 사람들에게 별다른 피해를 주지 않는 '하얀 거짓말'이라는 게 있다. "사소한 하얀 거짓말"은 삶을 부드럽게 만들어주는 것으로 여겨진다. 쉬운 길을 선택할 때 우리는 "누가 알겠어?"라며 자기를 합리화한다. 그러나 거짓말은 더 크고 더 나쁜 거짓말로 연결되고, 우리의 생각과 행동을 혼란스럽고 순수하지 못하게 만든다. 이런 식의 슬픈 상태는 "아, 처음으로 거짓말할 때 우리는 얼마나 복잡하게 뒤엉킨 그물을 짜기 시작하는 것인지"라는 글에 잘 표현되어 있다. 거짓은 우리가 가진 진실과 가치에 끔찍한 손상을 가한다.

우리가 하는 거짓말이 "사소한 하얀 거짓말"에 불과하다 해도 복잡하게 뒤엉킨 부정직의 그물은 우리 삶에서 기쁨과 자연스러움을 빼앗아간다. '하얀 거짓말'은 진짜 거짓말이 아니라고 스스로를 확신시키려 해도 인식의 어느 수준에서 진리는 정직만이 평화로운 방법이라고 속삭인다.

프러시아의 왕 프레데릭 2세가 베를린에 있는 감옥을 방문했을 때의 일이다. 죄수들이 모두 그의 앞에 무릎을 꿇고 자신들은 죄가 없다고 주장했다. 오직 한 사람만이 다른 죄수들과 떨어져 조용히 있었다.

프레데릭 왕은 그에게 "거기에 있는 당신, 당신은 왜 여기에 오게 됐는가?"라고 물었다.

그는 "강도짓을 했기 때문입니다"라고 대답했다.

왕은 다시 "당신은 죄인인가?"라고 물었다.

그 죄수는 "물론입니다, 폐하. 저는 죄값을 치러야합니다"라고 말했다.

프레데릭 왕은 간수에게 이렇게 명령했다. "저 죄수를 지금 당장 풀어주게. 저 죄수가 이 감옥에 있는 다른 죄 없는 사람들을 물들이지 못하도록 말일세."

후세인 요르단 국왕은 아랍 국가원수들과의 모임에서 이렇게 말했다. "우리는 성숙하고 정직한 태도로 우리가 처한 현실과 우리들이 과거에 저지른 잘못을 직시해야 합니다. 영광을 자랑한다고 영광이 나타나는 것이 아닙니다. 어둠 속에서 노래를 부른다고 두려움이 물러나는 것은 아닙니다." 미국의 코미디언이자 가수인 패니 브라이스는 이런 노래로 정직의 미덕을 찬양했다. "당신의 지금 모습 그대로 세상이 알게 하세요. 당신이 되어야 한다고 생각하는 모습이 아니라. 태도를 꾸미려고 한다면 곧 태도를 잊어버릴 테니까요. 그렇게 되면 당신은 과연 어디에 있는 것일까요?"

아프리카 추장이 후계자를 지목할 때 이해했듯이 거짓을 말할지 진실을 말할지 선택하는 능력은 실로 강력한 무기다. 후계자로 뽑힌 젊은이는 진실을 그럴듯하게 꾸미지 않았다. 그는 하얀 거짓말을 하지 않았다. 우리는 거짓말을 하면 결국 우리 자신이 상처를 입게 된다는 사실을 모르고 있는지도 모른다. 때로는 거짓말이 우리를 보호해줄 것이라고 믿고 싶은 유혹을 느낄 때가 있다. 그러나 행복하고 성공적인 삶을 보장해주는 최선의 보호망은 세르반테스가 말했듯이 어떤 상황에서도 "정직이 최선의 방책"임을 아는 것이다.

한 인간의 진정한 인격은 누구에게도 들키지 않을 때 그가 한 행동으로 판단할 수 있다
토마스 매콜리

우리의 양심은 우리의 친구이자 길잡이다. 뭔가 옳지 못한 일을 하려고 생각할 때 양심은 신호를 보낸다. 양심은 우리 자신에게 또는 다른 사람에게 닥칠 수 있는 위험에 대해 경고한다. 이런 내면의 목소리를 듣는 것이 중요하다. 양심을 무시하는 사람들은 가장 좋은 친구이자 인생의 길잡이를 버리는 것이다.

누구에게도 들키지 않을 때 어떤 행동을 하느냐로 그 사람의 진정한 인격을 알 수 있다면 그의 행동을 판단할 사람은 자기 자신과 하나님밖에 없다. 능력이 닿는 한 힘껏 정직하게 살고 있다고 생각한다면 거울을 바라볼 때 정직하고 긍정적인 확신이 자신의 눈 속에 반사될 것이다. 인격의 정수는 그의 얼굴에 쓰여지며, 그는 그것을 읽을 수 있다. 존 릴리는 15세기에 이미 "깨끗한 양심이 가장 확실한 카드다"라고 말했다.

우리는 어린아이일 때부터 인격을 쌓기 시작한다. 인격을 쌓는 과정 중의 하나는 양심의 소리에 귀를 기울이고, 양심의 인도에 따르는 방법을 배우는 것이다. 우리는 나쁜 짓을 해도 들키지 않고 무사히 넘어가는 경우가 있다는 사실을 안다. 그러나 다른 사람은 우리가 무슨 짓을 했는지 몰라도 우리는 너무나 잘 안다. 그리고 우리는 무슨 짓을 했는지 너무나 잘 알고 있는 우리 자신과 24시간 내내 함께 있어야 한다. 인격에 균열이 생길 때마다 우리의 가치는 떨어지고 자존심과 자부심은 고통 받게 된다. 칼 바르트는 "양심은 인생의 완벽한 통역자"라는 말을 통해 이 같은 내면의 인도가 얼마나 중요한지 강조했다.

자신의 진정한 인격은 우리 자신이 평가할 수 있다. 자신의 인격을 돌아보라. 좋은 성품이 부족하다면 청렴과 정직, 겸손, 성실처럼 자신이 가졌으면 하는 긍정적인 인품을 키우기 위해 의식적으로 노력할 수 있다. 우리 자신과 다른 사람들에게 정직하게 살겠다고 결심할 수 있다. 아무도 없을 때에도 다른 사람이 있을 때와 똑같은 정직한 모습을 유지하겠다고 마음 먹을 수 있다. 인격이 우리에게 중요한 가치를 지닌다고 다짐할 수 있다.

살다 보면 삶의 기준으로 삼고 있는 도덕적, 윤리적 원칙을 깨버리도록 강요하는 상황을 만날 때도 있다. 절박한 사정에 빠지면 단기적인 이익이나 빠른 해결을 위해 고귀한 원칙들을 버리고 싶은 유혹도 느낀다. 그러나 이런 압력에 굴복하면 더욱 심한 기만과 고통과 자부심의 손상을 가져오는 상황에 빠지게 된다. 윌리엄 제임스는 "가장 잘 사는 방법은 인생보다 더 오래 지속되는 것에 인생을 바치는 것"이라고 말했다. 정직과 성실로 좋은 평판을 세우면 육신의 생명이 끝난 뒤에도 좋은 평판의 긍정적인 영향력은 오랫동안 계속된다.

당신이 무엇인가를 할 때는 당신만의 동기가 있으며, 당신이 하는 행동은 상당 부분 다른 사람들이 모르게 이뤄진다. 따라서 오직 당신만이 자신의 도덕적, 윤리적 기준을 세울 수 있다. 당신이 쉬운 길을 선택했는지, 올바른 삶의 기준을 지키기 위해 돌아갔는지 아무도 모를 것이다. 그러나 당신은 안다. 당신이 한 일에 대해 마음속으로 자부심을 느낄 것인가? 아니면 좀 더 정직해야 했다고 뼈저리게 후회하며 가슴 아파할 것인가?

당신이 아무도 모르게 한 행동도 당신이 살아가는 모습을 통해 공개적으로 전시된다. 당신이 윤리적인 원칙어 한점 부끄러움도 없이 진실하다면 개인적인 성실함과 고결함이 성공을 향해 가는 모든 단계에서 확실한 길잡이가 되어줄 것이다. 당신의 삶은 어디에 초점을 맞추고 있는가? 당신은 삶에 어떻게 집중하고 있는가? 이 세상을 더 좋은 곳으로 만들기 위해 당신의 삶 속에서 무엇을 할 수 있는가? 어떻게 삶을 더 의미 있게 만들 수 있는가?

사람들은 모두 목적을 가지고 태어난다. 사람들은 모두 살아가고 있다는 이유만으로 이 세상을 더 좋은 곳으로 만들기 위해 각자 채워야 할 곳과 해야 할 일을 갖고 있다. 당신은 이런 마음의 갈망을 느끼는가? 대단하고 엄청난 일을 성취할 필요는 없다. 다만 이 세상을 이전보다 조금 더 살기 좋은 곳으로 만드는 데 기여했다고 당신 스스로 느끼는 것이 중요하다. 조심스럽게 양심이 격려하는 목소리를 들어보라.

범죄는 아무런 이득도 가져다 주지 않는다

무명씨

당신이 죄를 지었다고 가정해보자. 당신은 범죄를 저지르는 현장을 누군가가 목격하지나 않았을까 걱정할 것이다. 죄를 저지른 후 금세 어떤 일이 일어나지 않을 수도 있다. 그러나 범죄가 일어난 지 수 개월 뒤에 붙잡히는 사람들도 많다. 당신은 붙잡힐지도 모른다는 두려움과 팽팽한 긴장감 속에서 전화벨이나 현관 초인종이 울릴 때마다 깜짝깜짝 놀랄지도 모른다. 지은 죄 때문에 어떤 사람이나 어떤 장소를 피하게 될 수도 있고, 자신이 저지른 일을 떠올리며 뒤척이느라 잠도 편안하게 이루지 못할 수 있다.

당신이 죄에 대한 대가를 치르는 방법은 많다. 가족이 당신의 범죄 사실을 알게 되면 어떤 느낌을 갖게 될까? 아마도 그들은 당신을 계속 사랑할 것이고, 대개는 당신의 죄를 용서할 것이다. 그러나 당신과의 관계가 예전과 똑같을 수는 없을 것이다. 친구들이 당신의 범죄 사실을 알게 됐을 때 당신은 그들을 어떻게 대할까? 체포된다면 어떻게 될까? 어떤 방법으로 범죄를 저질렀는지 여러 번 반복해서 질문을 받아야 하고 지문을 찍고 사진을 찍어야 한다는 사실을 알고 있는가? 감옥에 갇히는 것이 어떤 것인지 상상할 수 있는가? 구치소에 잠시 머물러 있는 것조차도 매우 고통스러운 경험이다. 변호사와의 면담은 TV에서 봤던 것과는 매우 다르다. 재판이 이어지고 당신의 이름이 TV나 신문에 오르내린다면 어떻겠는가?

집행유예 선고를 받는다 해도 문제는 계속된다. 당신은 언제든 예고 없이 조사를 받을 수 있고, 당신의 직장 상사도 당신의 근황에 대해 질문을 받을 수 있다. 물론 이해심 많은 사람들도 있지만 어떤 직장 상사들은 '당신 같은 사람'을 좋아하지 않을 수도 있다. 어떤 사람들은 당신과 더 이상 가까이 지내지 않기를 바랄 수도 있다. 신뢰가 깨졌기 때문이다. 새로운 친구들도 당신의 과거를 알게 된 이후에는 당신에게 냉담해질 수 있다. 범죄의 결과는 이처럼 슬프고 불행한 상황을 보여준다. 설혹 당신 자신이 믿을 만한 사람이라는 것을 증명해보이고 범죄 스캔들을 극복할 수 있다 해도 훨씬 더 쉽고 간단한 일은 처음부터 죄를 짓지 않는 것이다.

당신은 범죄를 일으킬 만한 약점을 인식했을 때 어떻게 해야 하는가? 두려움? 분노? 상처 입은 느낌? 열등감? 술이나 마약? 상호의존증(Co-dependency)? 우리는 이런 약점을 어떻게 강점으로 바꿀 수 있을까? 이런 약점을 극복할 수 있도록 도와주는 많은 지원 단체들이 있다. 또 당신 스스로 인생을 바꿀 수 있는 몇 가지 일들이 있다.

노먼 빈센트 필은 《긍정적인 사고 방식의 놀라운 결과 The Amazing Results of Positive Thinking》라는 책에서 다음 6가지를 제시했다.

1. 약점을 분리시켜 그것을 철저히 살펴보고 파악하라. 그 약점을 극복하기 위한 실질적인 방안을 세우라.
2. 당신이 갖기를 원하는 강점이 무엇인지 정확하게 구체화하라.

3. 가장 약한 부분에서 가장 강하게 변한 당신 자신의 모습을 그려보라.
4. 당신이 원하는 가장 강한 사람이 되기 위한 일들을 즉시 시작하라.
5. 당신이 가장 약했던 부분에서 가장 강한 것처럼 행동하라.
6. 신에게 도와달라고 기도하고, 신이 도와주고 있다고 믿으라.

노먼 빈센트 필이 인용한 이 6가지는 H. C. 매튼이라는 사람이 개발한 것이다. 매튼은 원래 매우 부정적인 사람이었다. 그는 어느 따뜻한 날 밤, 뉴욕 롱아일랜드의 인적이 드문 목초지로 걸어 들어가 자살을 시도했다. 그는 인생이 살아갈 만한 가치가 없으며, 이룰 수 있는 희망도 없다고 느꼈다. 그는 독약이 들어 있는 약병을 입술로 들어올려 마신 후 땅바닥에 쓰러졌다. 그가 기억하는 그 다음 일은 자신이 놀라움에 가득 차 환한 달빛 아래 누워 있었다는 것이다. 처음에는 자신이 죽었다고 생각했다. 그러나 자신이 여전히 살아 있다는 것을 깨달은 후 갑자기 강렬하게 살고 싶어졌다. 그는 목숨을 구해준 신에게 감사하고 이후 자신의 삶을 다른 사람들을 돕는 데 바쳤다. 당신의 가장 깊숙한 감정을 인식하는 것을 결코 두려워하지 말라. 깊이 그리고 정직하게 자신을 바라보고 그 안에 어떤 가능성이 있는지 깨달아야만 우리를 자기 수양의 길로 이끌어주는 선택을 할 수 있다.

자기 자신을 탓해야만 할 그 어떤 일도 하지 말라
무명씨

인생을 '옳은' 편에서 살아가는 것처럼 보이는 사람들이 있다. 그들의 일은 모두 잘 진행된다. 그들은 좋은 직업을 갖고 있고 매우 건강하다. 그들이 다른 사람과 함께 일하고 활동하면서 맺는 관계는 행복하고 조화롭다. 반면 인생을 '잘못된' 편에서 힘겹게 살아나가는 것처럼 보이는 사람들이 있다. 그들에게는 어떤 일도 호의적으로 진행되지 않는 것처럼 보인다. 그들이 추구하는 좋은 일이란 그저 휴가를 떠나버리는 것처럼 느껴진다. 그들은 노력하면 할수록 더욱 더 건강과 행복, 그리고 성공으로부터 멀어지는 것 같다.

요한복음 21장1~6절을 보면 이런 상황이 나온다. 예수의 제자들이 물고기를 잡으러 바다에 나갔지만 한 마리도 잡지 못했다. 그들은 밤새 수고했으나 아무런 수확이 없었다. 날이 밝아올 때 그들은 지치고 낙담하여 물고기 잡는 것을 그만두고 배를 해변가로 돌렸다. 그러나 해변가에 서있던 예수는 풀이 죽은 제자들이 아무 것도 잡지 못했다고 말하자 한 번만 더 시도해보라고 권했다. 그 때 예수는 "그물을 배 오른편으로 던지라, 그리하면 얻으리라"라고 말했다. 제자들은 예수의 말대로 했고, "고기가 많아 그물을 들 수 없더라"라고 말할 정도의 결과가 나타났다. 이 이야기는 매우 중요한 교훈을 보여준다. 즉, 고기

잡는 배의 오른편이 있듯이 인생에도 '바른 편'이 있다. 인생의 오른편, 즉 바른 편은 무엇일까?

친구를 속이거나 친구에게 거짓말을 하거나 친구를 돕지 않은 뒤에 자신이 한 일을 깨달았을 때 내면에서 경고음이 울리는 것을 느낀 적이 있는가? 이것은 일종의 도덕적 경고음이다! 친구가 당신이 한 일을 알게 되면 어떻게 할까? 부모님이 당신이 저지른 잘못을 알게 되면 당신은 어떤 느낌을 가질까? 가장 친한 친구가 알게 된다면? 세상에서 가장 존경하는 사람이 그 사실을 알게 된다면?

이기적이고 자기 중심적이고 사려 깊지 못한 행동은 안으로 깊이 감춘다고 사라지는 것이 아니다. 오히려 그런 행동은 안에서 곪아 죄책감과 부끄러움을 느끼게 만든다. 당신 외에는 아무도 그 일을 모른다 해도 당신은 그 일을 생각할 때마다 불편한 감정이 들 것이다.

불행하게도 자기 자신에 대한 나쁜 감정들은 자기 반성 없이는 사라지지 않는다. 당신이 스스로를 받아들이고 변화하기 시작하려면 그런 감정들을 경험하고 당신이 한 일로 인해 나타난 결과를 인정해야 한다. 자기 자신과 화해할 수 있는 몇 가지 방법을 소개한다.

첫째, 당신과 다른 한 사람, 예를 들어 상담자나 신부만이 알고 있는 일이라 해도 사실을 인정해야 한다. 당신의 고통스러운 처지를 믿을 만한 누군가에게 이야기하면 상황을 풀어놓고 바라볼 수 있게 되면서 마음의 짐에서 벗어나게 된다. 당신은 정직해지고 당신 자신을 용서할 수 있는 기회를 갖게 된다.

둘째, 사실을 고백해서 무엇인가를 바꿀 수 있다면 그렇게 하라. 어떤 상황에서도 진실은 걱정을 사라지게 한다. 진실을 말하는 것은 빛을 긍정하는 것이며 부끄러움과 죄책감에서 벗어나는 길이다. 정직해지려면 때로 많은 용기가 필요하다. 그러나 정직함 덕분에 수많은 사람들의 우정이 더욱 깊어졌다.

마지막으로 앞으로는 자랑스럽게 느껴지는 일만 하겠다고 자기 자신과 약속하라. 이 약속은 주위의 다른 사람들이 어떻게 살든 관계없이 당신은 정직과 성실을 다해 살아가겠다는 약속이다. 정직하고 성실하게 살아갈 때 결국 혜택을 입는 사람은 당신 자신이라는 점을 기억하라. 이것이야말로 좋은 건강과 좋은 관계, 자기 존중에 이르는 효과적인 방법이다.

바른 마음의 태도는 어떻게 발전시킬 수 있을까? 다만 몇 분이라도 마음을 고요히 하고 머리 속의 생각을 정돈하라. 배를 타고 나갔다가 물고기를 한 마리도 잡지 못하고 돌아온 예수의 제자는 "주여, 우리가 온 밤을 수고했으나 아무것도 얻지 못했나이다!"라고 울부짖었다. 당신도 무엇인가를 얻기 위해 일하고 싸우고 노력하다가 유혹에 굴복했을 수 있다. 그러나 자기 자신을 탓할 필요는 없다. "아무 데도 아닌 곳(Nowhere)"에서 "지금 여기(Now Here)"로 옮기는 작은 걸음이야말로 당신이 마음의 평화를 얻고 진리를 깨닫기 위해 취하는 순간의 방향 전환이다.

행복의 열쇠

　매리앤은 젊었지만 자신이 열등하다고 믿었고, 그녀의 인생은 이런 생각대로 이어졌다. 그녀는 도시의 빈민 구역에서 자랐다. 친구들은 그녀에게 삶이란 원래 고달프고 불공평하니 너무 많은 것을 기대하지 말라고 좋은 뜻으로 충고해줬다. 오랫동안 그녀의 삶은 이런 믿음의 열매를 맺었다. 그녀는 창녀가 되었고 마약에까지 중독되었다. 그녀는 감옥에 정기적으로 드나드는 신세로 전락했다. 어느 날 매리앤은 백화점을 지나가다 어떤 여자의 주머니에서 지갑을 훔쳤다. 그 지갑에는 몇 달러와 몇 개의 신용카드, 그리고 작은 소책자가 들어 있었다. 매리앤은 돈이 되는 것만 챙기고 나머지는 버릴 생각이었는데 우연히 소책자의 한 문장에 눈이 머물렀다. "당신은 신의 자녀로서 최고의 삶을 살 만한 가치가 있습니다."

　그 문장을 읽은 뒤 매리앤에게 이상한 일이 일어났다. 자신의 삶과 다른 사람들을 더 이상 냉소적이고 악의적인 태도로 대하지 않게 되었다. 소책자의 글들은 어쩐지 오래 전에 들어 제대로 생각은 나지 않지만 마음속에 남아 있는 것처럼 친숙한 느낌이 들었다. 게다가 그녀는 자기 자신이 훔친 지갑을 돌려주기를 간절히 바라고 있는 것을 느끼고 더욱 놀랐다. 매리앤은 지갑에 들어있던 수첩에서 전화번호를 찾아내고는 바로 전화했다. 그녀는 자신이 지갑을 훔쳤다고 고백한 뒤 지갑을 돌려주고 싶다고 말했다.

놀랍게도 전화를 받은 여자의 목소리에서 어떤 짜증이나 원망도 느껴지지 않았다. 오히려 그녀의 목소리에는 연민과 이해심이 느껴졌다. 매리앤은 자신의 고달픈 삶에 대해 털어놓았고, 전화 저편의 여자는 매리앤의 이야기를 부드럽게 위로하며 들었다. 그 여자는 여러 옷 가게를 소유하고 있었는데 매리앤에게 그 중의 한 곳에서 일할 수 있도록 해줬다. 그녀는 매리앤이 어두웠던 과거에서 벗어나 자기 자신에게 믿음을 가질 수 있도록 도와줬다. 얼마 후 매리앤의 인생은 완전히 다른 열매를 맺기 시작했다. 매리앤은 서서히 자기 자신에게 믿음을 갖게 되었고 다른 사람들을 신뢰하고 그들의 좋은 점을 바라보게 되었다. 우연히 읽은 한 문장의 글이 그녀를 바꿔놓은 것이다.

WORLDWIDE
Laws of Life

10
겸손의 법칙

겸손은 마치 어둠처럼 거룩한 빛을 드러내준다

헨리 데이비드 소로

맑고 어두운 밤에 밖으로 나가 하늘을 올려다보면 수많은 별들이 빛나는 것을 볼 수 있다. 어둠이 없다면 별빛을 볼 수 없을 것이라는 생각을 해본 적이 있는가?

나무가 크게 자라려면 뿌리가 튼튼해야 하고, 빌딩을 높이 세우려면 중압을 견딜 수 있도록 토대를 깊이 만들어야 하듯 우리도 위대한 수준에 도달하기 위해서는 겸손의 힘이 필요하다. 이 힘은 삶의 토대가 되고 우리가 신념을 갖고 용감하게 인생에 도전하도록 도와주며 과감히 도전할 수 있도록 격려해준다. 현명한 사람은 일에 대한 사랑, 가족과 친구, 동료에 대한 사랑, 그리고 삶 자체에 대한 사랑이 신에 대한 사랑에 근거를 두고 있는 사람이다. 우리는 창조할 수 있는 무한한 잠재력을 가지고 있지만 그 잠재력은 개인으로서 우리가 가진 힘의 한계를 이해하는 지식에 뿌리를 두어야 한다.

겸손한 태도는 유연한 태도다. 나무와 빌딩이 바람에 따라 조금씩 흔들리는 것처럼 삶이 우리가 가는 길에 무엇을 던지든 그것을 민첩하게 다룰 수 있는 능력이 우리의 힘이 될 수 있다. 겸손에는 개방적이고 수용하는 마음이 내재해 있다. 우리는 인생에서 일어나는 일에서 모든 대답을 알지 못하며 때로는 올바른 질문조차 모를 때도 있다. 겸손은 매우 유용한 힘이다. 겸손은 우리가 다른 사람들로부터 더 많이 배울 수 있도록 마음의 문을 열어주고, 어떤 문제와 사람들에 대해 단지 흑백논리로만 판단하지 않도록 도와준다.

겸손의 반대는 오만이다. 오만은 우리가 다른 사람들보다 더 현명하고 더 낫다고 믿는 것이다. 오만은 화합이 아니라 분열을 초래한다. 오만은 우리가 배움을 얻을 수 있는 다른 사람들과 우리 사이에 담을 쌓는 것과 같다. 우수한 성적으로 대학을 졸업한 버지니아 스미스는 좋은 예가 될 것이다. 버지니아는 스스로를 높이 평가하고 있었고 위대함에 대한 고상한 이상을 가지고 있었다. 버지니아가 학사모를 쓰고 졸업가운을 입고 연단에서 내려올 때 그녀는 졸업증서와 함께 지적인 독선까지 함께 가지고 내려오는 것 같았다. 구경하고 있던 군중 속에서 한 나이든 여성이 나와 버지니아 쪽으로 다가갔다. 우리는 그 여자를 "세상의 지혜"라고 부를 수 있을 것이다. 그 여성은 이제 막 대학을 졸업한 버지니아에게 별 뜻 없이 물었다. "지금 내려오는 사람이 누구요?" 그러자 버지니아는 오만한 목소리로 "당신은 나를 모르는 것이 분명하군요. 나는 버지니아 코델리아 스미스, A.B.(문학학사)예요"라고 대답했다.

그러자 세상의 지혜는 웃으며 이렇게 말했다. "이런, 젊은 친구, 나와 함께 가게나. 내가 나머지 알파벳을 가르쳐 줄 테니!"

젊은 버지니아는 분명히 세상을 비출 만한 밝은 빛을 가지고 있다. 그녀는 좋은 일을 할 수 있는 위대한 잠재력을 가지고 있다. 그러나 아직 인생에는 얼마나 많은 수수께끼가 존재하는지 이해하지 못하고 있다. 테레사 수녀는 이렇게 말했다. "벌이 꿀벌통에서 쉴새 없이 꿀을 만들 듯 겸손도 언제나 부지런히 그 역할을 하고 있어야 한다. 겸손이 없으면 모든 것이 사라질 것이다." 만약 대학을 막 졸업한 젊은 버지니아가 겸손을 얻을 수 있다면 그녀의 "신성한 빛"은 틀림없이 반짝거릴 것이며 그녀의 인생은 더욱 감미로워질 것이다.

겸손은 당신을 발전으로 이끌고, 무한한 존재와 함께 할 수 있게 해준다
존 템플턴

겸손이야말로 진보의 열쇠다. 겸손이 없다면 과거의 영광에 자족하고, 미래의 도전을 향해 과감하게 나아가지 못한다. 겸손이 없으면 눈을 크게 뜨지 못하고 마음을 넓게 열지 못해 새로운 연구 영역을 발견하지 못한다. 어린아이처럼 겸손하지 못하면 실수를 인정하지 못하고, 조언을 구할 수도 없으며, 다시 시도하려고도 하지 않을 것이다. 겸손은 인류의 미래를 걱정하고 이 문명 속에서 어떤 역할을 담당해야 하는지 고민하는 우리 모두에게 필요한 태도다. 특히 신은 사람들이 신에 대해 무엇이라고 말하든 그것을 무한히 뛰어넘으며 인간의 인식과 이해력을 넘어선 곳에 존재한다는 사실을 이해하는 것, 나는 그런 의미로 '겸손'이라는 단어를 사용한다. 이런 사실을 깨닫고 더욱 겸손해질수록 이기심으로 인해 생겨난 장애물들은 줄어든다.

찰스 렐리는 그의 저서 《아름다운 삶의 방식The Beautiful Way of Life》에서 이렇게 썼다. "우리의 시작은 비록 평범한 일들을 이해하는 것일지 모르지만 우리의 목표는 물질적인 세계를 넘어, 물체를 관통해 들어가 그것의 아름다움과 형태와 존재 그 자체의 근원을 발견하는 것이다! 우리는 부분들의 합보다 더 큰 어떤 것을 지향하고 있다. 우주의 모든 분자 하나하나에는 신비로운 기적이 숨겨져 있다. 우리 인생의 목표는 끊임없이 존재의 근원에 대한 깨달음을 증진시켜 나가는 것이다."

용광로의 불이 금을 제련하듯 우리 삶의 수많은 경험들은 영혼을 정제한다. 사람이 막 태어났을 때는 숯과 같다. 부드럽고 무정형이며 햇빛을 받아도 아무것도 반사하지 않는다. 그러나 숯은 도가니 속에서 강한 압력과 열을 받으면 다이아몬드로 변한다. 천연 다이아몬드는 위대한 장인의 손끝으로 다듬어진다. 다이아몬드는 여러 면으로 깎여져 눈부신 빛을 발하는 값비싼 보석으로 재탄생한다. 이제 태양의 빛이 다이아몬드를 비추면 무지개 색깔이 반사되면서 화려한 광채의 아름다움이 조화를 이룬다. 사람도 마찬가지다. 물질 세계에 태어나 삶의 경험과 스스로의 선택에 의해 "깎이고 다듬어져" 그의 영혼이 키워 온 겸손이 신의 성스러운 빛을 반사한다. 바로 이것이 아마도 신이 지구라는 혹독한 시련의 터를 창조하신 목적일 것이다.

겸손을 통해 우리는 서로에게 배울 수 있는 기회를 얻는다. 겸손은 서로에게 마음을 열고 다른 사람의 관점에서 사물을 볼 수 있게 해주기 때문이다. 우리는 또 자유롭게 우리의 견해를 다른 사람들과 공유할 수 있다. 자만과 편협함의 죄를 피하고 갈등을 막을 수 있는 길은 겸손해지는 것이다.

이슬람교를 창시한 마호메트 선지자는 "마음에 쌀 낟알만큼의 자만심이라도 남아있는 사람은 천국에 들어갈 수 없다"라고 말했다. 겸손은 영혼의 영역을 향해, 그리고 탐구와 전진을 향해 문을 열어준다. 겸손은 지식의 창고로 들어가는 출입구다.

위대한 영웅들은 겸손하다
성 프란시스

많은 사람들이 겸손을 자기 비하나 열등감과 동일시하곤 하는데, 이것은 진정한 겸손이 아니다. 겸손의 뜻은 사실 그 정반대다. 진실로 위대한 사람들은 대부분 상당히 겸손하다. 가장 존경받는 사람들은 그들의 위대함이 개인적인 자아에서 나온 것이 아니라 그들을 통해 역사하는 더 큰 힘으로부터 왔다는 것을 알고 있다. 겸손의 진정한 의미는 개인적인 자아란 더 큰 힘을 드러내기 위한 매개물이라는 사실을 아는 것이다. 나사렛 예수는 "내가 너희에게 이르는 말이 스스로 하는 것이 아니라 아버지께서 내 안에 계셔 그의 일을 하시는 것이라"(요한복음 14장10절)라고 말했다. 이슬람의 한 분파인

시아파의 첫 번째 이맘이자 제 4대 칼리프인 알리는 "네가 하는 좋은 일은 숨기고 너에게 행해진 선한 일은 알리라"라고 말했다. 유대인 학자인 벤 시라는 "위대해질수록 더욱 겸손해야 한다"고 가르쳤다.

위대한 과학자 아이작 뉴튼이 말년에 남긴 말은 너무나 유명하다. "나는 바닷가 해변에서 놀고 있는 어린아이와 같다. 진실의 넓은 대양은 아직 나에게 밝혀지지 않았다." 상대성 이론으로 유명한 알버트 아인슈타인은 어린아이와 같은 단순함으로도 유명했다. 그는 놀랄 만한 업적을 이뤘음에도 항상 겸손했다. 여러 분야에서 천재였던 월터 러셀 박사는 이런 말로 겸손을 설명했다. "자기 자신을 잊어버리는 방법을 터득할 때까지 자기 자신을 발견할 수 없다. 개인적인 자아는 사라지고 우주적인 자아로 대체되어야 한다."

인간의 본성에는 성스러운 것을 촉발시키는 "더 높은 자아"가 있다. 불행하게도 더 높은 자아는 개인적인 자아에 의해 대부분 가려져 있다. 우리는 이 우주적인 "더 높은" 자아를 볼 수 없다. 개인이라는 의식에 사로잡혀 눈이 멀어 있기 때문이다. 낮에 별을 보겠다는 것에 비유할 수 있을 것이다. 별은 분명히 우주에 존재하고 있지만 태양빛에 가려져 있다. 태양이 진 뒤에야 하늘의 별들을 볼 수 있다.

신의 의식이 각각의 사람 안으로 들어와 중심을 이룬 것이 우리 안에 존재하는 진정한 우주적인 자아다. 개인적인 자아를 숨기려고 노력하면 신과 위대한 교류를 할 수 있는 문이 열리게 된다. 우주의 광선과 전자파는 눈에 보이지 않지만 사람들은 그것이 있다고 믿는다. 영적으로 성장하기 위해서는 자기 자신의 의지를 버리고 신의 의지를 구하는 것이 중요하다. 자기 중심적인 성향을 없앨 때 신의 사랑과 지혜가 우리를 향해 들어올 수 있는 분명한 통로를 열어놓게 된다.

삶의 위대함을 표현하기 위해서는 겸손을 배워야 한다. 겸손하면 겸손 자체가 보답이 된다는 사실을 알 수 있지 된다.

모든 것을 다 안다고 생각하면 더 많은 것을 배우기 어렵다
존 템플턴

성공한 사업가인 빌 존슨은 자기 자신에게 대단한 자부심을 갖고 있었다. 그는 자기 회사의 직원과 친구들, 가족에게 자신이 얼마나 많은 것들을 이루어냈는지 수없이 강조했다. 빌은 기회가 있을 때마다 직원들에게 자신이 어떻게 혼자 힘으로 파산 직전의 회사를 인수해 단기간에 이익을 내는 회사로 변화시켰는지 설명했다. 친구들을 만나면 자신의 자녀가 주변에서 가장 똑똑하고 재능이 뛰어나다고 자랑했다. 집에서는 빌이 모든 것을 다 결정했다. 빌은 자기 자신이 너무나 자랑스러워 "빌 존슨은 신이다"라는 글귀가 새겨진 액자를 특별 주문해 벽난로 위에 걸어 두었다. 어느 날 저녁, 회사에서 돌아온 빌은 그 액자 밑에 작은 종이가 붙어 있는 것을 보았다. 그 종이에는 "빌 존슨에게는 작은 한 걸음, 무신론자에게는 커다란 한 걸음!"이라고 쓰여 있었다.

겸손한 태도로 삶에 겸허하게 접근하면 긍정적인 결과로 이어진다. 겸허한 태도를 취하는 사람들은 우주와 우주 안의 모든 존재-눈에 보이든 보이지 않든-가 무한한 창조자의 힘을 나타내고 있으며, 그들의 겸손이 이런 궁극적인 깨달음에서 나온다는 사실을 알고 있다. 신성한 영혼이 당신에게 다가와 당신의 삶을 내면에서 변화시키면 새로운 빛 속에서 사물들이 드러나고, 성스러운 정신으로 가득한 영혼의 자연스러운 발현으로 사랑이 샘솟게 된다.

철학자이자 시인이며 화가인 칼릴 지브란은 《모래와 물거품Sand and Foam》이란 책에서 이렇게 썼다. "나는 수다스러움에서 침묵을, 편협함에서 관대함을, 불친절함에서 친절함을 배웠다. 그러나 이상하게도 나는 아직도 그것을 가르쳐준 스승들이 고맙지가 않다." 배우기 위해 귀를 기울인다면 우리를 불편하게 만드는 것에서도 귀중한 깨달음을 얻을 수 있다. 살아가면서 하고 싶은 일은 물론이고 하고 싶지 않을 일까지 알 수 있게 된다.

노자는 도덕경에서 듣는 것에 대해 이렇게 가르쳤다.

"그것(도道)은 보려고 해도 보이지 않는다.

그러므로 이(夷)라고 한다.

그것은 들으려고 해도 들리지 않는다.

그러므로 희(希)라고 한다.

그것은 잡으려고 해도 잡히지 않는다.

그러므로 미(微)라고 한다."

잘 듣는 것은 자신을 낮추는 경험이 될 수 있다. 다른 관점에 대해서도 가능성을 열어놓을 때 사물을 바라보는 새롭고 흥미로운 방법들을 수없이 많이 발견할 수 있게 된다. 커다란 나무에서 떨어진 나뭇잎 하나도 여러 가지 관점에서 바라볼 수 있다. 예술가나 시인은 나뭇잎의 모양과 색깔과 아름다움을 본다. 생물학자는 나뭇잎이 나무에 어떤 역할을 하는지 연구한다. 원자물리학자는 나뭇잎에서 놀랍도록 질서정연하게 배열되어 있는 수조 개의 원자를 본다. 정원 관리인은 나뭇잎이 정원을 어지럽힌다고 생각할 것이다. 애벌레는 나뭇잎을 아름다운 나비로 성장하는 데 필요한 음식으로 여길 것이다. 신의 창조 속에는 수많은 기적이 숨어있다. 심지어 나뭇잎 하나에도!

중요한 사람이 되는 것은 좋은 일이지만,
좋은 사람이 되는 것이 더 중요하다
존 템플턴

인기 높았던 TV드라마 『달라스Dallas』에는 석유왕 J. R. 어윙이라는 인물이 등장한다. 그는 중요한 사람이 되는 것에는 높은 가치를 부여하지만 좋은 사람이 되는 것에는 전혀 가치를 두지 않는다. 그는 인생이라는 게임에서 원하는 것을 얻는 것이야말로 절대적으로 중요한 원칙이라고 생각한다. 그에게는 어떤 행동도 그리 악하거나 비열하게 보이지 않는다. 그는 목표를 달성하기 위해 거짓말을 하고 남을 속이고 남의 것을 훔친다. 어윙은 "좋은 사람은 지기 마련"이라는 자신만의 철칙을 신봉한다. 그는 자신의 사회활동 범위 안에서는 '중요한' 사람이기 때문에 원하는 것을 얻는 경우가 많다. 어윙은 전형적인 '못된 골목대장' 형 인물을 대변한다. 사람들은 그에게 도전하는 것이 두려워 그의 말을 따른다. 그러나 그는 영향력을 확대해가는 과정에서 수많은 적을 만든다. 적들은 그의 주위에 숨어 어떤 사람이 그에게 앙갚음을 해줄 때마다 환호성을 지른다.

우리의 삶은 우리가 가진 생각과 믿음으로 짜는 천과 같다. "좋은 사람은 지기 마련"이라는 믿음을 가지고 있으면 이 믿음에 따라 살아가게 된다. 남보다 앞서기 위해서는 거짓말을 하고 남을 속이고 남의 것을 훔쳐도 된다고 믿으면 어윙처럼 적을 많이 만들게 된다. 좋은 사람이 되는 것보다 중요한 사람이 되는 것에 더 큰 가치를 둔다면 어떤 행동도 그리 비열하게 보이지 않을 것이다. 어윙처럼 원하는 것을 쟁취하기 위해 다른 사람들에게 상처도 주게 될 것이다. 그러면 삶이라는 천은 우리가 전혀 예상하지 못하고 있을 때 뚝 끊어질 수 있는 약한 실로 짜이게 된다.

마침내 '못된 골목대장'이 되는 데 성공한다 해도 다른 사람들은 우리를 믿지도, 좋아하지도 않을 것이다. 다만 우리에게 도전하는 것이 두려워 우리의 요구를 받아들일 것이다. 이런 식으로 사는 삶은 흔들리는 땅 위에 집을 짓는 것이나 마찬가지다. 언제나 주위에는 우리가 실수하기를 기다리는 사람들로 가득할 것이다. '못된 골목대장'은 자신보다 힘이 더 센 골목대장이 나타나 자리에서 쫓겨나거나, 삶에서 원하는 것을 더 많이 성취하기 위해서는 좋은 사람이 되어야 한다는 사실을 배울 때까지만 지속될 뿐이다.

만약 달라스의 작가가 어윙을 친절하고 관대하며 사랑이 넘치는 사람, 젊은 나이에 좋은 사람이 되는 것이 얼마나 중요한지를 깨달은 성숙한 사람으로 만들었다면 드라마 전개가 얼마나 많이 달라졌을까? 다른 사람들에게 좋은 사람이 되는 것이 중요하다는 사실을 깨닫게 될 때 우리의 삶은 어떻게 변할까? 누구라도 거짓이라는 것을 알아챌 수 있는, 단지 "좋은 척하는" 그런 사람이 아니라 마음에서 우러나오는 진정한 선량함을 가진 사람이 된다면 우리의 삶은 어떻게 바뀔까? 이런 사람은 황금률에 따라 행동한다. 그는 기본적으로 두 가지 원칙을 따른다. "다른 사람이 당신에게 무엇인가를 해주기 전에 먼저 그들에게 해주라." "다른 사람이 당신에게 해주기를 바라는 대로 그들에게 먼저 해주라." 그는 어떤 대가도 바라지 않고 다른 사람에게 친절하고 따뜻하고 온화하고 정직하게 마음을 여는 것이 가치 있다고 믿는다. 영향력을 얻기 위해 거짓말을 하고 남을 속이고 남의 것을 훔쳐도 좋다는 생각은, 그에게 전혀 생소한 것이다. 그는 "뿌린 대로 거둔다"는 삶의 원리를 이해한다. 그는 다른 사람에게 친절과 사랑을 베풀기 위해 노력할 때 영향력과 행복이 따라온다는 사실을 잘 알고 있다.

"중요한 사람이 되는 것은 좋은 일이지만, 좋은 사람이 되는 것이 더 중요하다." 이런 믿음으로 우리의 삶을 짤 때 참된 소망이 성취되는 선순환을 시작할 수 있다. 우리가 다른 사람에게 행한 것은 반드시 우리에게 그대로 돌아온다. 친절하고 관대하고 온화하고 정직하게 열린 마음으로 다른 사람을 대하면 다른 사람도 우리를 같은 방식으로 대접해준다. 다른 사람에게 우리가 얼마나 중요한 사람인지는 다른 사람을 겁먹게 하는 전술이 아니라 그들을 진심으로 생각하고 있음을 행동으로 보여주는 데 달려 있다. 다른 사람에 대한 배려라는 황금실로 삶을 짜내려 갈 때 진실로 영향력 있는 삶까지 부산물로 얻게 된다.

다른 사람에게서 그 사람이 모르고 있는 큰 잠재력이나 가능성, 또는 능력을 발견한 적이 있는가? 그 사람에게 당신이 발견한 이 잠재력을 알려줄 때, 당신은 당신 안에 먼저 존재하고 있었던 사랑스럽고 아름다운 어떤 재능이나 품성을 일깨우고 있는 것이다.

내가 50년 이상 관찰한 결과는 회사 내에서 직급이 높아질수록 좋은 사람들이 차지하는 비중도 커진다는 것이다. 아마도 그들 역시 중요한 사람이 되는 것은 좋은 일이지만, 좋은 사람이 되는 것이 더욱 중요하다는 사실을 터득하고 있을 것이다!

겸손은 발전으로 향한 문을 열어준다
존 템플턴

겸손은 사물과 사람을 더 잘 이해할 수 있도록 인도해준다. 감사가 영적인 성장으로 향한 문을 열어준다면 겸손은 지적인 발전과 넓고 관대한 마음으로 향한 문을 열어준다. 자신이 이미 모든 것을 다 알고 있다고 생각한다면 더 많은 것을 배우기 어렵다.

자신이 아는 것이 얼마나 하찮은 것인지 깨닫게 될 때 더 배우고자 하는 노력을 시작하게 된다. 자기 자신이 무지하다는 것을 알지 못한다면 왜 탐구하고 배워 지식의 지평을 넓히려 하겠는가?

예전에 신문 연재만화 가운데 『평평한 세상Flatland』이라는 게 있었다. 이 만화 속의 인물들은 3차원이 존재한다는 사실을 부인하는 2차원적인 사람들이다. 우리는 혹시 이 인물들처럼 자기 중심적으로만 생각하고 있는 것은 아닌가? 인간이 창조의 최종 결정판이라고 생각하는가? 우리가 아메바와는 비교할 수 없을 만큼 진화된 고등생물인 것처럼 어느 다른 행성에 우리보다 훨씬 더 진화된 생명체가 살고 있을 수는 없는가? 부처가 살았던 시대에는 인류가 가진 지식의 양이 1000년에 두 배씩 늘었으나 우리가 살아가는 현대에는 3년마다 두 배로 불어나고 있다. 그렇다면 발전이 현재의 지식 수준에서 멈출 것이라고 감히 생각할 수 있겠는가? 점점 더 가속도가 붙는 발전의 속도도 신의 위대한 계획 중 일부라고 생각하는 것이 더 논리적이지 않겠는가?

지금 소개하는 바다와 파도의 비유는 더욱 겸손한 마음으로 신의 존재에 대해 생각할 수 있도록 도와준다. 파도는 바다의 일부다. 파도는 자신보다 훨씬 더 큰 바다와 떨어져 존재할 수 없다. 파도는 순간적으로 생겼다 사라지지만 바다는 상대적으로 영원하다. 모든 파도는 서로 다르다. 어떤 면에서 파도는 바다에 의해 창조된 바다의 자식이라고 할 수 있다. 파도는 부서지면 넘실대는 바다의 일부로 돌아가 다시 새로운 파도를 만들어낸다. 파도는 자신을 억제함 없이, 존재의 '있음'에 따라 자연스럽게 움직인다!

자기 중심적 사고는 미래의 발전을 가로막는 장애물이다. 마음이 넓은 사람은 제한된 자아를 뛰어넘어 성장해가며, 과학과 철학 등 다양한 분야에서 진리를 발견한다. 사랑하는 마음을 가진 사람에게 전세계 인류는 여러 가지 모습으로 드러난 한가족일 뿐이다. 겸손한 사람은 이처럼 다양한 표현 방식과 모습을 인정하고 받아들일 준비가 되어 있다.

겸손과 신의 무한한 능력에 대한 감사를 일상생활 속에서 어떻게 실천할 수 있을까? 신에 대한 사랑, 지금 하고 있는 일에 대한 사랑, 다른 사람에 대한 사랑, 자아 존중, 인내, 굳건한 믿음, 사물을 좀 더 명료하게 바라볼 수 있는 능력 등 여러 가지 방법이 있다. 사물이 언제나 우리 눈에 보이는 것과 같지 않다는 사실을 아는 것이 중요하다. 어떤 때는 지식이 부족하고 인식 능력이 제한되어 있는 탓에 눈속임이나 거짓 현상이 '진짜'인 것처럼 보이기도 한다.

사람들은 500년 전까지도 우리가 잠을 잘 때는 아무런 움직임이 없다고 믿었다. 그러나 코페르니쿠스가 지구를 비롯한 행성들이 태양의 주위를 돌고 있다는 사실을 발견하면서 지구가 자전하고 있으며 잠을 자고 있는 사람도 한 시간에 1669킬로미터씩 동쪽으로 이동하고 있다는 사실을 알게 되었다! 게다가 지구가 태양의 주위를 공전하고 있기 때문에 잠을 자고 있는 사람은 또 다른 방향으로는 1분에 1786킬러미터씩 이동하게 된다! 겸손한 마음으로 현재 우리가 모르고 있는 것이 너무나 많다는 사실을 인정할 수 있어야 한다. 겸손할 때 더 많이 배울 수 있고 더 많이 발전할 수 있다.

겸손한 사람은 조용히 내면의 기쁨을 느낀다. 반면 자신이 대단한 일을 해냈다고 큰 소리로 자랑하는 사람은 자신의 말과 행동으로 인해 오히려 창피를 당하게 된다. 성경의 "무릇 자기를 높이는 자는 낮아지고 자기를 낮추는 자는 높아지리라"(누가복음 14장11절)라는 가르침과 같은 이치다.

행복의 열쇠

황야에서의 목소리

키 큰 나무들이 빽빽하게 자리잡은 채 데이지꽃이 점점이 박힌 초원을 내려다보며 서있는 웅장한 산의 정상에 올라설 때 나는 숨이 막힐 듯한 아름다운 장관을 발견한다. 광활하고 고요한 사막의 끝자락, 황금빛 모래가 쭉 뻗어나가 파란 하늘색 바다와 만나는 것을 경이로운 마음으로 바라볼 때 창조의 장엄함에 가슴이 벅차 오른다. 바위로 덮힌 바닷가 절벽 위에 서서 바닷물이 흘러 들어왔다 나갔다 반복하는 모습을 바라보면 신의 존재를 느끼고, 나와 신이 하나라는 사실을 깨닫는다.

이처럼 아름다운 지구는 새들이 노래하고, 아이들과 동물들이 뛰어놀고, 해가 비치고, 비가 내리는 곳이다. 지구는 특별한 장소다. 지구는 우리의 고향이다.

"당신의 탄생으로 지구가 더 좋은 곳이 되었는가?"

각 민족은 그들만의 이야기와 전설을 가지고 있다. 여기에도 옛날 아메리칸 인디언의 신화가 전해져 오고 있다. 인디언은 '죽음'이 다른 삶으로 들어가는 문이라고 생각했다. 죽음이라는 관문을 통과해 새로운 삶으로 들어갈 때 위대한 사냥꾼을 만나 그가 묻는 한 가지 질문에 긍정적으로 대답해야 한다고 믿었다. "당신의 탄생으로 지구가 더 좋은 곳이 되었는가?"

어렸을 때 나의 부모님은 "네가 어디에 있든, 무엇을 하든 네가 존재했다는 그 사실로 인해 지구가 더 좋은 곳이 되도록 해라"라고 말했다.

현재가 과거의 후계자이듯 미래는 현재의 자녀다. 현재는 당신이 "바로 지금" 서있는 곳이다. 당신은 두려워하며 미래를 기다릴 수도 있지만 더 나은 미래를 만들기 위해 의식적으로 노력할 수도 있다. 긍정적인 태도로 당신의 세계를 지금 당장 희망하는 방식대로 만들기 시작할 수 있다.

의심이 많은 사람은 이렇게 말하며 동의하지 않을지도 모른다. "전쟁과 적대적인 대치로 얼룩진 현대 역사와 최근의 세계 정세를 보고도 문명을 믿고 미래를 낙관할 만한 근거를 찾을 수 있는가?"

물론이다!

당신은 인간이 달 표면을 걸을 수 있는 시대에 살고 있다는 사실을 기억해야 한다. 당신은 또 인간의 의식에 대한 연구가 빠르게 진전되고 있는 세상에 살고 있다. 당신은 과거 어느 때보다도 더 많은 사람들이 태어나는 시대에 살고 있다. 당신은 행성끼리 통신할 수 있는 시대에 살고 있다. 당신은 현대 사회의 팽팽한 긴장감 속에서도 개인의 삶을 통해 신의 존재를 구하고 발견하는 시대에 살고 있다. 인간의 신성한 영혼은 소음과 혼란 속에서 살아가는 데 지쳐가고 있다. 인류는 개명할 준비가 되어 있다.

당신은 몰락의 시기가 아니라 전환의 시기에 살고 있다. 이 사실을 생각해보라. 몰락의 시기가 아니라 전환의 시기라고 말이다. 세상은 가끔 불공평해 보이고, 때로는 희망이 없는 것처럼 느껴진다. 그러나 그렇지 않다!

가장 어두운 밤조차도 새벽이 밝기 전, 새로운 날이 오기 전에는 어둠이 옅어져가야 한다. 그리고 우리는 새로운 날, 새로운 시대, "황금기"라고 부르는 시대의 출발점에 살고 있다.

우리 시대에 일어나는 충격적인 사건과 격변들은 곧 다가올 봄을 예고하는 폭풍우일 뿐이다. 이 폭풍우는 낡은 것을 쓸어버려 새롭고 더 바람직한 것이 들어설 수 있도록 공간을 마련한다. 이 폭풍우는 새로운 시대로 나아가기 위한 성장통일뿐이다. 새로운 시대는 인류의 발전이라는 한 가지 대의로 연합해 더욱 강하고 더욱 우수해진 인류가 출현하는 시대를 말한다.

-레베카 클락의 《대발견Breakthrough》가운데

WORLDWIDE
Laws of Life

II

평화의 법칙

분노가 지배할 때 부정적인 결과가 생겨난다
찰스 렐리

남북전쟁 당시 에이브러햄 링컨 대통령의 비서관이었던 에드윈 스탠튼은 한 장군에게 무척 화가 나 있었다. 육군 소장인 이 장군은 스탠튼이 편파적인 결정을 내린다고 모욕적인 말로 비난했다. 스탠튼은 링컨에게 이 사실을 얘기하며 불만을 토로했다. 그러자 링컨은 그에게 육군 소장을 향해 신랄한 내용의 편지를 써보라고 말했다. 스탠튼은 공격적인 내용의 편지를 써서 링컨에게 보여줬고, 링컨은 그 편지의 강하고 날카로운 어즈에 대해 칭찬했다. 그런 다음 링컨은 "그런데 이 편지를 어떻게 할 작정인가"라고 물었다. 스탠튼은 링컨의 질문에 당황하며 "보내야죠"라고 대답했다. 그러자 링컨은 고개를 흔들었다. "편지는 난로에 갖다 버리게. 나도 화가 났을 때 쓴 편지는 그렇게 한다네. 그건 좋은 편지야. 자네는 그 편지를 쓰는 동안 기분이 나아졌을 것이네. 이제 그걸 태우고 다른 것을 쓰게나."

화는 감정인 동시에 복제되기 쉬운 반응이다. 《성공적인 삶을 위한 운영자 매뉴얼An Operator's Manual for Successful Living》을 쓴 니콜라스 R. M. 마틴은 화를 "이차적인 감정"이라는 특별한 범주로 분류했다. 마틴은 대부분의 사람들이 분노의 근저에 자리하고 있는 감정을 살펴보기보다는 화를 내는 것을 더 편안하게 느끼며, 이 때문에 부드러운 감정을 드러내기보다는 성급하게 화를 내게 된다고 설명했다.

마틴은 화가 나기 전에 먼저 생기는 네 가지 일반적인 감정을 두려움, 상처, 좌절, 부당함이라고 말했다. 마틴은 분노의 근저에 숨어 있는 감정들은 이보다 더 많을 수 있지만 이 네 가지 감정이 가장 일반적이라며, 이를 "화를 지탱하는 네 기둥"이라고 불렀다.

더욱이 우리는 다른 사람에게 준 것을 돌려 받는 경우가 많기 때문에 화를 내면 보통 상대방으로부터 자신이 화를 낸 데에 대한 공격이나 방어적인 태도를 얻게 된다. 다음은 화를 냈을 때 일어나는 일반적인 결과 중의 일부다.

1. 당신과 다른 사람들 사이에 '거리감'이 생긴다.
2. 다른 사람들의 부정적인 감정이 고조된다.
3. 진실한 감정을 가리고 다른 사람들이 마음을 열고 솔직해지는 것을 막는다.
4. 상대방의 복수 또는 방어적인 태도를 부른다.
5. 문제의 근원에 도달해 해결책을 발견하는 것을 막는 장애물이 생긴다.
6. 우정의 종말을 야기한다.

화가 나서 하는 말과 행동은 의사소통을 단절시키는 부정적인 반응을 연쇄적으로 유발시키기 때문에 결코 도움이 되지 않는다. 오해를 받거나 실수를 했을 때 냉정을 유지하는 것은 쉽지 않다. 그러나 냉정을 유지하지 못하면 이미 나쁜 상황이 더 악화된다. 분노가 마음을 사로잡으면 이성과 분별력은 창 밖으로 달아나버린다. 분노로 인해 감정은 상처 받고 돌이키기 어려운 부정적인 결과를 초래할 씨앗이 심어진다. 페르시아의 시인 아불 파달 부스티는 "분노에 굴복하는 것은 문명인이기를 포기하는 것이다"라고 말했다. 중국의 사상가 주자는 이렇게 충고했다. "화가 날 때 즉각 화를 잊어버리고 원칙에 따라 옳고 그름을 살펴볼 수 있다면 옳고 그름이 분명하게 드러나면서 분노는 자연스럽게 사라질 것이다."

물론 솔직하게 직접적으로 말해야 할 때도 있다. 그러나 화가 나서 말하기 전에 잠시 멈추고 스스로에게 물어보라. 목적을 이루는 데 화를 내는 것과 똑같은, 혹은 더 도움이 되는 다른 방법은 없는지 말이다. 얼굴에 바르는 크림통 안에 파리가 들어갔을 때 당신은 다음과 같은 행동을 취할 수 있다. 크림통을 던져버린다(적의), 크림통을 망치로 두드려 부순다(분노), 파리에게 부탁한다(무기력), 달아난다(두려움), 불평하며 고민한다(상처 혹은 자기 연민), 분개하면서 크림을 바른다(부당함), 조심스럽게 파리를 크림통 바깥으로 옮겨 놓는다(친절과 사랑). 위의 모든 반응이 일을 처리하는 한 가지 방법이 될 수 있지만 어떤 방법이 당신 자신과 그 일에 관계한 모든 사람들에게 최선의 결과를 가져오겠는가?

당신 자신 외에 당신에게 평화를 줄 수 있는 것은 없다

랄프 왈도 에머슨

정신없이 바쁘게 돌아가는 대도시 생활에 지친 한 직장인이 다니던 회사를 그만 두고 살던 집도 팔고 숲속의 작은 오두막집으로 이사했다. 그는 도시에서 경험할 수 없었던 마음의 평화를 발견하고 싶었다. 처음 몇 주 동안은 평온함을 찾은 것 같았다. 그러나 곧 친구들과 도시 생활의 편리함이 그리워지기 시작했다. 그의 불안은 점점 더 심해졌고 급기야 다시 집을 옮기고 싶은 충동을 느끼기 시작했다.

이번에는 작은 마을로 옮기기로 결심했다. 작은 마을이라면 얘기를 나눌 사람도 있을 것이고, 소음과 끊임없이 계속되는 '빨리빨리'의 분위기가 주는 스트레스 없이 도시의 편리함을 누릴 수 있을 것이라고 생각했다. 작은 마을은 확실히 대도시와 숲속, 양쪽 세계의 장점을 함께 가진 최선의 선택으로 그 곳에서라면 평화를 발견할 수 있을 것 같았다. 그러나 작은 마을에서는 예상치 못했던 문제가 있었다. 마을 주민들은 외지에서 온 그를 쉽게 받아들이지 못한 반면 그의 사생활과 관련된 일이라면 매우 공격적으로 반응했다. 그는 곧 자신에 관한 이상한 소문이 마을 전체에 돌고 있다는 사실을 알게 됐다. 그는 다시 불안하고 불편해졌다. 그리고 세상 어느 곳에서도 자신이 원하는 평화를 발견하기가 불가능하다는 결론을 내렸다. 결국 그는 다시 대도시로 돌아와 소란스러운 생활로 복귀했다.

이 불행한 사람이 랄프 왈도 에머슨이 깨달았던 중요한 진리를 미리 알았더라면 얼마나 좋았을까. "당신 자신 외에 당신에게 평화를 줄 수 있는 것은 없다." 에머슨은 내면의 평화란 어디에 살든, 심지어 누구와 함께 살든 전혀 관계가 없다는 사실을 알고 있었다. 진정한 평화란 외부 환경과 관계없이 당신 자신 안에 존재하는 품성이기 때문이다.

이 세상에서 성공하는 한 가지 방법은 앞으로 나아가 우리가 해야 할 일을 평화로운 마음으로 하는 것이다. 평화로움이란 무엇이든 잘 받아들일 수 있는 상태를 의미한다. 마음이 평화로우면 다른 사람들에게 좀 더 개방적이 된다.

우리는 어떻게 이런 내면의 평화와 만날 수 있을까? 간단한 연습이 도움이 된다. 매일 무엇으로부터도 방해 받지 않는 혼자만의 시간을 마련하라. 단 몇 분이라도 좋다. 편안히 의자에 앉아 눈을 감고 숨을 깊이 천천히 내쉬면서 마음과 몸의 긴장을 풀라. 그리고 당신 자신에게 천천히 "나는 지금 풀어주고 있다, 나는 지금 풀어주고 있다"라고 말하라. 당신이 고요하고 평화로운 상태로 나아가고 있다고 느낄 때까지 그날 일어났던 모든 일들을 하나씩 풀어주라.

평화를 발견하기 위해 멀리 여행을 떠날 필요는 없다. 당신 내면을 깊이 직시하기만 하면 된다. 바깥 세상의 사건들은 순식간에 변하고 당신이 평화라고 생각했던 것도 갑자기 사라져버릴 수 있다. 그러나 평화가 당신의 것이 되기만 하면 참된 평화는, 빠르게 변하는 이 세상 한가운데서도 당신과 함께 할 것이다.

외적인 평화를 찾아 여러 곳을 헤맸던 사람의 무익한 실수를 반복하지 말라. 이런 여행은 실망으로 끝날 뿐이다. 대신 매일 조용한 곳에서 자신만의 시간을 가져라. 긴장을 풀고 내적인 평화의 영역에 들어서라. 오늘이 바로 변화가 시작되는 날이다. 내면의 평화가 커갈수록 영적인 빛과 지혜와 인도도 커지며 하루하루를 보다 깊은 성찰의 나날들로 이끌어 줄 것이다.

나는 어떤 사람을 미워함으로써 내 영혼이 작아지도록 하지 않을 것이다

부커 T. 워싱턴

미국의 흑인 교육가인 부커 T. 워싱턴은 해방된 노예였는데, 너무나 가난해서 아홉 살 때부터 농장에서 일해야 했다. 그는 자신의 조건을 탓하고 환경을 원망의 변명거리로 삼을 수도 있었다. 그러나 그는 이런 감정이 자신의 영혼을 괴롭히도록 내버려두지 않았고, 그의 에너지를 자신과 다른 사람의 환경을 개선하는 데 사용했다.

워싱턴은 교육이 자신을 발전시키고, 궁극적으로는 인류 전체의 조건을 개선해준다고 믿었다. 그는 교육을 받기 위해 경비원으로 일했다. 그는 자신을 환경의 희생자로 여기지 않았고, 인생에 대한 지배력을 쟁취했다. 졸업한 후에는 교육계에서 경력을 쌓았고, 마침내 앨라배마 주의 터스키기에 새로 지은 한 흑인학교를 이끌어달라는 요청을 받아 이를 수락했다.

이 학교는 돈도 없고 시설도 부족하고 건물도 학교로 용도 변경한 2개의 건물뿐이었지만 워싱턴은 부유한 학교를 부러워하지 않았고 부유한 사람들을 미워하지도 않았다. 대신 워싱턴은 그의 목표를 위해 일하기 시작했다. 그는 어떤 부정적인 간섭도 허용하지 않았다. 그가 이 학교를 운영하는 동안 이 학교의 교직원수는 거의 200명으로 늘어났고 시설이 잘 갖춰진 건물을 100개나 보유하게 됐다.

워싱턴이 교육에 전념하는 동안 흑인사회 일각에서는 정치적인 행동주의만이 진정한 진보를 이룰 수 있다며 그를 비난했다. 그러나 워싱턴은 조용히 그가 옳다고 믿는 일을 계속했다. 미워하고 싸우기 위한 변명거리를 찾기보다는 미국 교육계의 리더로서 학계에서 긍정적인 일들을 계속 성취해나갔다.

사람은 의식적인 자각 속에 머물러 있도록 허용한 것에 대해서는 지배력을 가지고 있다. 지혜로운 사람은 내적인 자아에 대한 지배력을 유지하는 데 집중함으로써 부정적인 감정과 파괴적인 행동을 피해간다. 부정적인 것이 긍정적인 결과를 낳을 수는 없다. 워싱턴은 이런 사실을 알고 있었다. 그는 가치 있는 에너지를 비생산적인 논쟁에 쏟지 않고 교육에 대한 그의 비전을 성취하는 데 사용했다. 그는 자신의 내적인 자아에 스스로 책임을 졌기 때문에 어느 누구도 그의 영혼을 작아지게 할 수 없었다. 워싱턴은 다른 위대한 인물들과 마찬가지로 그가 조절할 수 있는 것은 오직 그의 내적인 존재뿐이라는 사실을 알았다.

그는 자신의 저서 《다마파다Dhamapada》에서 "증오는 증오로 중단되지 않으며, 오직 사랑에 의해서만 중단된다. 이것은 영원한 법칙이다"라고 말했다. 어떤 사람의 기분이 아니라 진리 위해 세워진 사랑은 사랑이 가진 헌신과 불꽃으로 큰 불운이 어떻게 유용한 목적에 기여할 수 있는지 안다. 난관은 그 종류에 관계없이 종종 성공으로 이끌어준다. 위대한 순간은 결국 어두운 암흑의 시기에 나타난다.

행복한 관계를 맺으려면 올바른 사람을 찾기 보다 올바른 사람이 되어야 한다
에릭 버터워스

전세계적으로 읽혀지는 동화 《잠자는 숲 속의 미녀The Sleeping Beauty》는 잘생긴 왕자님이 예쁜 여성에게 키스해 그녀를 영원한 잠에서 구해낸 뒤 궁전으로 데려가 영원히 행복하게 살았다는 내용으로 끝을 맺는다. 이와 비슷한 내용은 《백설공주Snow White》를 비롯한 다른 수많은 이야기 속에서 반복된다. 21세기에도 수많은 영화와 소설들이 이와 비슷한 구성과 주제를 되풀이하고 있다. 많은 어린이와 청소년들이 TV와 라디오, 영화, 책 등을 통해 누군가 혹은 무엇인가가 자신을 평범한 삶에서 구원해 평소에 희망했던 것으로 변화시켜줄 것이라는 잘못된 얘기를 믿으며 자란다. 부모들조차 비록 의도적이지는 않다 해도 아이들에게 정의로운 사람이 나타나 모든 것을 바르게 잡아줄 것이라는 인상을 심어준다. 여자들은 결혼식 날 동화 속의 아름다운 공주님처럼 하얀 레이스가 달린 드레스를 입으며 이런 신화를 더욱 널리 전파한다.

그렇다면 도대체 왜 그토록 많은 사람들이 결혼생활이나 배우자와의 관계에 불만을 느끼는 것일까? 왜 어떤 사람들은 이혼한 뒤에 전 배우자와 비슷해 보이는 다른 사람과 또 다시 결혼하는 것일까? 한 가지 이유는 그들의 내면 상태가 과거와 똑같기 때문이 아닐까? 그리고 비슷한 사람끼리 끌리기 때문이 아닐까? 결국 과거와 똑같은 태도로 살아가는 한 과거와 똑같이 고통스럽고 불만족스러운 관계를 자신에게 계속 끌어당기게 된다.

내면으로부터 자기 자신을 변화시키기 위해 노력하면 과거와 다른 종류의 사람들과 다른 경험들이 끌려오기 시작한다. 마약 중독자들은 다른 마약 중독자들과 어울리기 마련이다. 그가 자신을 변화시켜 태도를 바꾸기 시작하면 다른 종류의 사람들과 어울리기 시작할 것이다. '그'가 내면으로부터 변했기 때문이다.

대부분의 사람들은 "이 모든 상황에서 자기 자신을 구원해줄 수 있는" 바깥에 존재하는 어떤 힘이 사랑이라고 생각한다. 그러나 슬프게도 이것은 사실이 아니다. 사랑은 오로지 우리의 마음 안에만 존재한다. 행복한 관계를 맺기 위해서는 우리가 먼저 다른 사람들을 진정으로 사랑해야 한다. 우리가 다른 사람들을 향해 생각으로, 말로, 행동으로 (필요하다면 사랑이 생길 때까지 "사랑하는 척하는 행동"으로라도) 사랑을 표현할 때 우리의 마음은 사랑으로 채워지고, 그 사랑은 우리의 생활을 치유하고, 우리 문제를 해결해주고, 자기 자신에 대해 좋은 느낌을 가질 수 있게 해준다.

올바른 사람이 되는 것이 우리 삶의 진짜 이야기다. 진리의 빛을 중심에 두고 거기에 집중할 때 우리는 빛나는 횃불이 되어 우리 자신의 것을 우리에게 끌어당기게 된다. 우리는 결코 혼자가 아니다. 성 프란시스는 "사랑받기보다 사랑하게 해주소서. 우리는 줌으로써 받고 용서함으로써 용서받기 때문입니다"라는 기도문에서 사랑받기보다는 사랑하기를 간청했다. 그와 같이 우리도 사랑함으로써 사랑받고, 올바른 사람이 됨으로써 올바른 사람을 발견하는 경험을 할 수 있다.

외면의 아름다움은 일시적이지만 내면의 아름다움은 영원하다

세이예드 후세인 나스르

TV나 신문, 잡지에는 거의 매일 잘 생긴 남자와 사랑스러운 여자들이 등장해 언제나 웃는 모습으로, 가끔은 서로

껴안으며 예외없이 무엇인가를 사라고 광고한다. 그들이 전하는 메시지는 간단하다. "이 상품을 사서 사용하면 우리처럼 될 수 있다!" 그러나 좋은 물건을 사용한다고 해서, 좋은 차를 운전한다고 해서, 명품 브랜드의 옷을 입는다고 해서 당신이 아름다워지고 행복해지고 사랑받고 인기를 얻는 것은 아니다.

'좋은' 물건을 모두 사서 갖추고도 여전히 사랑 받지 못하는 사람들도 있지 않은가? 아름답고 행복하고 사랑스러운 부분은 당신의 내면에 존재한다. 당신의 내면은 옷이나 자동차, 또는 다른 외적인 치장에 전혀 영향받지 않는다. 아름다움이란 피부 한꺼풀 이상을 의미한다. 아름다움은 당신의 영혼 한가운데서 시작해 당신이라고 인식할 수 있게 해주는 모든 특징들, 즉 얼굴과 자세, 몸짓, 행동, 말투, 목소리 등에 반영되어 나타난다.

아름다움은 다른 사람들, 특히 인기가 없거나 '좋은' 옷이나 비싼 차, 혹은 다른 '좋은' 물건들을 갖지 못한 사람들을 당신이 어떻게 대하느냐에 달려 있다. 당신은 다른 사람이 입고 있는 옷이나 운전하는 자동차를 넘어 그 사람의 깊은 본질을 볼 수 있는가? 인도의 정신적 지도자 마하트마 간디는 "진리란 단순히 가념적인 것이 아니라 진실된 모습이며, 그렇기 때문에 진실된 그림이나 노래가 지극히 아름다운 것이다"라고 말했다. 중국 삼국시대 위나라의 사상가인 혜강은 "무욕과 무결점이라는 두 가지 숭고한 목표에 도달하는 것이 최고의 아름다움이다"라고 말했다.

역사에 기록된 위대한 인물들은 대부분 물질적인 혜택이나 우월적인 지위가 없는 상태에서 미약하게 출발했다. 그들은 정신의 풍요로움과 창조력의 깊이를 믿었고, 다른 사람이 가진 가치를 존중하며, 대중에 휩쓸리지 않고 옳다고 생각하는 길을 나아가는 의지를 보여주었다. 마하트마 간디를 비롯한 수많은 위인들이 가난한 삶을 선택했으나 내면은 진정으로 아름답고 부유했다.

공도자가 맹자에게 물었다. "다 같은 사람인데 누구는 대인이 되고 누구는 소인이 되는 것은 무슨 까닭입니까?"

맹자가 대답했다. "신체의 더 큰 부분인 마음을 따라서 살면 대인이 되고, 신체의 작은 부분인 눈과 귀의 욕망을 따라 살면 소인이 된다."

공도자가 다시 물었다. "다 같은 사람인데 누구는 마음을 따르고, 누구는 눈과 귀의 욕망을 따르니 어찌하여 그렇습니까?"

맹자는 대답했다. "눈과 귀라는 감각기관은 생각하는 능력이 없어 외부의 사물에 쉽게 가리워져 버린다. 눈과 귀라는 감각기관은 외부의 사물과 접촉하면 쉽사리 유혹당하고 마는 것이다. 그러나 마음은 생각하는 기능이 있다. 마음이 제 기능을 발휘해 생각하면 사리를 깨달을 수 있고, 마음이 기능을 잃어버려 생각하지 않으면 사물에 가리워져 깨닫지 못하게 된다. 이 마음은 하늘이 우리 인간에게 준 것이다. 신체의 더 큰 것, 즉 마음을 확고히 하면 신체의 작은 것, 즉 눈과 귀의 욕망은 외부의 사물로부터 가리워지지 않고 유혹당하지 않게 된다. 이것이 대인이 되는 이유다."

진정으로 위대한 인물들이 인류의 삶에 기여한 정도는 그들의 은행잔고가 아니라 그들의 고귀한 영혼의 깊이에 의해 평가할 수 있다. 그들은 인기투표를 통해 선정하는 영향력이 큰 사회 지도층 인사나 경제 잡지 〈포브스Forbes〉가 뽑는 전세계에서 가장 부유한 400명의 명단에는 포함되지 못할 수도 있다. 그러나 그들이 이 세상에 기여한 덕분에 인류의 삶이 변했고, 진리가 가치를 인정 받는 한 앞으로도 계속 변할 것이다.

우리가 닮고자 하는 사람이나 따르려 하는 삶의 방식은 5년이나 10년 후에는 사소한 유행으로 잊혀져 버리는 경우가 많다. 중요한 것은 당신이 어떤 삶을 살기를 원하는지 아는 것이다. 어떤 삶을 살고 싶은지 아는 방법 가운데 하나는 먼 장래를 바라보며 이런 질문에 대답해 보는 것이다. 당신이 지금 하고 있는 일은 앞으로 30년 후에도 적합하고 유익한 것인가? 50년 후라면 어떠한가? 현재의 삶에 감사하면서 미래를 준비하기 위해 지금 무엇을 하고 있는가? 당신이 살고 있는 이 세상을 더 좋은 곳으로 만들고 떠나기 위해 무엇을 하고 있는가? 스웨덴의 크리스티나 여왕은 "이기심을 극복하기 위해 항상 노력해야 하며 이런 노력은 살아있는 한 계속되어야 한다"라고 말했다.

당신이 할 수 있는 한 최고로 좋은 사람이 됨으로써 당신 자신을 사랑하라. 당신 자신을 가까운 친구로, 모든 것 중에서 가장 좋은 것, 존경과 명예, 돈독한 관계, 잘 살아온 삶에서 느낄 수 있는 기쁨만을 갖기를 바라는 사람으로 대하라. 당신이 할 수 있는 최고의 수준에서 명예롭게 살아갈 때 이런 모든 것이 당신의 것이 될 것이다.

현명한 사람은 마음속에서 영원한 평화를 발견한다
인도 속담

우리는 모든 일들을 잘 조절하고 있을 때 평화로움을 느낀다. 그리고 우리가 생각하는 질서에 따라 삶을 다스리고 관리할 수 있을 때 최고의 기분을 느낀다. 그러나 내적인 평화가 이런 조절에 의존하고 있다면 마음의 평화는 자주 위험에 직면할 것이다. 당신이 국가 경제나 에너지 공급을 조절할 수 있는가? 당신이 다른 사람들의 태도나 행동을 조절할 수 있는가? 사랑하는 사람 혹은 의지하고 있는 사람의 선택이나 운명을 당신이 조절할 수 있는가? 솔직하고 진지하게 꼼꼼히 살펴보면 외적인 조건에 맞서 당신이 조절할 수 있는 것은 거의 없다는 사실을 알 수 있다. 따라서 진정한 평화는 내면의 일이다!

현명한 사람은 영속적인 평화를 발견할 수 있는 장소가 마음이라는 사실을 알고 있다. 산꼭대기든 어디든 걱정이 없어 보이는 고요한 장소로 떠나보라. 평화가 다름아닌 당신 존재의 한가운데에 거하고 있다는 사실을 깨닫지 못하는 한 어디를 가든 당신은 무엇인가로 인해 마음이 혼란스러울 것이다. 기억이나 현재 상황에 대한 걱정, 미래에 대한 불안, 성가시게 만드는 사소한 일들이 여전히 당신 마음을 떠나지 않고 방해할 것이다.

이런 식의 평화는 시간의 흐름에 따라 기쁨도 선사하고 슬픔도 안겨 주는 인생사의 변동과는 아무런 관계도 없다. 이런 평화는 오히려 당신이 인생의 본질과 하나가 되는 곳, 시인 T. S. 엘리어트가 말했던 "회전하는 세상의 정지점", 즉 당신 마음 중에서도 그 마음의 중심에서 발견되는 존재의 상태와 관계 있다. 웹스터 사전에서는 '본질'을 "존재의 부수적인 요소와는 대조되는 영구적인 것, 혹은 사물의 존재와 반대되는 것으로 사물의 진실하고 궁극적인 성질"이라고 정의하고 있다. 늘 변화하고, 때로는 혼란스러운 세월의 흥망성쇠 가운데 본질처럼 보이는 것의 관점에서 이해하고 행동할 때 변하지 않는 상태의 평화를 경험할 수 있다.

잠언 14장30절에서는 "마음의 화평은 육신의 생명이니"라고 가르친다. 당신의 인생이 뒤죽박죽 혼란스러운 상태로 추락하고 있을 때 화평에 대해 생각하라. 마음속에 '화평'이란 말이 불러일으키는 이미지를 그려보라. 따뜻한 여름 햇살이 비치는 부드러운 초원. 해질 무렵의 조용한 푸른 호수. 꽃을 가볍게 건드리고 있는 연약한 나비. 나뭇잎 사이로 햇살이 비치는 상쾌한 초록빛 숲속. 눈 덮인 장엄한 산 정상. 나무에 기대어 부드럽게 흘러가는 강물 속의 낚시 찌를 무심히 바라보는 낚시꾼. 이런 이미지를 떠올려 보라. 잠시만이라도 짬을 내 정지해 보라. 당신 자신에게 부드럽게 속삭이며 당신 내면 깊은 곳에 완전한 화평의 장소가 있음을 확신하라. 이 곳이 바로 평화와 화평이 최고의 권력으로 군림하는 "가장 고귀한" 비밀 장소, 즉 정지점이다. 어떤 것, 어떤 불화도 당신의 허락 없이는 이 곳으로 들어올 수 없다. 당신은 평화를 선택할 수 있다. "나는 평온하고 고요하며 평화롭다!"

엘리어트는 이렇게 썼다. "정지점, 거기에 춤이 있다.……그 지점, 정지점을 제외하고는 거기에 춤이 없다. 거기에는 오직 춤만이 있다." 인생의 춤은 박자와 리듬과 형식이 끊임없이 변한다. 감정을 위해서가 아니라, 당신 본질의 정지점에서 당신 자신의 존재를 확인하기 위해, 그리고 주변에 존재하는 "부수적인 요소"들에 방해 받지 말고, 당신의 마음 안을 들여다보는 훈련을 하라. 그러면 평화를 발견할 수 있을 것이다.

유순한 대답은 분노를 쉬게 하여도 파격한 말은 분노를 격동하느니라
잠언 15장 1절

당신 자신을 제외하고는 아무도 당신을 화나게 할 만한 힘을 갖고 있지 않다. 다른 어떤 사람이 당신에게 영향을 미치고 있다면 어떤 방식으로든 당신이 그 사람에게 그럴 수 있는 권리를 준 것이다! 당신은 다른 사람이 당신을 화나게 했다며 화를 내겠지만, 화를 내든 좀 더 합리적으로 반응하든 선택은 당신 자신이 하는 것이다. 미국의 여류 조각가인 루이스 네벨슨은 "나는 나의 세계를 책임질 테니 당신은 당신 자신의 세계를 만들어야 한다"라고 말했다.

감당하기 힘든 분노를 자아내는 상황에 접근하는 방법은 두 가지다. 하나는 다른 사람의 말이나 행동에 반응하는 것이고, 다른 하나는 당신 자신이 선택한 태도를 통해 행동하는 것이다. 영어로 '반응하다'라는 뜻을 가진 'react'란 단어는 '다시(re)'란 의미의 접두사와 '행하다'란 뜻의 '행동(act)'이 합쳐진 것이다. 다시 말해 '반응하다(react)'라는 단어는 "또 하나의 행동을 하다"라는 의미다. 따라서 다른 사람의 부정적인 태도에 반응하면 상황이 폭발 단계로 고조될 수 있다. 반면 이해심을 갖고 행동하면, 다시 말해 "유순한 대답"을 하면 침착하고 고요한 상태를 유지하며 평화롭고 행복한 해결책을 이끌어낼 수 있다.

영국의 대학교수인 존 버돈 샌더슨 할데인이 한 친구와 어떤 문제를 놓고 논쟁을 벌였다. 논쟁은 정해진 수순대로 진행되기 시작했다. 친구는 한숨을 쉬며 이렇게 말했다. "계속해봤자 소용없어, 난 자네가 다음에 뭐라고 말할지 아네. 그리고 자네가 다음에 무엇을 할지도 말이야." 저명한 학자였던 할데인은 갑자기 일어나 바닥에서 두 번 발구르기를 한 다음 의자로 돌아왔다. 그는 웃으며 "자, 이게 자네가 언제나 옳지는 않다는 증거일세"라고 말했다.

다음에 또 분노를 느끼는 상황을 만나 감정이 고조될 때는 "유순한 대답"으로 접근하겠다고 결심하라. 감정을 가라앉히고 고요하고 좀 더 평화로운 마음으로 말하라. 그렇게 하면 당신이 갖고 있는 가장 중요한 자원, 즉 마음을 조절할 수 있다. 유순한 대답이 거친 말에 대한 최선의 방어책이라는 사실을 알게 될 것이다.

루즈벨트 대통령의 부인인 엘리노어 루즈벨트는 자신의 인생에 책임을 져야 한다고 강조하며 이렇게 말했다. "발전의 선상을 따라가다 보면 어디에선가 우리가 진실로 어떤 존재인지 발견하게 된다. 그러면 우리가 책임져야 할 진짜 결정을 내릴 수 있게 된다. 이 결정을 기본적으로 당신 자신을 위한 것으로 만들라. 왜냐하면 당신은 다른 사람의 인생을 대신 살아줄 수 없기 때문이다. 당신 아이의 인생조차도 대신 살아줄 수 없다. 당신의 영향력은 당신 자신의 인생을 통해, 그리고 당신의 현재 모습을 통해 발휘된다."

데이지꽃이나 일출과 일몰, 눈송이, 혹은 사람을 자세히 살펴보면 삶의 위대한 법칙이 창조자의 다양한 표현 속에서 경이로운 독특함을 제공하고 있다는 사실을 발견할 것이다. 예를들어 차를 운전하는 데 비밀스럽고 마술적인 것은 없다. 정해진 방식에 따라 조작하기만 하면 자동차가 에너지를 분출하며 우리를 목적지까지 데려다 준다. 시동을 걸기 위해 자동차 열쇠를 돌리기 전까지 에너지가 어디에 있었는가? 그 에너지는 시동을 걸기 전에도 존재했으며 준비된 상태로 기다리고 있었다. 다만 분출되지 않았을 뿐이다. 그것은 잠재된 힘이었고, 우리는 그 힘을 작동해서 원하는 결과를 얻기만 하면 된다. 우리는 단지 의식적으로, 즉 마음의 힘을 가지고 자동차 열쇠를 돌리기만 하면 된다. 그러나 최선의 결과를 얻기 위해 내면의 힘을 조심스럽게 작동시키는 것이 중요하다. 많은 경우 가장 바람직한 결과는 분노를 쫓아내고 타다 남은 사랑과 연민의 소중한 불씨를 다시 타오르게 하는 유순한 대답을 통해 얻어진다.

위대함이 네 안에 있는 것이 아니라
네가 위대함 속에 있는 것이다

무명씨

　　　　　　물질적으로 부유하고 동시에 정신적으로도 풍요롭게 살 수 없는 것은 아니다. 금이나 은, 돈 자체가 위험한 것은 아니다. 물질에 대한 우리의 집착이 위험할 뿐이다. 우리는 스스로에게 물어봐야 한다. "어떤 생각과 목적을 갖고 이 세상의 물질들을 사용하고 있는가? 나는 세상의 부를 다루는 데 물질주의의 노예인가, 아니면 사심 없고 믿을 만한 관리인인가?"

　인류애의 진정한 교류에 기여할 수 있는 능력을 제외한다면 돈은 의미가 없다. 그리고 눈에 보이는 세상에서 유리된 정신적인 믿음은 너무나 순진하다. 진정한 행복은 정신 세계에 존재하는 놀랄 만큼 창조적인 생각을 물질 세계로 옮겨와 그 생각이 다른 사람들에게 선사하는 혜택을 즐거워하고 그 생각을 발전시키는 데 있다. 우주의 법칙은 정신적인 풍요로움과 물질적인 부에 똑같이 적용된다. 일상생활 속에 존재하는 물질적인 대상물은 그것이 가진 정신적인 본질의 표현일 뿐이다. "위에서와 같이 아래에서도"라는 금언은 정신적인 세계의 생각이 물질적인 지상에서 결실을 맺을 수 있다는 사실을 알려준다. 창조적인 상상력이 한계가 있는 우리의 행동과 조화를 이루고, 정신적인 지혜가 세속적인 지식과 일치하며, 조건없는 사랑이 실천적인 봉사와 만나고, 꿈꾸는 자아가 인식하는 자아와 상응할 수 있다. 온전하게 목적을 가진 삶을 살고 싶다면 정신 세계와 물질 세계 사이의 흐름을 존중해야 한다.

돈은 인류를 조직하고 화합시키기 위해 편의로 사용하는 것일 뿐이다. 물질적인 부는 더 높은 목적을 위해 사용할 수 있다. "위대함이 내 안에 있는 것이 아니라 내가 위대함 속에 있는 것이다"라는 법칙을 떠올릴 때, 사실 무엇이 적합하고 무엇이 적합하지 않은지에 대한 초조함은 대부분 사라진다. 얼마나 마음을 자유롭게 해주는 말인가? 우리가 관대함과 유익한 행동의 원천이 아니다. 우리는 이런 덕목을 인류에게 쏟아부을 때 사용하는 그릇이다. 우리는 세상의 물질을 소유한 사람이 아니라 감독하는 사람이다.

우리가 이런 생각을 갖고 행동할 때 진실을 감추는 가면이 벗겨진다. 새로운 차를 원하는 이유는 낡은 차가 더 이상 만족스럽게 작동하지 않기 때문이라고 생각하라. 이렇게 생각하면 차의 '새로움'은 부차적인 것이 된다. 단순함이 더 좋아서 큰 집에서 작은 집으로 이사할 필요가 있다고 생각하라. 그러면 이는 후퇴하는 것이 아니라 우선 순위를 재조정하는 것이 된다.

우리는 어쩌다 물질주의의 주문에 걸려도 모든 것을 잃지 않을 수 있다. 물질주의의 주문을 풀어버릴 때 전환의 계기가 마련되는 이야기를 수없이 듣지 않았던가? 주문에 걸려 있었다면 그 시간 동안 세상이 우리에게 풍요로움의 교훈과 무지개의 비밀을 전수했다고 생각할 수 있다.

행복의 열쇠

마음이 가장 평화로울 때 어떤 상태가 되는지 몇 가지 징후들을 적어보았다.

내적인 평화의 징후

1. 과거의 경험에 근거해 판단하기 보다는 자연스럽게 생각하고 행동하는 편이다.
2. 매 순간, 모든 순간을 마음껏 즐길 수 있는 능력이 있다.
3. 다른 사람을 평가하는 데 관심이 없다.
4. 자기 자신을 평가하는 데 관심이 없다.
5. 다툼에 대해 흥미를 잃어버렸다.
6. 다른 사람의 행동이 어떤 의미가 있는지 해석하는 데 관심이 없다.
7. 걱정할 수 있는 능력이 없다.
8. 자주 넘치는 감사를 느낀다.
9. 다른 사람들과, 또한 자연과 연결되어 있다는 만족을 느낀다.
10. 수시로 가슴에 웃음의 공격을 받는다.
11. 다른 사람이 전하는 사랑을 매우 민감하게 느낀다. 그리고 그 사랑을 전하고 싶은 억제할 수 없는 욕구를 느낀다.
12. 어떤 일을 계획해 의도적으로 일어나도록 하기 보다는 자연스럽게 일어나도록 하는 편이다.

WORLDWIDE
Laws of Life

12
축복의 법칙

당신이 얼마나 많은 축복을 받았는지 세어보라, 그러면 감사하게 될 것이다

존 템플턴

제니퍼 노블은 크리스마스를 며칠 앞두고 무척 우울했다. 이번 크리스마스는 그녀가 이혼한 후 처음 맞는 크리스마스였다. 제니퍼는 가족들과 수천 마일 떨어진 곳에서 혼자 살고 있었다. 이 특별한 날 그녀는 자기 자신이 매우 처량하다는 생각이 들었다.

자기 연민에 빠져들던 제니퍼는 기분 전환을 위해 '감사 리스트'를 만들어야겠다는 생각이 들었다. 그녀는 자신의 인생에서 감사해야 할 일들을 적어나가기 시작했다. 감사 리스트가 길어질수록 그녀의 영혼은 다시 고양되기 시작했다. 그녀는 감사란 단순한 감정이 아니라 행동으로 옮겨질 수 있다는 사실을 깨달았다.

제니퍼는 우울한 기분을 떨쳐버리고 다시는 "내 자신이 너무 불쌍해"라는 자기 연민에 빠지지 않기 위해 자신보다 더 어려운 사람들을 돕기로 했다. 그녀는 지역 구세군 사무실을 찾아가 크리스마스 저녁식사 준비를 도왔다. 또 비싸지 않은 몇 가지 장난감을 사서 그 곳 어린이들에게 나눠줬다. 장난감을 받을 때 아이들의 눈동자 속에서 반짝이는 빛은 제니퍼의 마음을 감동시켰다. 함께 저녁을 준비하는 사람들의 밝은 웃음도 따뜻한 동료애를 느끼게 했다. 제니퍼는 자신을 헌신하기로 결정함으로써 크리스마스를 특별한 따뜻함과 반짝이는 빛 속에서 맞을 수 있었다.

사람들은 자신의 필요와 성격에 따라 거기에 맞는 다양한 선택을 할 수 있다. 물론 당신과 나의 선택은 제니퍼의 선택과 다를 수 있다. 오랫동안 연락하지 못했던 사람들에게 전화를 하거나, 감사의 편지를 써서 선물과 함께 보내거나, 가족과 친구들에게 그들이 있어 얼마나 감사한지 모른다고 말하는 것만으로도 충분히 우리가 받은 축복에 대해 감사할 수 있다.

우리가 가지고 있는 좋은 것들을 적극적으로 찾아내면 좋은 것이 더 많이 생긴다. 이미 받은 축복에 대해 감사할 때 그 감사가 주변에 있는 남아 있는 더 좋은 것들을 우리에게 끌어당긴다. 감사는 친구와 사랑과 평화와 건강과 물질적인 축복을 우리에게로 끌어당겨주는 강력한 자석이다. 감사하는 사람들은 주는 것과 받는 것 사이에 존재하는 경이로운 조화를 경험한다. 감사는 우리 내면에 긍정적이고 기쁨으로 가득한 인식을 키워내고, 우리 자신을 내적인 충족감을 주는 인생의 흐름과 하나로 만들어준다.

역사상 위대한 인물은 대부분 전혀 극복하지 못할 것 같은 큰 어려움에 직면했다. 베토벤이 귀가 멀었을 때 자기 연민에 빠져 있었다면 어떻게 됐을까? 우리는 베토벤이 작곡한 깊이 있고 아름다운 음악을 듣지 못했을 것이다. 라이트 형제가 첫 비행 실험에서 실패한 뒤 하늘을 날고 싶다는 꿈을 포기했다면 지금의 교통수단은 어떻게 됐을까? 허먼 멜빌이 그의 소설 《모비 딕Moby Dick》을 평단과 독자 모두 무시했다는 이유로 글 쓰기를 멈췄더라면 어떻게 됐을까?

　우리가 얼마나 많은 축복을 받았는지 세어보면 우울한 기분은 기쁨으로 바뀐다. 웃음과 기쁨은 영광스러운 인생에 대한 찬양과 감사의 표현이다. 진정한 감사는 매일매일의 연습을 통해 영혼 속에 쌓이는 영적인 품성이다. 진정한 감사의 혜택은 풍부하고 무한한 만족감이다. 감사로 고양된 마음에는 조건도 환경도 외모도 그 어떤 것도 관계없다. 새가 날개를 접고 하늘을 날 수는 없다. 감사는 활짝 펼쳐진 믿음과 기쁨의 날개로 신의 빛과 생명력 안으로 올라가는 힘이다. 아침에 당신의 날개를 시험해보고, 그 날개가 당신에게 어떤 일을 해줄 수 있는지 살펴보라. 당신의 생각이 불행과 걱정을 향해 치달을 때 이 날개를 사용하라.

　우리의 인생을 상징하는 컵을 바라볼 때 우리는 그 컵에 물이 반이나 찼다고 볼 수도 있고, 반이나 비었다고 볼 수도 있다. 선택은 우리에게 있다. 컵이 반이나 비었다고 생각하는 사람은 그의 운명을 한탄한다. 그러나 감사의 태도를 키워가는 사람은 기꺼이 컵에 물이 반이나 차 있다고 생각한다. 이런 긍정적인 관점은 자기 예언적인 성격을 가지고 있다. 더 많이 기뻐할수록 우리는 더욱 매력적인 사람이 된다. 우리가 겪어온 경험에 감사할 때 언제나 존재하고 있는 인생의 좋은 면을 좀 더 쉽게 바라볼 수 있게 된다. 우리가 다른 누군가를 향해 웃어주면 그 웃음은 되돌아오기 마련이다. 이 웃음은 인생이 저장하고 있는 좋은 것을 쉽게 받아들일 수 있는 열려 있는 마음을 반영한다.

당신이 다른 사람들을 적극적으로 축복해주면
그들도 자신의 짐이 가벼워졌음을 알게 된다

존 템플턴

14세기의 시인 카비르는 영혼을 감동시키는 아름답고 영적인 시들을 남겼다. "윤리의 피부를 빛이 날 때까지 박박 문지른다 한들 그 안에 음악이 없다면 무슨 소용이 있겠는가? 마호메트의 아들이 경전을 열심히 연구해 이것 저것을 지적한다 한들 그의 가슴이 사랑으로 푹 젖어있지 않다면 무슨 소용이 있겠는가? 요가 수행자가 화려한 오렌지색 가운을 걸치고 나타난다 한들 그의 내면이 무채색이라면 무슨 소용이 있겠는가?"

꽤 유명한 건설업자 한 사람은 이런 기도로 하루를 시작한다고 말했다. "아버지, 당신은 최고의 건축가이십니다. 제가 '망치와 톱' 소리를 너무 심하게 내어 당신이 설계도를 가지고 저와 의논하지 못하는 일이 없도록 하소서. 저의 일이 곧 당신의 일이옵니다. 저에게 역사하셔서 좋은 집과 좋은 인생을 건설할 수 있도록 하소서. 그리고 오늘 만나는 모든 사람들에게 제가 축복이 될 수 있도록 도와주소서." 축복을 받을 때보다 다른 사람들에게 축복이 될 때 훨씬 더 많은 혜택을 얻는다. 다른 사람에게 축복이 되는 데는 좌절감과 패배감에 빠진 어떤 사람에게 격려나 희망이 되는 말을 던져주는 것 이상의 아무것도 필요하지 않는 경우도 많다.

E. 스탠리 존스는 고대 바빌론의 광활한 유적지에 작고 연약한 꽃이 자라고 있는 것을 발견하고 큰 감동을 받았다. 그는 군사력을 바탕으로 한 거대 제국은 멸망한 반면 너무나 연약해서 손가락만으로도 뭉개버릴 수 있는 작은 꽃은 어떻게 살아남을 수 있었을까 궁금했다. 그는 자기 앞에 놓인 신비로움에 대해 깊이 생각하다 꽃은 자연의 부드러운 방법을 따랐기 때문에 살아 남았던 반면 거대 제국은 군국주의적인 교리에 의해 멸망했다는 사실을 깨달았다. 그는 사랑이야말로 해답이라는 결론을 내렸다. 빛은 계속해서 필요하며 우리는 축복의 빛이 지나가는 통로로 봉사할 수 있다.

영국의 시인 엘리자베스 배럿 브라우닝은 "신의 선물은 인간 최고의 꿈을 부끄럽게 만든다"라고 말했다. 신은 우리에게 위대한 잠재력을 선사했다. 신이 주신 선물을 좀 더 많이 발견하고 배우기 위해서는 신의 선물이 우리의 삶 속에 영적으로 활동할 수 있도록 하는 것이 중요하다. 이렇게 할 수 있는 한 가지 방법은 우리의 재능과 능력을 다른 사람들에게 도움이 될 수 있도록 사랑과 축복으로 제공하는 것이다.

공기는 우리가 살아가는 데 꼭 필요하다. 하지만 끊임없이 공기를 들이마셨다가 내뱉어 신선한 공기가 허파로 들어올 수 있도록 해야 한다. 우리는 신이 선사한 사랑을 들이쉰 다음 다른 사람에게 내뱉어야 한다. 그래야만 우리 마음에 신선한 사랑이 들어올 수 있는 여지가 생긴다. 이슬람 선지자 마호메트는 "자기 자신을 위해 바라는 것을 그 형제를 위해 바라지 않는다면 어떤 사람도 진정한 신자가 아니다"라고 가르쳤다. 우리의 재능을 나누어 더 크게 할 수 있는 기회를 만들어야 한다. 지식을 나누면 그 지식을 공유한 모든 사람들의 지식이 자란다. 어린아이가 보리떡 다섯 개와 물고기 두 마리를 내놓았을 때 예수와 배고픈 5000명의 군중들이 배불리 먹고도 남을 만큼 음식이 늘어난 것처럼 우리가 가진 물질과 축복도 다른 사람들과 나눌 때 더욱 크게 늘어날 수 있다. 씨앗을 땅에 심어 자연과 공유할 때 수확은 크게 늘어난다. 친절한 말을 하면 친절은 우리 삶 속에서 배가 된다.

축복의 법칙은 우리 사명의 중요한 부분이 다른 사람들의 짐을 가볍게 만들어주는 것이라는 사실을 가르쳐준다. 우리 모두가 인생의 어떤 시기에 어려운 상황이나 개인적인 도전, 혹은 혼란에 직면하지 않는가? 그 때 우리는 아마도 다른 사람들의 염려와 격려를 받았을 것이다. 매 순간마다 우리에게 노래 불러주는 신성한 영혼의 수많은 표현들 앞에서 우리 자신을 낮출 때, 우리 삶의 내적인 풍요로움을 감사하고 사랑할 때, 우리는 우리 삶에 '풍미'를 더하는 축복이 될 수 있다. 흘러 넘치는 축복을 향해 가슴을 활짝 열 때 그 축복이 우리의 사랑을 통해 흘러 들어와 다른 사람들을 축복하고 돕는다는 사실은 얼마나 놀랄 만한 깨달음인가? 잠시 멈추고 자신이 축복 받고 있다는 사실에, 그리고 다른 사람에게 축복이 될 수 있는 기회가 있다는 사실에 감사하자

당신은 사랑과 기도라는 세상에서 가장 강력한 무기를 가지고 있다

존 템플턴

미국인들에게 널리 사랑 받는 《데지데라타 The Desiderata》(진정으로 갈망하는 것이라는 의미-옮긴이)라는 영적인 내용의 시집이 있다. 이 시집에 들어있는 모든 글들이 더없이 아름답지만 특히 한 문장은 너무나 빼어나다. "소란스럽고 분주한 일상 속에서도 평온함을 유지하라." 제아무리 복잡한 혼돈상태가 당신을 에워싼다 해도 중요한 것은 당신 내면의 인식이다. 그리고 당신에게는 가장 강력한 무기인 사랑과 기도가 있다.

"샬롬"은 매우 의미 있고 아름다운 히브리 인사말인데 "항복"이라는 뜻이다. 항복이라고 말하면 우리는 흔히 전쟁이나 분쟁, 다툼, 갈등을 끝내기 위해 굴복한다는 의미로 이해한다. "포기했어"라는 말은 실패나 체념처럼 들린다. 그러나 항복은 상당히 다른 뜻을 갖는다. 항복은 먼저 오는 것이다. 항복은 다른 사람이나 조건과 조화를 이루고, 형제애를 느끼고, 하나가 되는 영적인 상태다. 이 하나됨의 감정을 무엇보다도 의미 있게 불러일으킬 수 있는 방법이 사랑과 기도를 통해서다!

예수는 제자들에게 "어린아이처럼 되라" 그리고 "원수를 사랑하라"

고 말했다. 일은 물론 가족과 친구에 대해서도 종종 부정적인 생각에 직면하게 되는 오늘날 세상에서 이 두 가지 계명처럼 지키기 어려운 것도 없을 것이다.

다른 사람들이 만들어 놓은 부정적인 선례를 바라보면 신이 우리를 사랑한다 해도 "서로 사랑하라"는 의무를 무시해버리는 편이 더 나아 보인다. 우리는 어쩌면 아무도 이 영적인 법칙들을 지키지 않는데 왜 나만 지켜야 하느냐고 변명하고 있는지도 모른다. 그러나 역사를 돌아보면 "네 이웃을 네 몸과 같이 사랑하라"는 법칙에 헌신했던 용기 있는 사람들이 어떤 성공을 이루어냈는지 쉽게 발견할 수 있다.

어려운 인간관계에 어떻게 대처하는 것이 좋으냐는 질문에 "단지 그들에게 사랑한다고 말하라"라고 대답하는 사람들이 현대 사회에도 존재한다. 영적인 사랑의 법칙에 따라 살았던 마더 테레사는 "신에 대한 사랑은 실천하는 사랑이다"라고 말했다. 그녀는 또 "신을 사랑한다고 말하는 것만으로는 충분하지 않다"며 일생을 가난한 사람들에게 봉사함으로써 신에 대한 사랑을 표현했다. 그러나 이 세상의 수많은 마더 테레사들을 진실로 다른 사람들과 구별 짓는 것은 기독교인을 핍박하다 예수를 만나 기독교로 개종했던 사도 바울이 표현했듯 "성령의 열매"를 기뻐하는 능력이다. 사도 바울은 갈라디아서 5장22~23절에서 "오직 성령의 열매는 사랑과 희락과 화평과 오래 참음과 자비와 양선과 충성과 온유와 절제니 이같은 것을 금지할 법이 없느니라"라고 썼다.

나누고 베풀고 돌보는 방법을 배워나갈수록 사랑도 커간다. 사랑하는 방법을 아는 사람은 고독하거나 외롭지 않다. 사랑의 힘은 상처를 막는 진정한 무기가 될 수 있다. 사랑을 주는 것이 사랑을 받는 것이다. 행복은 이런 사랑을 실천할 때 저절로 따라오는 부산물이다.

이러므로 그의 열매로 그들을 알리라
마태복음 7장20절

잠시 하던 일을 멈추고 우리가 얼마나 많은 축복을 받고 있는지 세어보라. 그러면 우리가 얼마나 대단한 부자인지 알 수 있을 것이다! 신의 놀라운 물질이 우리 안으로 흘러 들어와 우리를 통해 사방으로 퍼져나간다. 진실로 이 세상에 우주라는 물질의 무한한 바다에 몸을 적시지 않고 갈 수 있는 장소는 없다.

'사랑'을 설명하는 말과 글은 수없이 많다. 그 중에 한 가지는 "사랑은 사람의 장미"라고 하는 것이다. 정원에는 온갖 꽃이 피어있지만 장미보다 더 아름다운 꽃은 없다. 영혼의 토양에서도 수많은 꽃이 자라지만 사랑보다 더 아름다운 꽃은 없다! 사랑은 좋아하는 것 이상이다. 사랑은 자석처럼 끌어당기는 힘으로 가족과 친구, 마을, 나라를 묶어 준다. 사랑은 "우주를 화합하게 하는 접착제"라고도 불린다. 사랑은 모든 곳에서, 모든 사람에게서 좋은 것을 바라보는 내면의 품성이다. 사랑은 "위대한 치료자"이며 "율법의 완성"(로마서 13장10절)이다.

'희락(기쁨)'은 신이 그의 완벽한 작품, 즉 인류를 통해 표현하는 행복이라고 여겨져 왔다! 기쁨과 즐거움은, 특히 우리의 마음이 선한 것이 흘러 들어오고 나가는 통로가 되고자 하는 확고한 생각을 가질 때 힘을 준다. 나는 가끔 신이 아주 근엄한 분은 아닐 것이라는 생각을 한다. 신이 근엄한 분이었다면 인류에게 이처럼 헤아릴 수 없을 만큼 많은 기쁨과 즐거움을 선물로 축복하지는 않았을 것이다.

  우리 모두는 존재의 어느 수준에 이르면 삶 속에 '평화(화평)'가 더 많이 발현되기를 갈구한다. 평화는 단순히 다툼이나 싸움이 없는 상태가 아니다. 평화는 오직 선만이 진리라고 긍정하는 것이다. 내면이 평화로우면 외부의 사건들이 "영혼의 조용한 평화"를 방해하는 경우는 거의 없다. 현대 사회의 정신적인 지도자 가운데 한 사람은 다음과 같이 말했다. "확고하게 평화를 긍정하면 몸의 전체 구조가 조화를 이루고 몸과 마음이 건강해질 수 있는 조건을 갖추게 된다."

  얼마나 많은 사람들이 더 많은 '인내(오래 참음)'를 갈구하는가! 인내는 침착함, 평온함, 내적인 고요함, 조용한 견딤 등으로 드러나는 마음의 태도로 매우 강력한 힘이다. 인내는 특히 어렵고 힘든 상황에서 빛을 발한다. 인내라는 선물은 믿음에 토대를 두고 있다. "너희 믿음의 시련이 인내를 만들어 내는 줄 너희가 앎이라."(야고보서 1장 3절)

  '친절(자비)'은 온화하게 사랑을 표현하는 한 가지 방법이다. 모든 피조물에게 사랑스러운 친절을 베풀 수 있는 품성이, 신이 우리에게 주신 선물 중의 하나라는 사실을 알게 될 때 우리는 은혜 속에서 성숙하게 된다. 사람들마다 마음의 평화와 일상 속에서 부딪치는 문제에 대한 해결책, 다른 사람들과의 더 나은 관계, 보다 의미 있는 삶의 방식을 찾는다. 우리는 우리 자신과 우리의 삶이 더 나아질 수 있다는 사실을 알고 있다. 사랑에서 우러나온 친절을 건강하게 실천할 때, 즉 친절을 주고 받을 때 우리 자신과 우리의 삶은 달라질 수 있다!

로웰 필모어는 '선함(양선)'을 다음과 같이 설명했다. "선함은 단순히 나쁜 일을 하지 않는 것 이상의 더 큰 의미다. 선함은 신이 어김없이 완전하다는 사실을 확실히 긍정적으로 인식하는 것이다." 선함은 소유하는 것인 동시에 실천하는 것이다. 선하게 사는 데 전념할 때, 그리고 선한 마음을 행동으로 옮길 때 비로소 우리는 선함을 진실로 '소유'할 수 있게 된다. 지속적으로 변함 없이 선한 마음을 가질 때 어둠이 빛 앞에서 사라지듯 많은 문제들이 사라지는 것을 경험할 수 있다.

'신의(충성)'는 언제나 믿을 수 있다는 뜻이다. 당신이 신의 있는 사람이라면 당신은 의지할 만하며 항상 약속을 지킨다. 당신은 정직하고 주위 사람들에게 믿음을 준다.

'온유'는 지혜를 얻고자 하는 사람들에게 큰 도움이 된다. 솔로몬 왕이 그랬듯 현명한 기도는 "지혜로운 마음"(열왕기상 3장9절)을 구하는 것이다. 지혜로운 마음은 사랑과 이해와 연민과 비전과 비전을 나타내 보이는 능력으로 가득하다. 지혜로운 마음은 선을 의지하고 기대한다. 지혜로운 마음은 친절하고 온화하기 때문에 주위를 휩쓸고 있는 소음과 요란함과 혼란에 흔들리지 않는다! 온유는 고요함과 조용함과 겸손을 낳는다.

'절제'란 자신의 마음을 지배하는 것으로 모든 지배의 출발점이 된다. 우리는 모든 것이 내면에서 시작된다는 사실을 알고 있다. 꼭두각시는 사람처럼 말하고 행동하지만 자신의 의지로 그렇게 하는 것이 아니다. 누군가가 꼭두각시를 조정하고 있는 것이다. 우리는 꼭두각시가 아니라 우리 삶의 주인으로 창조되었다. 매일 기도와 검약과 앞으로의 계획을 통해 절제를 배워나갈 때 삶은 더욱 깊은 의미를 갖게 된다. 우리에게 각자의 삶을 책임질 능력이 있다는 사실을 이해하게 되면 절제를 실천할 수 있게 된다.

성령의 좋은 열매를 거두는 데 실패할 수밖에 없는 계획을 가지고 노력한다면 어떻게 진정으로 행복할 수 있겠는가? 우리의 본성은 성령의 열매를 맺고 그 열매를 먹고 살도록 창조되었다. 우리의 선택에 의해 다른 열매를 맺는다면 그 수확은 실패한 것이다!

모든 삶에는 살아갈 만한 사명이 있다
존 템플턴

신이 창조한 우주는 리듬과 조화와 아름다움 가운데서 움직인다. 우주는 교향곡의 주제음과 같으며, 이 교향곡에서 작곡가는 생명이자 본질이다. 별과 행성과 태양계의 광활함과 질서를 우리 머리로 상상하기는 어렵다. 우주의 시스템은 사람의 어떤 신체기관보다도 훨씬 더 정교하며 아직 전개되지 않은 향후 수천 년을 향한 일정표를 가지고 있다. 우주는 위대한 계획에 따라 계절을 변화시키고 하루의 길이를 변화시킨다. 이런 완벽한 질서와 체계는 심지어 가장 작고 사소한 곳에서도 발견된다.

인간도 이런 우주의 거대한 계획 안에 포함되어 있다. 우주를 통해 흐르는 무한한 지혜와 조화의 에너지가 인류의 정신과 각종 인간사를 통해서도 흐른다. 우리가 삶의 법칙을 깨닫고, 조화와 가치가 있는 삶을 살기로 결심할 때 우리가 하는 일은 다른 사람들에게 도움이 되는 의미 있는 사역이 될 수 있다.

사람들은 "사역"이라는 말을 들으면 교회를 떠올리곤 한다. 그러나 사실은 당신이 삶 속에서 성취할 수 있는 생산적인 일은 모두 사역이다. 당신의 일이 무엇이든 그 일을 사랑하고 다른 사람들에게 도움이 되는 방향으로 일을 성취해나간다는 태도를 유지하면, 당신은 봉사의 사역을 완수하고 있는 것이다. 그리고 이 세계는 자신의 재능을 헌신하기를 원하는 봉사의 사역자를 필요로 하고 있다!

자신이 매우 불행하다고 생각하는 한 남자가 목사를 찾아왔다. 그는 자신에게 아무런 재능도 없다고 말했다. 독사는 그렇지 않다며 이렇게 말했다. "내가 당신에게 말할 수 있는 한 당신은 재능이 없는 사람이 아닙니다. 대화를 할 수 있는 사람은 누구나 재능을 가지고 있습니다. 당신의 재능이 거리를 깨끗이 청소하는 것이라고 생각해보십시오. 그것이 당신이 가진 최고의 자질이라고 생각해보십시오. 그리고 지금 나가서 거리를 깨끗하게 청소해 보세요. 애정과 관심을 갖고 거리를 깨끗하게 청소해 그 거리를 지나다니는 다른 사람들이 행복하게 느끼도록 해보세요. 거리를 깨끗하게 청소하는 당신의 재능이 커질수록 그 거리는 유명한 거리가 될 겁니다." 이 사람이 거리를 깨끗하게 청소하는 자신의 재능을 너무나 사랑해서 정성을 쏟아 거리를 "반짝거리게" 만든다면 먼 곳에서도 관광객들이 찾아와 그가 아름답게 가꾼 거리를 보고 경탄할 것이다! 일을 사랑한다는 것은 이렇게 큰 힘을 발휘할 수 있다!

 다른 사람을 돕기 위해 모든 노력을 다하는 것은 당신의 삶에 대해 "그렇다"고 말하며 긍정하는 한 가지 방법이다. "그렇다"고 말하는 것은 성공하는 행동이며, 더 많은 행복을 가져다준다. 빛을 향해 걸어가는 사람에게는 길이 밝다. 그러나 반대 방향을 향하고 있는 사람, 즉 이기심을 바라보며 걷는 사람은 자신의 그림자를 밟고 걸어야 한다.

 어려워 보이는 현재의 상황에서 벗어나기 위해서는 용기, 즉 각자의 자신의 방식대로 배워야 하는 용기가 필요하다. 토마스 헉슬리는 이렇게 말했다. "우리는 비탄과 무지로 가득 찬 세상에서 살아가고 있지만 우리 모두의, 또 우리 각자의 임무는 우리가 영향력을 발휘할 수 있는 작은 영역이나마 이전보다 무지가 덜해질 수 있도록 노력하는 것이다." 삶은 위대한 희생이나 높은 수준의 의무만으로 구성되는 것이 아니라 소소한 일들로도 이뤄진다. 끊임없이, 그리고 사랑스럽게 선사하는 웃음과 친절과 헌신과 책임감은 신망을 얻고 지킬 수 있게 해주는 축복이자, 자신 뿐만 아니라 다른 사람에게도 평안을 안겨주는 축복이다. 이것이 바로 모든 가치 있는 삶에서 실천할 수 있는 봉사의 사역이다.

 위니프레드 윌킨슨 하우스먼은 《당신이 가진 1000의 9제곱 개의 원자들 Your Own Octillion Atoms》이라는 제목의 책에서 사람의 몸은 보통 수조 개의 세포로 이루어져 있으며, 이 세포들 속에는 약 1000의 9

제곱 개의 원자들이 있다고 이야기했다. 이것이 얼마나 큰 숫자인지 실감하려면 1을 쓴 뒤에 0을 27개 붙여 보라! 이것이 1000의 9제곱 개 원자들, 다시 말해 당신이 지금 무엇인가를 하는 데 동원할 수 있는 원자의 숫자다! 이 같은 원자의 힘을 가지고 있는 당신이 할 수 있는 봉사의 규모를 감히 상상할 수 있는가?

발전하고 싶은가? 당신이 이 세상에 실질적으로 기여하고 있다는 사실을 알게 된다면 어떻게 느끼겠는가? 당신과 당신이 하는 일을 통해 다른 어떤 사람의 삶이 축복 받았다는 느낌을 갖고 싶은가? 그렇다면 1000의 9제곱 개의 원자들이 당신의 결정을 기다리며 대기하고 있다는 사실을 상기하라! 당신은 당신의 선함을 충족시킬 수 있을 만큼 기꺼이 성장하기를 원하는가? 성장해가는 가운데 주고 받기를 원하는가?

행복의 법칙

아이들이 바닷가 모래사장에 앉아 그림을 그리기도 하고 조개껍데기로 여러 가지 문양을 만들기도 하면서 놀고 있었다. 부드러운 바람이 불어와 아이들의 축축한 머리카락을 헝클어뜨렸고 파도 소리는 아이들의 목소리에 기분 좋은 배경음이 되어주었다. 그러다 갑자기 한 남자 아이가 놀이를 제안했다.

"여기에 수영장을 만들자."

다른 아이들도 좋다고 했다. 아이들은 삽과 소라 껍질로 금세 일할 준비를 마치고 곧 발이 들어갈 정도의 깊이로 구멍을 팠다. 이 구멍은 여러 개의 발이 들어갈 수 있을 정도로 커졌다. 아이들은 물통에 물을 담아와 이 구덩이를 물로 채웠다. 그러나 아무리 빨리 물을 채워도 물은 금세 모래 속으로 흡수돼 버렸다.

아이들은 상심에 찬 얼굴로 구덩이를 살펴봤다. 처음에 수영장을 만들자고 제안했던 남자 아이가 또 다른 아이디어를 내놓았다. "아, 이제 알겠어. 조개 껍질을 구덩이 둘레에 박아 놓고 그 다음에 물을 붓자."

아이들은 열심히 조개 껍질을 모아 구덩이 둘레를 따라 박았다. 그리고 다시 물통에 물을 담아 구덩이에 부었다. 그러나 이번에도 아무리 빨리 물을 부어도 여전히 구덩이는 물론 채워지지 않았다.

가까이 있던 한 아이의 아버지가 아이들의 행동에 흥미를 느껴 보러 왔다. 작은 소녀가 아버지가 다가오는 것을 보고 달려 갔다. "아빠, 어떻게 해야 해요?" 그 아이는 물었다. "수영장을 만들려고 하는데 구덩이를 물로 채울 수가 없어요."

"다른 것도 많은데 왜 하필이면 수영장을 만들려고 하니?" 아버지가 웃으며 물었다. "자, 이미 너희들을 위해 준비된 아름다운 수영장을 봐라. 너희는 아직 거기에 들어가지도 않았구나." 그리고 그는 눈이 볼 수 있는 한계까지 펼쳐져 있는 광활한 바다 쪽으로 손을 흔들었다.

작은 소녀는 친구들에게 돌아가 흥분해서 소리쳤다.

"자, 봐. 여기에 우리가 만들 수 있는 것보다 훨씬 더 큰 수영장이 있어." 그리고 그 소녀는 친구들과 함께 바다 쪽으로 달려 갔다.

우리는 얼마나 자주 이 어린아이들처럼 행동하는가! 삶이라는 거대한 바다가 우리 앞에 펼쳐져 있건만 우리는 모래 위에 그림을 그리거나 조개껍데기를 모으거나 모래사장에 자신만의 수영장을 만들기 위해 바닷가 주변만 맴돌고 있는 것인지도 모른다. 주위를 둘러보는 것을 잊어버린 채 눈 앞에 펼쳐진 엄청난 축복을 보지 못하고 있는지도 모른다.

WORLDWIDE
Laws of Life

13

영혼의 법칙

행복은 물질적인 부가 아니라 정신적인 부에서 나온다
존 템플턴

예전에 미국 TV방송에서 『백만장자The Millionaire』라는 제목의 프로그램을 방영한 적이 있었다. 매주 절실한 처지의 사람들이 출연해 익명의 기부자로부터 100만 달러짜리 수표를 받았다. 수표를 받은 사람은 돈을 기부한 사람을 절대 밝히지 않는다는 조건만 지키면 이 돈을 원하는 대로 쓸 수 있었다. 돈을 받은 사람은 기부자와의 합의, 즉 돈을 준 사람이 누구인지 밝히지 않는다는 약속을 깨도록 유도하는 수많은 도전에 직면했다. 그리고 꽤 많은 사람들이 기부자가 누구인지 밝히고 돈을 돌려줘야 했다.

할리우드 영화 가운데 진정한 행복이 물질적인 부에서 오는 것이 아니라는 사실을 보여주는 영화는 적지 않다. 그 중에 『돈이 자라는 나무Money Grows on Trees』라는 영화가 있다. 이 영화는 마당에 있는 나무 한 그루에서 돈이 자라나기 시작하면서 갑자기 부자가 된 가족들의 이야기다. 영화에서 이 가족은 돈이 자라는 나무 때문에 행복해지기는커녕 오히려 온갖 어려움을 겪게 된다.

이 영화는 커다란 부를 얻은 뒤에도 행복해지지 못했던 사람들에 대한 가상의 이야기다. 그렇다면 실제 삶에서는 어떨까? 이 세상에는 복권에 당첨되거나 예상치 못했던 유산을 상속 받아 갑자기 백만장자가 된 사람들이 있다. 이 사람들에게 큰 돈을 손에 넣은 뒤 삶이 어떻게 바뀌었냐고 물어보면 인생이 더 복잡해지고 꼬여버렸다는 대답을 듣는다. 쓸 수 있는 돈은 많아졌지만 행복을 발견하기는커녕 새로운 문제들이 나타난 셈이다.

가상이건 실제건 이런 상황에는 잃어버린 고리가 있는 것처럼 보인다. 정신적인 부의 창고를 채워놓지 않으면 돈이 아무리 많다 해도 그 돈이 우리를 행복하게 해주지 못한다. 정신적인 부는 신념을 제공하고 사랑을 준다. 정신적인 부는 지혜를 선사해 자라게 한다. 정신적인 부는 서로를 도움이 되는 관계, 사랑하는 관계로 이끌어 우리를 행복에 이르게 해준다.

물질적으로 얼마나 부유한지 판단하기는 쉽다. 그러나 정신적으로 얼마나 부유한지 알아보려면 우리의 삶을 살펴봐야 한다. 우리가 맺고 있는 인간관계는 어떠한가? 다른 사람을 있는 그대로 솔직하게 사랑하고 받아들이는 법을 알고 있는가? 자신에게 가해진 나쁜 일을 알아채고도 그것을 용서하고 잊어버리는 방법을 배웠는가? 삶의 모든 것과 삶이 스스로를 드러내는 수많은 방식을 가치 있게 여기고 있는가? 자신의 재능을 최대한으로 활용해 왔는가? 이런 질문에 어떤 대답을 하는가에 따라 우리는 정신적인 부의 정도와 가치를 적절하게 평가할 수 있다.

많은 사람들은 행복한 환경 덕분에 얻어진 결과가 행복이라고 생각한다. 그러나 행복이란 우리가 가진 좋은 것을 공유하고 다른 사람들에게 봉사할 때 저절로 얻어지는 부산물이다. 행복이란 자신이 일을 잘하고 있다는 느낌을 갖는 것, 다른 사람들과 정직한 관계를 맺는 것,

아픈 누군가를 방문하는 것, 함께 유머를 나누는 것이다. 행복은 조건이나 환경에 관계없이 누구나 가지고 있고 누구나 이용할 수 있는 정신적인 원칙이다.

자신을 둘러싼 환경이 행복하게 바뀌길 기다릴 필요가 없다. 다른 사람들을 행복하게 해주기 위해 노력하면 행복이 몇 배로 불려져 우리에게 돌아온다. 우리는 스스로 기쁨을 창출해낼 수 있고 그 기쁨이 환경에 작용하도록 할 수 있다! 진리의 위대한 역설 가운데 하나는 행복한 마음은 행복해지기 위해 필요한 것을 스스로에게 끌어당긴다는 점이다.

정신적인 부는 진정한 행복, 지속적인 행복에 이르는 길이다. 정신적인 부를 소유하면 필요한 것을 언제든 제공해주는 원천을 가지고 있는 것이나 마찬가지이기 때문이다. 물질적인 부는 때로 우리가 통제할 수 없는 수많은 외적인 변수에 달려 있다. 정신적인 부는 우리의 "내면에서 이뤄지는 작업"이기 때문에 우리의 통제력 안에 있다. 우리의 마음과 정신을 얼마나 많이, 혹은 얼마나 조금 개방할지 결정하는 것은 바로 우리 자신이다. 자신을 돌아보고 정신적인 부가 부족하다고 느끼면 정신적인 부의 창고를 채워야 한다. 생산적이고 행복한 삶을 살아가기 위해 필요한 도구들은 우리 안에 있다. 누구나 다른 사람들에게 도움이 되는 능력을 활용할 수 있고 이를 통해 주위에 어떤 일이 일어나든 관계없이 인생을 즐길 수 있다.

물질적인 편안함이 삶을 살아가는 데 긍정적인 힘이 되는 것은 사실이다. 물질적인 부가 있으면 굶주림에 대한 걱정에서 벗어나고, 필요한 물건을 구입하고, 아이들을 교육시킬 수 있다. 경제력이 강할 때 물질적인 부는 의존할 수 있는 안전망이 된다. 경제력이 약할 때는 어떨까? 정신적인 부를 키워나가면 우리를 도와주는 내적인 안전망이 생기게 된다. 이 안전망은 언제든지 사용할 수 있는 '백지수표'와 같다. 예금이 모두 바닥나거나 재정적인 원천을 잃게 됐을 때 정신적인 부가 우리 자신을 회복하고 손실을 만회할 수 있도록 도울 것이다. 정신적인 부를 삶의 토대와 안전망으로 삼으면 물질적인 부만으로는 얻을 수 없는 영구적이고 깊은 평화를 얻게 된다.

진실로 행복하기를 원한다면 다음 세 가지 지침을 기억하는 게 큰 도움이 될 것이다. (1) 행복은 삶에 좋은 일이 생겨 얻은 결과이기도 하지만 삶에 좋은 것을 더 많이 생기게 하는 원인이기도 하다. (2) 행복은 사용할수록 커진다. 기쁨으로 생각하고 말하고 행동할 때 우리 인생에 행복보다 덜한 어떤 것이 생길 틈이 없기 때문이다. (3) 다른 사람들에게 봉사함으로써 행복을 키워나갈 수 있다.

아리스토텔레스는 "행복이 탁월함과 일치하는 활동이라면 행복이 가장 높은 수준의 탁월함과 일치해야 하는 것이 논리적이다"라고 말했다.

나쁜 세상을 치유하는 길은 좋은 세상을 창조하는 것이다

랄프 왈도 에머슨

부처의 원래 이름은 고타마 싯다르타였다. 부

처는 왕위를 물려받을 왕자였지만 인간의 존재론적인 문제를 붙잡고 씨름했다. 부처의 말씀은 제자들이 그의 가르침을 기억해 후대에 구전으로 전했다. 부처의 가르침은 사성제(四聖諦, 네 가지 진리)로 요약된다. 사성제의 첫째는 인생이란 본질적으로 불행하다는 고성제(苦聖諦)다. 둘째는 이 불행의 원인이 인간의 이기심과 욕망 때문이라는 집성제(集聖諦)며, 셋째는 개인적인 이기심과 욕망은 멸해질 수 있다는 멸성제(滅聖諦), 마지막 넷째는 이기심에서 벗어나는 방법을 의미하는 도성제(道聖諦)다. 도성제는 여덟 가지 수행법으로 이뤄져 있는데, 이를 팔정도(八正道)라고 부른다. 팔정도는 올바로 보는 정견(正見), 올바로 생각하는 정사(正思, 혹은 정사유正思惟), 올바로 말하는 정어(正語), 올바로 행동하는 정업(正業), 올바로 목숨을 유지하는 정명(正命), 올바로 부지런히 노력하는 정근(正勤, 혹은 정정진正精進), 올바로 기억하고 생각하는 정념(正念), 올바로 마음을 안정하는 정정(正定)을 말한다. 이 같은 "올바름"에 대한 깨달음과 개인적으로 부정적인 것들을 밖으로 빠져나가게 하는 것이 서로 사랑하고 보살피는 좀 더 아름다운 세상을 만드는 데 결정적인 역할을 한다.

이 세상을 살기 좋은 곳으로 만드는 방법은 우리 각자가 좋은 사람이 되는 것이다. 삶을 좀 더 행복하고 조화롭고 풍요롭고 건강하고 자유롭게 만들어주는 삶의 법칙들은 분명히 있다. 이 법칙들을 실천하면 우리는 우주와의 조화 속에서 삶의 은혜들을 거둘 수 있게 된다. 그러나 이 법칙들을 지키지 않으면 우리는 질병과 전쟁과 경제적인 불안정과 실업과 같은 어려움에 처할 수 있다. 이 세상에 혼란과 고통과 비참함과 괴로움을 일으키는 문제들은 각각의 사람들이 의식적으로 전체의 선을 위해 행동하고 생각하기로 결정할 때 바뀔 수 있다. 개인적인 동기가 언제나 중요한 길잡이가 된다. 스스로에게 "지금 하고 있는 일들을 왜 하고 있는가"라고 물어보라. 그리고 영혼의 지혜가 진실한 대답을 할 때까지 기다리라. 당신의 동기가 순수하다면 그 동기에서 선한 것이 나올 것이다. 우리가 현재 믿고 있는 긍정적인 생각들은 우리의 의식 안에서 끊임없이 확장하고 성장한다. 이것은 '방향 지시 전파'를 따르는 삶이라고 표현할 수 있다. 비행기 조종사들은 방향을 알려주는 길잡이로 라디오 전파를 이용한다. 조종사들이 이 전파를 따르는 한 비행기는 안전하다. 그러나 방향을 지시해주는 전파를 벗어나면 위험에 빠지게 된다.

이와 마찬가지로 사람들도 선천적으로 타고난 전파, 즉 양심을 가지고 있다. 사물들이 존재하도록 계획된 방법과 조화를 이룰 때 우리는 "안전하다." 이 같은 조화에서 벗어나면 탐욕과 두려움, 질병, 중독, 그리고 질투가 나타난다. 어떤 사람들은 매년 겨울마다 유행성 감기에 걸리고, 가을에는 알레르기로 고생하고, 사시사철 두통과 소화불량 같은 수많은 사소한 질병에 시달리며 한평생을 보낸다. 그러나 이런 질병들은 걸릴 필요가 없는 것들이다. 우리는 모두 건강과 행복과 평안을 키울 수 있는 내적인 힘을 가지고 있다. 우리는 우리의 몸과 생각을 다시 가르칠 수 있다.

항상 선한 마음으로 생각하고 행동하면, 자기 자신에 대해 책임을 지면, 또 "해야 할 필요가 있는 일을 만나게 되면 당신이 그 일을 해야 한다는 의미"라는 아일랜드 격언을 실천한다면, 우리는 나쁜 세상을 좋은 세상으로 변화시킬 수 있다. '그들이' 우리 주위의 상황을 변화시켜야 한다는 말은 이제 그만두자. "세상에 도움의 손을 내밀 필요가 있다"고 말하기 시작할 때 세상을 이롭게 할 수 있다. "천리 길도 한 걸음부터"라는 말이 있다. 한 사람, 한 사람이 그런 걸음을 내딛도록 하자. 그리고 그 걸음을 의미 있게 만들자!

정신세계에 대한 우리의 지식은 2000년 전 프톨레마이오스가 천문학 분야에서 알았던 것보다도 더 적다
존 템플턴

고대 그리스의 유명한 천문학자이자 지리학자였던 클라우디어스 프톨레마이오스는 지구가 우주의 중심이라는 천동설을 주장했다. 그는 《알마게스트Almagest》와 《지리학Geography》이라는 위대한 저서를 통해 천문학과 지리학 분야의 고대 과학적 연구를 집대성했다. 프톨레마이오스의 이론은 오랫동안 완벽한 것으로 받아들여졌고, 1400년간 학계에서 진리로 여겨졌다. 그러나 프톨레마이오스가 고대의 가장 유명한 학자이긴 했으나 가장 뛰어난 혹은 가장 창조적인 수학자나 천문학자, 지리학자는 아니었다. 그의 천재성은 선대의 연구 자료를 수집해 자신의 것으로 발전시켜 논리적이고 완전한 체계로 세상에 소개하는데 있었다. 과학적인 연구 자료들을 수집해 정리하는 그의 뛰어난 기술은 그 때까지 나온 지식을 습득하는 데는 도움을 줬지만, 그 지식은 그 자신은 물론 시대의 한계를 벗어나지 못했다. 프톨레마이오스는 지구가 우주에 존재하는 수천억 개의 은하수 가운데 하나의 은하수 안에 있는 수천 억 개의 항성 중에서, 한 항성을 도는 수많은 행성들 중의 하나일 뿐이라는 사실은 결코 상상해본 적이 없었다.

한 신비주의자는 우리의 삶을 "영원 속의 괄호"라고 표현했다. 우리가 먼 과거에서 스스로 회상할 수 있는 시점인 괄호 안으로 들어왔다는 사실이, 어느 면에서는 우리가 "얼마나 멀리까지 왔는지"를 결정한다. 우리는 인식이 확장해갈수록 앞으로 움직여가는 거대한 프로그램의 일부다. 아마도 영혼이라는 큰 테두리는 이 지구뿐만 아니라 전체 우주를 감싸고 있을 것이며, 자연의 온전한 전체로서의 신은 그 정신의 테두리에서 분리될 수 없고, 오히려 그것을 초월할 것이다! 무한한 창조자가 만들어낸 작품의 바다에서 자연이 덧없는 파도일 수 있을까?

영적인 발전이라는 관점에서는 우리가 알 수 없는 어디에서 왔다는 사실을 인식하는 것이 중요하다. 우리가 획득한 인식을 우리는 함께 데리고 왔고, 우리가 여기에 있는 동안 그 인식을 넓혀간다. 어떤 관점에서 보면 우리는 매우 큰 진전을 이뤄냈지만 더 큰 시각에서 보면 우리의 영적인 지식은 프톨레마이오스가 천문학 분야에서 쌓았던 지식보다도 더 적은 것이다!

정신의 범위는 더욱 광활하다. '무한'을 어떻게 한정할 수 있겠는가? 진실의 보고는 무한하다. 영혼의 관점에서 봤을 때 하늘이나 땅과 같은 그런 장애물은 없기 때문이다. 모든 것은 하나다. 영적인 생명력은 빨리 얻을 수 있는 게 아니다. 영적인 생명력은 인간적인 활동이나 지식보다 더 위대한 것에 계속해서 헌신할 때 나타나는 결과다.

과학은 역동적인 흐름 속에서 흥미로운 세계를 우리 앞에 드러낸다. 과학의 작용은 그 작용의 아름다움과 복잡함 속에서 더욱 경이롭고 이해하기도 어렵다. 과학자들은 세포 분화의 진화와 복잡성 속에서 나타나는 수많은 불확실성과 주요한 불연속성들을 받아들이고 이들을 가지고 연구하는 방법을 배우고 있다. 그러나 과학자들은 이런 발견들을 새로운 기회로 만들었고, 많은 과학자들이 인생과 우주에 대한 철학적이고 종교적인 질문을 향해 새로운 문을 열어놓았다.

나는 새로운 과학의 분파를 만들고 싶다. 정신 분야를 다루고 연구하는 과학이다. 연구단체와 종교기관, 그리고 다양한 사람들이 정신적인 분야에서 이런 과학적인 연구에 재능과 노력을 헌신할 수 있을 것이다. 이런 헌신은 평화와 조화, 행복, 영성, 정보, 생산성의 증가라는 형태로 크게 보답을 받을 것이다. 프톨레마이오스처럼 우리도 이미 알려진 자료를 구하고 이전의 연구 결과를 조합하는 데서 시작할 수 있다.

지금까지 알려지지 않았다고 해서 알 수 없는 것은 아니며, 알려지지 않은 것은 알려진 것보다 훨씬 더 크다

존 템플턴

옛 격언에 "사람은 바라보는 것을 배우게 된다"는 말이 있다. 열린 마음으로 주위를 둘러보면 신비로운 현상뿐만 아니라 최근의 과학적 발견을 통해서도 초월의 신호나 무한을 가리키는 징조들을 볼 수 있다. 지식의 발전 속도는 점점 더 빨라지고 있으며 우리는 수 세기에 걸친 과학적 연구의 결실을 지금 거둬들이고 있다. 여러 연구 영역에서 "그 동안 탐구해왔던 것"은 물론 그 이상의 것을 발견하고 있다!

《곧 증명될 신의 존재The God Who Would Be Known》라는 책을 보면 지금까지 알려지지 않았다고 해서 알 수 없는 것은 아니며, 알려지지 않은 것이 알려진 것보다 훨씬 더 크다는 사실을 보여주는 수많은 사례가 나온다. 이 책에서는 이렇게 말한다. "우리는 역동적인 변화의 흐름, 즉 예측하지 못하는 우주 안에서 흥분되는 세상을 발견할 수 있다. 우주의 메커니즘은 그 아름다움과 복잡성에서 다른 어떤 것보다 난해하고 경이로우며, 그 안에서 예측 가능성은 결정론적이지 않고 오히려 불확실하며, 그 안에서 물질과 에너지는 상호 변환이 가능하며, 그 안에서 진화론적인 변화는 기계론적인 단순한 설명을 무시하는 급격한 속도와 폭으로 일어난다. 그리고 우리 자신, 무엇이 우리가 되었는가? 물리학자들은 우리가 우주의 엄청난 매개변수들과 무한한 물질과 에너지의 가장 작은 입자들 사이의 중간쯤에, 특이하게 자리하고 있다고 설명한다. 소립자를 조절하는 힘들 사이에서 특별한 관계에 대한 필요가 생겼기 때문이라고 생각하든, 생물학적 진화의 기제에 의한 것이라고 생각하든, 우리가 이 지구상에 출현한 것은 주목할 만한 특이한 사건으로 여겨진다. 점점 더 확실하게 드러나는 사실은 현재의 인류를 탄생시킨 진화론적 과정은 유일무이한 것으로 방향성이 없다는 점이다. 그리고 호모 사피엔스로의 고유한 진화 단계는 시점과 발전적인 측면에서나 모두 이례적이다. 우리는 단 한번의 사건이며, 무엇보다도 놀라운 것은 우리의 여행이 이제 막 시작되었을 뿐이라는 점이다!"

이 글이 "당신의 꿈을 그려보라"는 초청장이 될 수 있을까? 개인적인 차원의 꿈이든 국제적인 수준의 꿈이든 상관없다. 당신의 특별한 목표를 펼쳐 보이기 위해, 또 당신의 재능을 당신이 선택한 분야에서 발휘하기 위해 필요하다. 당신의 꿈이 무엇이든, 그 꿈이 당신의 의식 속에서 꿈을 이루기 위해 무엇인가를 하라고 끊임없이 자극하고 요구하고 있지 않은가? 삶의 환경이 어떻든 어떤 장애물이 앞을 가로막고 있든, 일단 그 꿈을 그려보고 발전을 향한 여행의 첫걸음만 내딛는다면 길은 마술처럼 깨끗하게 정리되어 펼쳐진다. 첫걸음을 내딛을 때는 우주가 반응한다. 믿음을 가지고 시작하면 신이 당신과 함께 한다.

함께 기도하는 가족은 늘 함께 한다
격언

가족이 함께 기도하는 모습을 생각할 때 떠오르는 이미지는 무엇인가? 순례자 가족들이 풍성한 식탁 앞에서 감사하는 이미지일 수도 있고, 위기에 직면한 현대 가족의 모습일 수도 있다. 평균적인 가족들은 이 법칙을 그들의 삶에 어떻게 적용할 수 있을까? 그리고 그들은 왜 이 법칙을 적용하기를 원하는 것일까?

먼저 기도가 정확히 무엇인지 살펴본 뒤 이 격언의 의미를 생각해보자. 웹스터 사전에서는 기도를 "탄원, 청원"이라고 정의하고 있다. 이는 우리가 원하고 필요한 것을 알고 이것을 요청하는 방법을 배우는 것, 즉 커뮤니케이션을 뜻한다. 기도는 대부분의 종교에서 매우 중요하고, 또 다양한 방법으로 표현된다. 기독교 통합학파의 창시자인 찰스 필모어는 기도를 "침묵에 들어가는 것"이라고 표현했다. 그는 "우리 안에는 조용한 장소가 있다. 조용히 마음속으로 '평화여 고요하라'고 거듭해서 말하면 우리는 조용한 장소에 들어가게 되고 위대한 고요함이 우리 존재 전체를 온전히 채우게 된다"라고 말했다. 따라서 기도는 우리 내면의 조용한 장소에 들어가 내면에 자리하고 있는 현명한 어떤 존재와 교류하는 것을 의미하며, 이 같은 기도의 결과는 평화다.

조용한 교류는 사람들마다 다른 모습으로 비쳐질 수 있다. 그러나 고요함에 들어간다는 사실이 중요한 것이지, 어떻게 고요함 속에 들어가느냐가 중요한 것은 아니다. 에밋 폭스는《황금 열쇠The Golden Key》라는 작은 책자에서 기도를 "조화와 행복으로 인도하는 황금 열쇠"에 비유해 다음과 같이 말했다. "체계적으로 기도하는 사람은 자기 자신은 물론 누구든지 어떠한 어려움 속에서도 구해낼 수 있다. 이런 힘을 이끌어내는 능력은 신비로운 비법의 소유자나, 많은 사람들이 오해하듯이 성인이나 고도로 기도를 훈련한 사람만이 갖는 특권이 아니다. 누구나 이런 능력을 가지고 있다. 체계적인 기도 속에서 역사하는 존재는 당신이 아니라 신이기 때문에 기도하는 과정에서 당신의 특별한 한계나 약점은 전혀 중요하지 않다. 기도가 이루어지는 실질적인 방법은 다른 모든 기본적인 일들과 마찬가지로 단순함 그 자체다. 당신이 해야 할 모든 일은 이것뿐이다. 어려움이 무엇이든 그것에 대한 생각을 멈추고, 대신 신에 대해 생각하는 것이다."

가족이 함께 기도하면 가족이 부모 형제 자매로 이뤄진 가족이든, 아니면 단지 가까운 친구들로 구성된 가족이든 관계없이 함께 지혜와 평화의 고요한 장소로 들어갈 수 있게 된다. 이는 상처 받은 감정을 치유하고 분노를 가라앉히며, 사랑과 용서를 북돋워주는 경험이며, 서로가 서로에게 얼마나 소중한 존재인지 일깨워주는 경험이다.

기도를 통해 영적인 에너지를 얻을 수 있다

존 템플턴

내가 거둔 성공은 대부분 매일매일의 기도 덕분이었다. 내가 참석하는 모든 이사회와 주주총회는 기도와 함께 시작한다. 당신이 어떤 일을 하든, 결혼을 하든, 법원에 가야 할 일이 생기든, 어린아이를 수술해야 할 일이 있든, 주식을 사든 언제나 기도로 시작하는 것이 현명하다. 기도는 당신을 신의 지혜와 사랑을 위한 확실한 수단으로 당신을 이용해달라는 것이어야 한다.

"당신(신)의 뜻이 이루어지이다"라는 짧은 문장은 기도에서 가장 어렵지만 중요한 부분이다. 어떤 사람들은 기도의 응답을 받지 못했다고, 혹은 기도의 응답이 만족스럽지 않다고 기도를 중단하기도 한다. 우리는 신이 우리의 요구가 합당하다고 판단하고, 요구한 것을 줄 것이라고 희망하면서 어떤 일을 해달하고 기도하는 경향이 있다. 신성하고 공평한 아버지의 역할을 담당하고 계신 신과의 이런 관계가 항상 우리가 바라는 대로 이뤄지는 것은 아니다. 그러나 이것이 신이 우리의 기도를 듣고 있지 않다는 의미는 아니다. 신은 우리보다 더 현명하고 우리가 "당신의 뜻이 이루어지이다"라는 말을 이해하지 못한다는 뜻일 뿐이다.

C. S. 루이스는《말콤에게 보내는 편지; 주로 기도에 대해Letter to

Malcolm; Chiefly on Prayer》에서 "당신의 뜻이 이루어지이다"의 의미를 이렇게 설명했다. "이 말은 신이 우리를 위해 준비해놓았지만 별로 받아들이고 싶지 않은 일에 복종해야 한다는 뜻은 아니며, 오히려 신의 의지가 그의 창조물을 통해 이루어진다는 뜻이다. 따라서 기도는 우리가 신의 의지를 참을성 있게 묵묵히 견디는 것일 뿐만 아니라 더 나아가 신의 의지를 열성적으로 실천하는 것이다." 루이스는 또 우리가 무엇인가 다른 것을 바라고 있기 때문에 신이 우리에게 주는 좋은 것들을 간과하는 경향이 있다고 지적했다.

정기적으로 신과 교통함으로써 우리는 신의 의지를 행할 수 있는 에너지를 증진시키고, 그의 인도함을 받고, 그의 의지를 이해하는 힘을 얻게 된다. 우리가 신과 더 많이 얘기할수록 신은 우리에게 더 많은 것을 드러내신다. 체스터 톨슨과 클레어런스 립은 함께 쓴《책 기도를 통한 평화와 힘Peace and Power through Prayer》에서 신의 의지가 이루어지는 의미를 이해함으로써 "사람은 서로운 영적 에너지의 흐름을 받아들이게 된다"라고 말했다.

노먼 빈센트 필은《내가 좋아하는 질문들My Favorite Questions》이라는 책에서 기도에 대해 이렇게 썼다. "기도의 승리하는 힘을 이용하려면 즉시 기도를 시작하고, 기회가 있을 때마다 기도를 계속해야 한다. 나는 수많은 조사를 통해 사람들이 보통 하루에 5분 정도 기도한다는 것을 발견했다. 이것은 우리들이 일하는 시간의 1%도 채 안되는 시간이다. 미국에 금주령이 시행됐던 시절에 0.5도 수준의 술은 의회법에 의해 독성이 없는 것으로 간주됐다. 이 정도는 종교에서도 취하게 하는 효과가 없을 것이다! 기도의 맹렬한 에너지를 경험하려면 퍼

센트를 더 올려야 한다. 물리학자이자 영적인 탐험가인 알렉시스 카렐은 사무실에서, 가정에서, 학교에서, 어디에서든 기도하라고 권고한다. 당신의 필요를 위해, 당신이 생각할 수 있는 모든 사람과 모든 것들을 위해 기도할 때 당신의 자투리 시간은 변화된다. 그리고 당신의 기도가 응답 받을 것이라고 믿으라. 기도는 응답 받을 것이다. 기도는 언제나 다음 세 가지 중의 한가지 방법으로 응답 받는다. 안된다. 된다. 좀 더 기다리라."

"쉬지말고 기도하라."(데살로니가전서 5장17절) 매일매일의 생활이 신의 의지와 조율할 수 있도록 기도하라. 그러면 지구상에서 가장 강력한 무기인 기도의 효과를 완벽하게 경험하게 될 것이다.

기도는 이 세상이 꿈꾸는 것보다 더 많은 일들을 이룬다
알프레드 테니슨

기도하는 시간은 "영혼을 위한 식사시간"이며 당신의 삶에 기적을 행한다. 명상과 기도를 통해 신의 존재를 실감할 수 있고, 우주의 모든 것으로서 신을 인식할 수 있게 된다. 인간이 태어난 고향에 가까워질수록 매일의 삶이 신 안에 포함돼 있다는 사실을 깨닫게 된다. 가슴 속에서 나온 참된 소망은 당신에게 공허한 상태로 돌아가지 않는다. 기억해야 할 한 가지 중요한 사실은 기도는 신을 바꾸는 것이 아니라 신을 향한 "당신의 태도"를 확실하게 바꾼다는 점이다.

커튼과 창문을 열면 어두운 방안으로 햇빛이 흘러 들어오는 것처럼 당신이 기도를 통해 삶의 모든 상황에 마음을 열고 그것을 받아들이려 하면 진리의 빛이 당신의 마음속으로 쏟아져 들어온다. 기도는 전화를 하는 것과 같다. 기도는 당신이 신에게 연락하는 것이다. 당신이 전화를 걸면 신은 받는다!

기도는 당신의 생각이 낳은 자식이자 진심에서 우러난 소망이다. 당신이 지적이고 똑똑하다고 해서 기도가 당신이 원하는 것을 이뤄주는 것은 아니다. 당신이 책의 내용을 고스란히 기억한다고 해서 기도가 당신의 요구를 들어주는 것은 아니다. 스스로 생각을 지배할 수 있는 확고한 권위를 가지고 있을 때, 기도는 당신이 명령했기 때문이 아니라 우주의 본성이 당신을 운전할 수 있는 자리에 앉도록 했기 때문에 당신을 위해 일하게 된다. 긍정적인 생각과 감정을 통해 당신은 삶과 조화를 이룰 수 있게 된다. 기도는 건설적인 방향으로 이끌어주며 빛과 사랑의 창조적이고 속죄하는 힘을 더해준다. 이해와 진심으로 기도할 때 신의 생명력이 가진 치유력이 강처럼 흘러나온다.

불안, 열등감, 자기 자신이 가치가 없다는 생각은 성공을 방해하는 장애물들이다. 기도는 이런 장애물을 제거하는 데 도움을 준다! 당신 주위를 둘러보라. 영광스러운 햇빛을 바라보라. 이는 신의 빛이다. 향기로운 꽃들을 바라보라. 이는 신의 아름다움이다. 사랑하는 사람을 바라보라. 한 사람의 모습으로 나타난 신의 모습을 바라보고 있는 것이다. 산과 바다, 넘실대는 평야를 상상해보라. 이는 신의 다채로움다. 무한한 존재로서 신을 느껴보라. "신을 고립시킬 수 있는 장소는 없다! 기도는 이런 진리를 확신해가는 과정이다. 상황은 치유되고 극복되고 성취될 수 있다! 꿈과 비전은 명백하며 당신 삶 속에 현실이 될 수 있다. 살아가면서 어떤 길을 선택하든 신의 존재를 떠날 수는 없다. 얼마나 위안이 되는 생각인가! 이런 깨달음이 모든 필요와 욕구에 얼마나 큰 힘이 되는가!

우리 인간은 파도와 같은 존재다. 파도는 자신을 파도로 표현하는 바다의 한 부분일 뿐이다. 파도는 바다와 떨어져 존재할 수 없다. 이 말이 무슨 뜻인지 곰곰이 생각해보면 파도가 바다를 찾아간다는 것이 얼마나 우스운 일인지 알 수 있을 것이다. 파도와 바다는 전체의 두 부분이기 때문에 파도는 바다를 발견할 수 없다. 인간도 파도와 같이 신 안의 움직임이자 무한한 우주의 흐름에 속해있는 한 가지 활동이다.

기도를 통해 고요해지고, 바깥 세상의 생각들을 흘려 보내고, 비로소 안을 들여다볼 때 생명과 창조와 풍요 사이의 의식적인 관계를 새롭게 할 수 있다. 그러면 놀랄 만한 일들이 성취될 것이다!

십일조가 부와 명예를 가져다 줄 수 있다
존 템플턴

인류 역사상 거의 모든 문명에서 어떤 형태로든 기부는 존재해왔다. 고대 사회의 여러 문명에서는 가난한 자들을 위한 십일조, 혹은 세금이 있었다. 이집트와 그리스에서는 도서관과 대학을 짓기 위해 돈을 모았다. 중세 교회에서는 십일조를 걷어 병원과 고아원을 설립했다.

'십일조'라는 말은 앵글로-색슨의 말 '테오다(teotha)'에서 나왔는데, 이는 10분의 1을 의미한다. 즉, 십일조란 수입의 10분의 1을 과세한다는 의미다.

미국의 초대 대통령인 조지 워싱턴은 1789년 벤자민 프랭클린에게 이런 내용의 편지를 썼다. "선행으로 공경 받는 것, 재능으로 존경 받는 것, 애국심으로 우러름을 받는 것, 자선으로 사랑 받는 것, 이런 것들이 사람의 마음을 기쁘게 할 수 있다면, 당신은 헛되이 살아오지 않았음을 알고 즐거운 위안을 얻었음에 틀림없습니다."

프랭클린은 5000달러를 보스턴과 필라델피아에 자선 목적으로 200년간 위임한다고 유언했다. 당시 5000달러는 엄청난 돈이었다. 프랭클린은 또 미국 최초의 시립병원인 '가난한 사람들을 위한 펜실베니아 병원'을 설립했다.

앤드류 카네기는 자신의 돈으로 수많은 문화재단과 교육재단, 과학재단을 설립했다. 그는 "필요 이상으로 넘치는 돈은 신성한 위탁 재산이다. 그 재산의 소유자는 사회를 위해 그 돈이 사용되도록 평생 관리할 의무가 있다"고 말했다. 1901년 카네기의 재산은 5억 달러에 달했고, 그는 이 가운데 3억5000만 달러를 사회에 환원했다. 카네기가 기부한 돈으로 전세계에 2500개의 공공 도서관이 설립됐고, 미국 뉴욕

시에는 유명한 카네기홀이 건립됐으며, 피츠버그에는 카네기멜론 대학교가 세워졌다. 또 생물학과 물리학 연구를 촉진하기 위한 카네기 인스티튜션 오브 워싱턴도 만들어졌다.

카네기는 이런 말을 남겼다. "개인주의는 계속될 것이다. 그러나 부자들은 늘어난 사회 전체의 부 가운데 막대한 부분을 일시적으로 위탁받은 사람들로, 가난한 사람들을 위한 자금 관리자가 되어야 한다. 또 사회가 혼자서 굴러가는 것보다 훨씬 더 좋은 곳으로 발전할 수 있도록 관리해야 한다."

바로 이 순간에도 수많은 사람들이 경제적인 치유를 원하고 있다. 경제적인 스트레스를 벗어나는, 또 경제적으로 치유되는 가장 빠른 방법은 십일조를 하는 것, 주는 것이다! 십일조는 풍요롭게 하는 활동일 뿐만 아니라 치유하는 활동이다. 십일조의 활동들을 살펴보면 십일조는 자신의 것을 베푸는 지속적인 방법이면서, 동시에 우리 삶의 풍성함을 지키는 지속적인 방법을 만들어준다. 이런 지속성을 통해 우리 정신은 공급과 풍요, 더 많은 베품을 향한 인식을 구축할 수 있게 된다. 나는 일생 동안 수많은 가족들을 지켜봤는데, 10년 이상 꾸준히 십일조를 한 가정은 거의 예외 없이 풍요롭고 행복했다. 십일조는 모든 사람들에게 알맞은 하나의 투자 방법이다.

기독교 통합학파의 창시자인 찰스 필모어는 생각과 돈의 관계에 대해 강력한 메시지를 전달했다. "돈을 다룰 때 당신이 어떤 생각을 가지고 있는지 살펴보라. 돈은 당신의 마음을 통해 모든 물질과 모든 돈을 주관하는 '하나의 원천'에 연결돼 있다. 당신이 돈에 대해 생각할 때, 그 돈은 눈에 보이는 것이지만 당신이 하고 있는 생각에 따라서 베풀어 주기도 하고 회수해오기도 하는, 눈에 보이지 않는 원천에 직접적으로 연결된 어떤 것이다. 따라서 당신이 돈에 대해 생각할 때 당신은 모든 부의 열쇠와 모든 가난의 이유를 함께 가지고 있는 것이다."

행복의 열쇠

도널드 커티스는 《승리하는 삶Triumphant Living》이라는 책에서 "영적인 힘에 이르는 5단계"를 소개하고 있다.

1. **조화(Unity)** 모든 힘의 원천과 하나가 되라. 오직 '하나'가 있고 당신은 그것과 하나다. 조화 속에 강함이 있다. 강함은 힘의 토대가 된다. 모든 생각과 감정과 행동은 내면의 영적 자각의 중심에서 흘러나와 그 중심으로 돌아간다. 이 중심은 생명의 원천이자 힘의 원천이다. 당신 안에 있는 이 놀라운 잠재력을 인식하라. 영적인 힘이 당신을 통해 활동하도록 하라.

2. **비전(Vision)** 사물을 더 넓은 관점에서 바라보는 방법을 배우라. 당신은 얼마나 멀리 볼 수 있는가? 당신은 볼 수 있는 데까지 갈 수 있다! 모든 지평선은 새로운 목표, 새로운 성취를 위한 출발점일 뿐이다. 무한한 비전을 가지라. 사물의 의미를 조사하라. 모든 현상 뒤에 숨은 원인을 분별하라. 실수는 흘려보내라. 진실을 꿰뚫어 보라. 시야의 범위를 넓히라. 관점을 확대하라. 더 큰

그림을 그리라. 가장 높은 관점에서 삶의 사실을 성찰하라. 눈앞의 장애물을 없애라. 그러면 모든 사람과 모든 현상이 다르게 보일 것이다. 거리를 살펴보라. 가능한 한 멀리 보라. 성경에서는 "눈은 몸의 등불이니, 그러므로 네 눈이 성하면 온 몸이 밝을 것이요"(마태복음 6장 22절)라고 가르치고 있다.

3. **헌신(Devotion)** 삶의 기쁨을 사랑하고 찬양하고 경배하라. 영적인 힘은 경배의 직접적인 결과로 나타난다. 경배는 신과 하나 됨을 사랑하고 칭송하고 축복하는 과정이다. 이 과정은 뭐라고 불러도 좋다. 당신의 내적인 관심을 여기에 쏟으라. 더 높은 자아, 즉 당신 안의 영혼과 접촉하고 하나가 되라. 무한한 선과 사랑에 빠지고 당신의 모든 자아를 선에 바치라. 완전히 복종하라. 당신에게 다가오는 모든 일의 원천에 대해 감사하라. 모든 일을 일어나게 한 창조의 힘을 찬송하라. 생명 그 자체에 대해 감사하라. 선하고 진실되고 아름다운 것에 헌신하라.

4. **해방(Release)** 막힘이 없는 생명의 흐름이 당신을 채우고 당신을 통해 일하게 하라. 노력과 분투와 긴장과 걱정은 흘려보내야 한다. 더 좋은 길이 있는데 왜 당신은 스스로 지치게 만드는가? 내면의 영혼과 조화를 이루고 그 영혼과 연합하라. 당신이 이루고 싶은 일이 무엇인지 이해하고 영적인 힘이 당신을 위해 그 일을 이루도록 하라. 에머슨은 "힘겹고 고생스러운 것은 유한하다. 무한한 것은 미소 짓는 평온함 속에 펼쳐져 있다"라고 말했다.

5. **기쁨(Joy)** 삶의 숭고함과 아름다움이 당신을 채워 넘쳐 흐르게 하라. 언덕에 올라 감사의 노래를 부르라. 기쁨을 억제하지 말고 표현하라. 살아 있다는 것은 위대한 일이다. 환희에 넘쳐 기쁜 소식을 전하라. 신성한 에너지의 핵심이 당신을 채워 넘치게 하라. 지금 하고 있는 일을 즐겁게 하라. 당신의 웃음이 울려 퍼지게 하라. 기쁨이 보글보글 솟아 오르게 하라! 생기를 발하라! 반짝이라! 선한 의지로 넘쳐 흐르라. 모든 것과 모든 사람들에게 관심을 기울이라. 당신의 흥분과 관심과 열정이 당신이 하는 모든 일을 채색하게 하라. 당신의 기쁨을 다른 사람들에게 감염시키라. 당신의 삶이 음악이 되게 하라. 삶을 사랑하고 그 삶을 살아가는 것을 사랑하라. 매일 즐겁게 인사하라. 모든 일을 즐겁게 하라.

WORLDWIDE
Laws of Life

14
두려움의 법칙

어디서나 선함을 발견하고자 하는 노력을 통해 정신적으로 얼마나 건강한지 가늠할 수 있다

존 템플턴

위대한 업적은 대부분 낙관론자들이 이뤄냈다. 낙관적이지 않았더라면 마젤란은 지구를 일주하는 항해를 시작하지 못했을 것이고, 찰스 린드버그는 사상 최초로 대서양 횡단 비행에 성공하지 못했을 것이다. 상황이 더 나아질 것이라는 믿음이 없었더라면 사회적, 정치적인 개혁도 없었을 것이다.

나는 긍정적인 사고가 우리의 건강에 어떤 영향을 미치는지, 또 어둡고 부정적인 생각이 어떻게 병을 유발할 수 있는지 여러 차례 목격했고, 그 결과에 놀랐다. 부정적인 생각을 계속하는 것은 위험하다. 구약성경에서 욥은 "나의 두려워하는 그것이 내게 임하고"(욥기 3장 25절)라고 말했다. 그러나 욥은 절대로 불건전한 생각으로 재앙을 초래할 사람이 아니었다.

두려움에 사로잡혀 재앙을 초래하는 극적인 실례들을 종종 접하기도 한다. 영국의 테니스 스타였던 젬 길버트는 치과의사가 이를 막 뽑으려던 순간에 죽었다.

젬 길버트는 어렸을 적에 이를 뽑아야 했던 어머니를 따라 치과병원에 갔다. 그런데 정말로 일어나기 힘든 비극이 일어났다. 그녀는 어머니가 치과병원의 치료용 의자에 앉아 죽은 것을 발견하고는 공포에 사로잡혔다. 무슨 일이 일어난 것일까? 그녀의 마음속에는 그녀 역시 같은 방식으로 죽을 것이라는 지울 수 없는 생각이 각인됐다. 이 생각은 정신적인 현실이 됐다. 젬 길버트는 30년간 이런 생각을 갖고 살아왔고, 공포는 마침내 현실화돼 그녀는 이가 아무리 아파도 결코 치과병원을 찾지 않게 됐다.

그녀는 이가 아픈 고통을 더 이상 참기 어려워지자 치과의사에게 석섹스 해변에 있는 자신의 집에 와서 이빨을 뽑아달라고 했다. 의사는 목사와 함께 그녀를 방문했고, 그녀는 의자에 앉아 있었다. 치과의사가 그녀에게 턱받침을 두르고 도구들을 꺼냈을 때 그녀는 죽어버렸다.

〈런던데일리메일London Daily Mail〉의 기자는 젬 길버트가 "30년간의 두려움"으로 인해 죽었다고 썼다. 이것은 물론 극단적인 예이긴 하지만 세상에는 두려움과 패배의식, 죄의식, 증오로 치명적인 병을 유발하는 사람들이 적지 않다. 건강을 위한 최선의 방법은 마음속에서 건강하지 못한 생각들을 제거해버리는 것이다. 미국의 정치가였던 버나드 바루크는 "심장에 나쁜 일이 두 가지 있는데, 층계를 뛰어올라가는 것과 사람들을 밟고 뛰어내려오는 것"이라고 말했다. 이것은 심장뿐만 아니라 우리의 신체 전부에 해당되는 말이다.

건강에 도움이 되는 긍정적인 태도 한 가지는 확신하는 말이나 긍정적인 말을 하는 것이다. 말은 다이너마이트와 같다. 우리가 습관적으로 사용하는 말은 우리가 주로 하는 생각을 반영한다. 건강에 도움이 되는 힘은 긍정적인 말과 확신에 의해 촉진된다. 신념이 두려움보다 더 강하듯 긍정적인 생각은 부정적인 생각보다 더 강하다.

우리는 이해하지 못하는 것을 두려워한다
무명씨

제 2차 세계대전 때 미군을 포함한 연합군은 독일군을 '제리(Jerry)'라고 불렀다. 한국전쟁과 베트남전 때 미군은 북한군과 중국군, 베트남군을 "이상한 놈들"이라는 의미로 '국(Gook)'이라고 불렀다. 이런 별명들은 적군도 같은 인간이라는 사실을 잊게 만들고, 적군에 대한 우월성과 혐오감-이 역시 두려움의 한 형태일 뿐이다-을 심어줘 쉽게 싸울 수 있게 해준다. 이런 별명을 부르며 적군을 경멸하던 군인들이 적군 역시 그들이 믿고 있는 것을 위해 싸우고 있을 뿐이라는 사실을 이해하게 되면 적군을 죽여야만 하는 전투 임무 수행이 어려워진다.

냉전이 끝나고 미국의 샌프란시스코와 러시아의 레닌그라드에서 동시 생방송 프로그램이 방영된 적이 있었다. 두 도시 시민들은 이 생방송을 지켜보고 있었다. 방송이 끝나갈 무렵 두 도시의 시민들이 동시 생방송이라는 상황을 알게 됐고 서로에게 손을 흔들기 시작했다. 두 도시 사람들 모두 기쁨의 눈물을 흘렸다. 수십 년간 냉전 속에서 서로 반목했던 두 도시 사람들은 순간 반대편에 살고 있는 사람들도 자신과 똑같다는 사실을 깨달았다.

누구나 자기와 모습이 다른 사람들에 대해서는 어느 정도의 두려움을 갖고 있다. 그들이 어떤 사람들인지 배우고, 그들을 똑바로 바라보는 게 중요하다. 용기는 무기력함을 극복하게 해주고, 주어진 어떤 상황에서도 냉정하게 생각하고 행동을 취할 수 있게 해준다. 자기 자신과 다른 사람들을 더 많이 이해할수록 두려움과 미움은 점점 더 뿌리내리기 어렵게 된다. 샌프란시스코 시민들이 레닌그라드에 사는 사람들 역시 희망과 꿈을 갖고 살아간다는 사실을 이해하게 됐을 때 이들 사이의 두려움과 오해는 사라지기 시작했다. 레닌그라드 시민들이 샌프란시스코 사람들 역시 그들과 비슷하게 생겼고, 그들처럼 웃고, 그들과 비슷한 미래에 대한 비전을 가지고 있다는 사실을 이해하게 됐을 때 세상은 평화와 형제애를 향한 위대한 큰 발걸음을 내디뎠다.

"무엇인가를 두려워하는 사람은 그 무엇인가에 지배당한다"는 무어인들의 옛 격언은 두려움에 대한 중요한 진실을 담고 있다. 무엇인가를 두려워하게 되면 그 두려움이 또 다른 두려움을 낳고, 이런 두려움은 또 다른 두려움으로 연결된다. 두려운 마음을 갖고 살아가게 되면 언제나 무서워해야 할 무엇인가가 생겨난다. 대부분의 두려움은 배워서 알게 된 것이기 때문에 배움으로 쫓아버릴 수 있다! 알코올 중독에서 회복되는 과정을 예로 들어보자. 알코올 중독이 서서히 진행되는 중에는 그들이 술에 문제를 가지고 있다는 사실을 강하게 부인하는 경향이 있다. 대부분은 밑바닥까지 내려가서, 문자 그대로 시궁창에 빠져 정신을 차려본 이후에야 위를 바라보고 알코올 중독에서 벗어나기 위한 방법을 찾게 된다. 술을 마시게 된 원인이었던 두려움과 불안이 드러나야, 그들은 두려움과 불안에 맞서 싸울 수 있게 된다.

그러나 위를 바라보기 위해 밑바닥까지 내려갈 필요는 없다. 당신은 지금 당장이라도 "두려움이 없어야 인생이 최선의 방향으로 움직인다"는 사실을 이해할 수 있다. 당신은 바로 이 순간부터 세상의 '다른 쪽에' 있는 사람들도 당신이나 나와 같은 사람들이고, 그들도 자유롭고 행복하며 의미있는 삶을 살아가기를 원한다는 사실을 깨닫기 시작할 수 있다. 당신은 두려움 없이 조화롭고 건강하고 행복하고 의미있고 성공적인 삶을 향해 나아갈 수 있다.

어둠을 탓하기보다 촛불 하나를 밝히는 게 더 낫다
크리스토퍼 집안의 가훈

어둠이나 상황을 탓해서 얻는 것이 있는가? 결코 없다. 어떤 것도 바뀌지 않는다. 어둠이나 공포는 여전히 남아있고, 이들은 우리의 감정이 폭발해도 전혀 영향을 받지 않는다. 그러나 어둠에 대한 인식이 바뀔 때, 문제가 있다는 것을 인정할 때 우리는 앞으로 나아갈 수 있다. 문제는 그것이 발생한 그 수준에서 해결되지 않는다. 더 높은 수준의 인식 단계로 올라갈 필요가 있다. 이것은 불을 켜는 것과 똑같지 않은가? 자신이 처해있는 상황의 어려움에서 해결책을 찾을 수 있도록 생각의 초점을 옮겨야 한다. 그래야 수동적으로 받아들이는 대신 적극적으로 대처해나갈 수 있게 되는 것이다!

문제를 적절히 정의하는 것이 바로 해결책을 찾는 가장 중요한 첫걸음이다. 이해는 전진하기 위한 탄탄한 근거가 되며, 다소 구시대적인 자기 반성도 당신을 괴롭히는 문제에 있어서는 유용하다! 많은 사람들이 고통스럽고 우울한 두려움의 암흑 속에서 살고 있다. 원시시대에는 두려움이 긍정적이고 생산적이었다. 두려움은 자연에 대한 본능적인 지식으로 작용해 사람들이 스스로의 환경을 올바로 활용할 수 있도록 만들어주었고, 가능한 한 오랫동안 그들 자신을 지킬 수 있도록 도와줬다. 당시 사람들에게 두려움은 긍정적인 역할을 했다.

그러나 현대 사회에서 두려움이란 단순히 본능의 일부이자 수준이 낮은 인식 단계로서 "사람들이 저지르는 여러 가지 실수의 원인"이 되고 있다. 두려움에 사로잡힌 사람은 집중해서 생각하기가 어렵다. 두려움은 또 위협을 없애기 위해 노력하는 감정적인 본능의 결과이기도 한데, 사람들은 막상 두려움의 상태에 빠지면 "어둠을 몰아내기 위해 불을 밝히자"는 결정을 내리지 못한 채 무력해지고 만다.

영혼의 신성한 본능은 분노나 두려움과 반대된다. 영혼의 신성한 본능은 창조적이고 긍정적이며, 다시 두려움이나 암흑 속에 빠지지 않게 해주는 어떤 지식과 지혜, 힘, 영감 등을 보여준다.

다른 사람의 도움이 필요할 때가 있다. 우리가 어둠을 비난하게 되면 다른 사람들도 우리가 문제에 직면했다는 것을 알 것이다. 그러나 우리가 문제를 해결하려는 노력을 보이지 않는다면 그들은 우리가 그들의 지원이나 도움을 필요로 한다는 사실을 깨닫지 못할 수도 있다.

문제를 해결하기 위해 적극적으로 노력해야 문제는 사라질 수 있다. 아주 작은 노력일지라도 문제를 해결하고 어려운 상황을 극복하는 것을 조금은 더 쉽게 만들어준다. 자신이 할 수 있는 한 가지 해결책을 시도하면 그 과정에서 더 좋은 다른 방법을 생각해낼 수도 있다.

어둠을 탓하는 것은 아무런 소용도 없다. 이는 문제를 더 크게 만들 뿐이다. 불평은 도움을 줄 수 있는 다른 사람들을 떠나게 만든다. 문제에 맞서 무엇인가 시도해야만 문제 해결을 기대할 수 있다. 처음에는 어둠을 탓할 수도 있겠지만 그것이 마지막이 되어서는 안 된다.

이해의 빛은 두려움이라는 망상을 몰아낸다
엘리 해롤드

우리가 느끼는 두려움의 대부분은 사실 공포 영화 『13일의 금요일Friday the 13th』의 배경으로 나오는 엘름 스트리트의 무시무시한 유령보다도 전혀 더 현실적이지 않다! 의심과 혼란, 고통은 우리 마음이 만들어낸 허깨비인 경우가 많다. 이런 의심과 혼란, 고통은 우리를 멀리 달아나 숨게 하거나 놀라 소리지르게 하지만 이해의 빛 속에서 보면 두려움은 모두 사라진다.

생각이 두려움으로 오염돼 있을 때는 현실을 정확하게 파악할 수 없다. 마치 렌즈가 더러워진 안경을 그대로 끼고 사물을 탐구하려고 노력하는 것이나 마찬가지다. 더러워진 렌즈로는 탐구하려는 대상이 무엇인지 정확히 볼 수 없다. 시야는 뿌옇고 흐릿할 뿐이다. 때로 우리는 두려움으로 얼어붙기도 하고, 때로는 파멸이 임박한 듯 방어적으로 반응하기도 한다. 사랑하는 사람에게 비극적인 사건이 닥쳤다는 소식을 듣고 머리가 하얗게 세어버린 후에 그 소문이 근거없는 얘기였다는 사실을 알게 된 사람들이 실제로 있다. 반면 어떤 사람들은 끔찍한 소식을 듣고 엄청난 고통과 상실감을 느끼면서도 강인한 정신력으로 이겨내기도 한다. 이렇게 서로 다른 두 가지 반응이 나타나는 이유는 나쁜 소식의 내용이 다르기 때문이 아니라 나쁜 소식을 받아들이는 태도가 다르기 때문이다. 첫 번째 사람들은 결국은 틀린 것으로 증명된 자신의 고통스런 상상 속에 굴복해버린 것이고, 두 번째 사람들은 두려움을 똑바로 바라보고 현실에 대처한 것이다.

두려움을 영어로는 'fear'라고 한다. 이 말은 공교롭게도 "진짜처럼 보이는 가짜"라는 뜻의 영어 "False Evidence Appearing Real"을 이루는 네 단어의 첫 알파벳을 조합한 "F.E.A.R."와 철자가 똑같다. "F.E.A.R."는 영어에서 대표적인 두문자어(acronym)인데, 두려움이란 망상의 본질이 "진짜처럼 보이는 가짜"라는 깨달음을 준다. 두려움에는 최소한 두 가지 잘못된 전제가 있다. 첫째는 상황이 보이는 그대로일 것이라는 믿음이다. 그러나 과학자들은 점점 더 이런 믿음과 상반되는 증거들을 발견하고 있다. 예를 들어 뇌를 둘러싼 막은 견고한 것처럼 보이지만, 사실은 전자 없이 여러 핵들만 뭉쳐있는 아원자 단위의 에너지들로 구성되어 있다는 사실이 드러났다. 둘째는 비극적인 상황에 대처할 만한 능력이 부족하다는 생각이다. 그러나 영웅만이 용기를 가지고 있는 것은 아니다. 용기는 살아가면서 어려움을 만날 때마다 우리 내부에서 자라난다. 엘리노어 루즈벨트는 "두려운 표정을 짓는 것을 진정으로 그만둘 때마다 당신은 강인함과 용기와 확신을 얻게 될 것이다"라고 말했다. 두려운 표정을 짓게 될 때 당신은 두려움을 뚫고서 바로 봐야 한다. 왜냐하면 두려움이란 단지 망상에 지나지 않는 경우가 많기 때문이다!

'불행(evil)'의 영어 철자를 거꾸로 놓으면 '살아있다(live)'는 단어가 된다
피니우스 큄비

착한 사람들에게 나쁜 일이나 불행한 일이 일어나는 경우가 있다. 왜 착한 사람들이 그런 고통을 받아야 하는 것일까? 이 질문은 수 세기에 걸쳐 예술가와 철학자, 종교학자들을 난처하게 만들었다. 사고나 질병, 재정적인 불운, 또는 다른 개인적인 비극이 선한 사람들에게 닥칠 때, 특히 그들보다 윤리적으로 못한 사람들은 전혀 문제가 없는 삶을 살아가는 것처럼 보일 때, 우리의 정의감은 분개하게 된다. 인품이 훌륭한 사람들이 근심 걱정 없는 삶으로 보상 받는 것이 공평하지 않은가? 그러나 우리는 죄 없는 사람들이 희생된 반면 가해자는 풀려났다는 얘기를 자주 듣는다. 사람들은 우주 질서의 어떤 결함이 착한 사람들의 삶에 불운이 닥치도록 내버려두는 것이냐고 신랄하게 묻기도 한다.

한 젊은이가 어떤 질문에 대해서도 대답을 해줄 수 있다는 특별한 스승을 만나기 위해 길을 떠났다. 그는 며칠간 험한 산 속을 헤매며 마을 사람들에게 길을 물었다. 나중에는 거의 직감에 의지한 채 길을 걷다가 마침내 간절히 찾던 스승을 만났다.

스승을 보자마자 젊은이는 물었다. "무엇이 '진실'인지 아닌지는 어떻게 알 수 있습니까?"

스승은 잠시 침묵한 뒤 대답했다. "젊은이, 무엇이 '진실'인지 알고 싶다면 자네 삶을 돌아볼 때 어떤 마음이 드는지 먼저 깨달아야 한다네."

젊은이는 다소 혼란스러웠다. "하지만 그 깨달음이 어떻게 나에게 무엇이 '진실'인지 가르쳐줄 수 있습니까?"

스승은 설명했다. "왜냐하면 마음이야말로 '진실'을 없애는 살인자이기 때문이지!"

이 지혜로운 스승의 말이 의미하는 것은 무엇일까? 마음이 어떻게 '진실'을 없애버린다는 말일까? '진실'은 어떤 위협에도 손상되지 않는 것이 아닌가? 그리고 마음이란 도대체 무엇인가?

그렇다. 마음은 '진리'의 극히 일부분조차 손상시킬 수 없다. '진리'는 영원하고 어떤 것에 의해서도 변하지 않는다. 그러나 '진리'에 대한 우리의 인식은 매우 약하고 무지의 음모에 의해 쉽게 왜곡되며 이성이라는 거미에 의해 꾸며진다.

비극적인 일을 당해 고통을 느낄 때 새로운 이해력과 내적인 성장의 길이 나타나는 경우가 있다. '불행'이라고 불리는 것은 행운의 파괴적인 반전으로, 삶에 불필요한 고통을 유발하며 대개 희생자가 경험한다. 예를 들어 정직하고 성실한 국회의원 후보가 상대편 후보가 퍼뜨린 중상모략에 의해 명예가 훼손됐다고 가정해보자. 인기 미식축구 쿼터백이 음주운전자가 일으킨 교통사고로 몸이 마비됐다고 생각해보자. 두 사람 모두 이런 불행을 당할 이유가 전혀 없어 보이지만 불행이 희생자가 된 두 사람의 삶을 변화시키는 계기가 될 수도 있다. 이런 비극을 통해 더 깊고 의미 있는 삶의 가능성이 나타날 수 있다. '불행(evil)'의 영어 철자를 거꾸로 놓으면 '살아 있다(live)'가 된다. '불행'은 변화되고 역전될 때 진실로 '살아있다'가 될 수 있다. 선한 사람은 고통스러운 경험을 통해 내면의 역량을 결집시켜 새롭고 좀 더 확장되고 보다 유용한 삶으로 향하는 문을 열 수도 있다.

구약성서를 보면 야곱의 아들 요셉은 그에게 질투심을 느끼고 있던 형제들에 의해 구덩이에 던져져 죽을 운명에 처했다. 요셉은 지나가던 상인 덕분에 목숨은 구했으나 이집트에 노예로 팔려가게 된다. 그는 이집트에서도 어떤 사람의 질투와 시기로 모함을 당해 또 다시 옥에 갇히는 신세가 된다. 그러나 옥중 생활은 요셉을 파괴하는 대신 새로운 시작을 열어줬다. 그는 자신의 꿈을 건설적인 목표로 향하게 하는 방법을 배웠고, 궁극적으로는 이집트 사람들을 오랜 흉년에서 구해내는 역할을 하게 됐다.

자신의 불행에 분노하고 비참하게 느낄 때 불행으로 보이는 것은 배가 되어 승리하게 된다. 그러나 내면으로부터 좌절을 뛰어넘고, 무지를 용서하고, 배반을 치유하고, 모든 사람을 용서하고, 정신적인 성장을 계속할 수 있다는 사실을 발견할 때 불행은 극복된다. 요셉에게도 그러했듯 불행을 극복하는 것은 선한 사람이 위대한 사람으로 향해 가는 고난의 길이다.

위대한 사람은 환경의 희생양이 되는 것을 거부한다. 그들은 충격적인 사건도 창조적이고 삶에 도움이 되는 방식으로 받아들여 도약대로 활용한다. 몸이 마비된 쿼터백 선수는 휠체어에 앉아 리더십을 발휘해 장애아동들을 돕는 일을 하게 됐다. 중상모략을 당했던 정치가는 진실이 무엇인지 설명했고, 이를 통해 수백 만 명의 사람들에게 겸손의 모범을 보여주었다. 역경 속에서 위업을 이룬 사람들은 '불행(EVIL)'의 역전은 '살아있다(LIVE)'가 된다는 사실을 배웠다.

무지의 그늘은 두려움이다

J. 옐리네크

토마스 헨리 헉슬리는 그의 저서 《자유주의 교육Liberal Education》에서 이렇게 말했다. "체스판은 이 세계고, 체스말은 우주의 현상이다. 체스의 규칙은 우리가 자연법칙이라고 부르는 것이다. 체스를 두는 상대방은 숨어있어 우리에게 보이지 않는다. 우리는 그가 언제나 공정하고 정당하며 인내심이 있다는 사실을 안다. 그러나 동시에 부담스럽게도, 그가 즐코 우리의 실수를 간과하지 않을 것이며, 일말의 무지도 용납하지 않을 것이라는 사실도 안다."

많은 경우 우리는 자기 자신에게 상처를 줄 수 없는 것을 두려워한다. 불편하고 감정적인 상황에서 느끼는 자연스러운 걱정을 두려움이나 공포로 발전시키기도 한다. 이렇게 되면 온전하게 살아갈 수 없게 된다. 우리는 잠재적인 굴욕 앞에서 움츠리고 창조적인 활동을 멈춰 버린다. 거절 당할까 두려워 꼭 해야 할 일을 하지 못하는 경우도 있다. 실패할 위험 때문에 적극적으로 노력하지 않는 경우도 있다. 다른 사람들과 다르게 보이는 것이 두려워 개성을 포기하기도 한다. 따라서 우리에게 도움이 되는 두려움과 손해를 입히거나 방해가 되는 두려움을 구별하는 것이 중요하다.

오래된 서양 속담 중에 "당신이 모르는 것이 당신에게 해를 입히지는 않을 것이다"라는 말이 있다. 이 속담은 전혀 사실이 아니다. 모르는 것, 즉 무지가 기쁨이 될 수는 없다. 오히려 무지는 두려움과 혼란을 불러일으킨다. 그러나 당신이 받은 축복의 양과 다른 사람을 도울 수 있는 방법을 깨닫기만 한다면 그릇된 두려움의 그늘은 더 이상 당신을 지배하지 못할 것이다.

프랭클린 루즈벨트 대통령은 1941년 1월 6일 의회 연설에서 영원히 기록될 말을 남겼다. "우리는 이 세상이 다음 네 가지의 핵심적인 자유 위에 세워지기를 바랍니다. 첫째, 이 세상 어느 곳에서나 말과 표현의 자유가 보장되기를 바랍니다. 둘째, 이 세상 어느 곳에서나 모든 사람들이 자신의 방식에 따라 신을 경배할 수 있는 자유를 얻기를 소망합니다. 셋째, 이 세상 모든 곳이 결핍에서 자유로워지기를 희망합니다. 넷째, 이 세상 모든 곳이 두려움에서 자유로워지기를 기대합니다."

행복의 열쇠

내면이 깊은 고요함 속에 있을 때 나는 조용한 목소리가 속삭이듯 말하는 소리를 들었다: "사랑하는 자여, 외로운 군중 속에서 과감히 빠져 나오라. 너를 위한 놀라운 계획이 있다. 위대한 목적이 너의 삶을 통해 울려 퍼질 것이다. 시대에 뒤떨어진 낡아빠진 이기심은 버리도록 하라! 성스러운 영혼의 자유로운 광채 속에서 과감히 새로 태어나 신의 가슴에서 곧바로 흘러나온 우주적인 에너지로 충만하라. 그 우주적인 에너지로부터 힘을 얻고 동기를 얻으라."

나는 감동 속에서 속삭이는 목소리를 계속 들었다: "사랑하는 자여, 낡은 표현 방식과 오래된 습관과 과거의 파괴적인 기억들을 버리라. 너를 통해 완전한 생명으로 표현되는 신성한 사랑이 너의 존재 모든 세포를 회복시키고 재생시키고 젊게 할 때, 그 신성한 사랑의 활동을 과감히 증명하라! 영혼의 온전함 속에서 살라. 너의

경쾌한 본질이 세상을 치유하고 드높이는 쪽으로 나아갈 수 있도록 인도하라!'

우와! 나는 내가 감히 이런 일들을 할 수 있을까 놀랐다. 목소리는 다시 이어졌다: "사랑하는 자여, 현재의 사고력을 초월하라. 진리에 대한 현재의 인식 수준을 뛰어 넘으라. 네가 가진 모든 선함을 통해 너를 위한 신성한 청사진 속에 흠뻑 빠지라. 지금 이 지구상에 있는 것이 마치 천국에 있는 것처럼, 너의 내면에 천국의 열쇠가 있다. 기쁨으로 표현된 모든 문을 그 열쇠로 열어 네가 소유한 영적인 재능의 경이로움과 유효성을 이끌어내어 실질적인 너의 지식으로 변화되도록 하라."

나는 기대감을 가지고 조용히 귀를 기울였다.

"사랑하는 자여, 사랑에 헌신하라. 사랑이 바람직하지 못한 상황, 원하지 않는 환경, 선천적으로 부정적인 생각과 감정 속으로 흘러 녹아들어갈 때는 주시하라. 과감히 비할 데 없는 뛰어남을 갖추라! 스스로 새로워지는 살아있는 신의 성전이 되라! 내가 너를 창조한 그대로 아름답고 조화롭고 빛나는 선율 같은 존재가 되라! 기억하라, 나는 너를 영원한 사랑으로 사랑해왔다!'

나는 마음속에 기쁨이 넘쳐 흐르는 것을 느끼며 물었다: "당신은 누구십니까? 누구신데 나에게 이렇게 말하는 것인가요?"

내면의 무한함 속에서 대답이 돌아왔다. "바로 나다!'

-《무지개 관계 The Rainbow Connection》 가운데

WORLDWIDE
Laws of Life

15
기쁨의 법칙

행복은 언제나 무엇인가를 하는 중에 얻어지는 부산물일 뿐이다

존 템플턴

영국의 철학자 버트런트 러셀이 깊은 생각에 빠져 있는 것을 보고는 젊은 친구 하나가 "무슨 생각을 그리 골똘하게 합니까?"라고 물었다. 러셀은 "아주 이상한 사실을 발견했다네"라고 대답했다. "학자들과 얘기할 때는 행복이란 더 이상 가능하지 않다는 느낌을 강하게 받거든. 그런데 정원사하고 얘기할 때는 그 반대의 확신이 든단 말일세!"

러셀의 말처럼 행복은 무엇인가를 완성하는 것, 즉 무엇인가를 "얻는 것"에 있지 않다. 행복은 일, 노력, 목표를 추구하는 것, 즉 무엇인가를 "주는 것"으로부터 온다. 소비가 아니라 생산이 행복과 성공의 핵심이다.

한 친구가 언제나 즐겁고 기쁜 모습으로 출근하는 한 여성의 이야기를 해준 적이 있다. 다른 직원들은 대개 사무실에 출근하면 신문을 뒤적거리거나, 허공을 응시하거나, 반쯤 채워진 커피 잔을 들여다보고 있지만 이 여성은 기쁨과 열정을 내뿜으며 주위 사람들을 활기차게 만들었다.

어느 날 그녀에게 항상 그렇게 기쁠 수 있는 비결이 무엇이냐고 물어 보았다. 그녀는 "나는 매일 아침 출근하기 전에 '행복 버튼'을 눌러요"라고 대답했다.

내 친구는 그녀의 말을 이해하지 못해 다시 물었다. "행복 버튼이라뇨? 그게 뭐죠?"

"음, 그러니까 나는 출근하기 전에 내 자신에게 오늘 하루는 생동감이 넘치는 새로운 날이라고 말해요. 하나님은 이 날을 행복하고 놀랍도록 아름답게 만드셨어요. 왜냐하면 이 날은 바로 하나님 자신으로부터 나온 것이기 때문이죠. 그리고 내가 받은 축복들을 하나씩 세어봐요. 그런 다음 내가 살아 있다는 것, 일어났다는 것, 그리고 나의 하루를 시작하려 한다는 것에 진정한 기쁨을 느끼면서 웃음을 터뜨려요. 당신 자신을 위해 '행복 버튼'을 눌러 보세요. 그리고 어떤 일이 일어나는지 보세요."

내 친구는 다음 날 행복 버튼을 눌렀다. 내 친구는 그 이후 쭉 행복 버튼을 눌렀고 이것이 아침을 시작하는 매우 좋은 방법이라는 사실을 깨달았다. 그 날이 매우 바쁜 날일 때는 특히 효과가 있었다. 그는 프랑스 작가 콜레트의 "행복하라, 그것이 현명해지는 한 가지 방법이다"라는 말을 실천하고 있다.

미국 뉴욕의 유니온 신학교에서 30년간 교수로 재직했던 휴 블랙은 이렇게 말했다. "인생의 역설은 즐거움을 먼저 추구하면 즐거움을 잃어버린다는 것이다. 오래 지속되는 행복의 첫째 조건은 인생을 목표로 가득 채우고 자기 밖에 있는 무엇인가를 추구하는 것이다. 우리는 경험을 통해 다른 일들을 추구하는 중에, 인생의 다양한 활동들 중에, 모든 인간적인 힘을 건강하게 뛰어넘는 중에 진정한 행복이 찾아온다는 사실을 알게 된다." 이 말은 재능을 발전시켜 어떤 분야에서 탁월한 능력을 발휘하면 다른 사람들에게 축복이 되고, 그 과정에서 행복과 성공이 따라온다는 사실을 떠올리면 쉽게 이해할 수 있다.

인도 캘커타에서 헌신적인 삶을 살았던 마더 테레사는 "행복이란 일을 하는 가운데 성취될 수 있다"는 사실을 어느 누구보다도 강조했다. 그녀는 주위 사람들, 매일 만나는 사람들에게 믿음을 가지고 사랑을 표현했다. "다른 사람을 통해서가 아니라면 어떻게 하나님을 사랑할 수 있겠는가?"라는 마더 테레사의 말 속에는 영적인 깨달음이 있다. 사랑으로 봉사를 베풀었을 때 돌아오는 가장 큰 보상은 당신이 가장 위대한 선물, 즉 당신 자신을 내어주었으며, 이것이야말로 돈으로 살 수 없는 행복이라는 사실을 마음 깊이 깨닫는 것이다.

당신이 정말로 하고 싶은 일은 무엇인가? 당신에게 가장 큰 성취감을 주는 일은 무엇인가? 이런 일들로 당신의 시간이 채워진다면 당신은 아마도 행복할 것이다! 더 행복해지고 싶다면 '행복 버튼'을 눌러 보라. 그러면 보람 있고 유용하고 영적으로도 만족스러운 경험을 하게 될 것이다. 신의 기쁨이 당신을 통해 표현되도록 하라. 당신은 이 땅에 행복하기 위해 태어났으니 행복해지라. 당신 안에서 천국을 구하고 기뻐하라!

웃음이 최고의 명약이다

노먼 커즌스

　　　　　1862년 9월 에이브러햄 링컨 대통령이 가까운 자문관과 보좌관들을 긴급회의에 소집했다. 측근들이 도착했을 때 링컨은 책을 읽고 있었다. 링컨은 그들에게 눈길도 주지 않고 있다가 갑자기 큰 소리로 유머작가 아터머스 와드가 쓴 《유티카에서의 오만한 분노High-Handed Outrage at Utica》라는 책의 한 부분을 읽어주기 시작했다. 링컨은 이 책이 매우 재미있다며 마지막에는 정말로 재미 있는지 큰 소리로 웃었다. 그러나 다른 참석자들은 아무도 웃지 않았다. 참석자들은 대통령의 경박한 언행이 불만스러운 듯 돌처럼 굳은 표정으로 앉아있었다. 링컨은 그들을 꾸짖었다. "왜 웃지 않습니까? 나는 웃지 않았더라면 밤낮으로 나를 내리 누르는 팽팽한 긴장감으로 인해 벌써 죽어버렸을 것 같아요. 그리고 당신들도 나만큼이나 이 약이 필요한 것 같은데 말이요." 그리고 회의 안건으로 돌아가 "매우 중요한 작은 문서"를 비밀스럽게 준비했다고 말했다. 그것은 노예해방선언 초안이었다!

　　미국이 1941년 제 2차 세계대전에 참전했을 때 미국인들의 애국심은 최고조에 달했다. 젊은이들은 수천 명씩 신병 모집소로 달려가 나라를 지키겠다는 열의를 보였다. 할리우드의 영화 스타들도 예외는 아니었다. 그러나 신병으로 지원했던 할리우드 스타들이 모두 군복을 입을 수는 없었다. 코미디언 보브 호프도 자원했으나 받아들여지지 않았다. 정부와 군 고위 관계자들은 군인들을 위문하는 일을 하는 미국연합봉사기구(U.S.O.)가 보브 호프에게 더 적합하고 생각했다. 보브 호프는 어떤 형태의 특별 대우도 원치 않는다며 반대했지만 정부 입장도 강경했다. 그러나 정부와 군 고위 지도자들도 보브 호프를 U.S.O.에 보낸 자신들의 결정이 미군 전체를 위해 얼마나 현명한 것이었는지 당시에는 알지 못했을 것이다.

보브 호프와 그가 이끄는 공연단은 유럽과 아시아에 주둔하고 있던 미군을 찾아 수백 만 마일을 여행하면서 수천 번의 위문 공연을 펼쳤다. 보브 호프의 공연단은 전투 지역에서 공연하다가 몇 차례 목숨을 잃을 뻔하기도 했고, 부상병들이 치료 받고 있는 병원을 방문해 웃음을 선사하기도 했다. 언제나 낙천적인 엔터테이너였던 보브 호프는 전투에서 부상당한 군인들에게 결코 연민이나 동정심을 내비치지 않았다. 그는 부상당한 군인들이 침울한 표정을 지으면 "우리 공연을 봤나요? 아니면 벌써 지루해진 겁니까?"라고 질문을 던졌다. 그가 찾았던 병사 중에 웃음이 가진 치료 능력에 의문을 제기하는 사람은 아무도 없었다. 웃음은 고통에서 기쁨으로 가는 출입구다.

웃으면 좋은 일들이 많이 일어난다. 웃으면 근육이 이완되고 호흡은 깊어지며 혈관은 산소로 가득찬다. 고통과 우울함은 잊혀지거나 최소한 적절한 관점에서 바라볼 수 있게 된다. 머리까지 흔들며 크게 웃어 제치는 사람이 부정적인 생각을 갖기는 어렵다. 아주 심각한 일들도 "가벼운 생각"으로 접근했을 때 의외로 아주 잘 해결되는 경우가 많다.

베어드 스폴딩은 《초인생활The Life and Teaching of the Masters of the Far East》이란 책에서 "웃는 신도와의 만남"을 소개했다. 스폴딩은 순례자들과 함께 히말라야 산맥의 매우 위험한 지역을 여행하면서 웃는 신도 한 사람이 다른 순례자들에게 얼마나 많은 도움이 됐는지 설명했다. "등산은 전반적으로 지극히 고됐다. 그러나 그 신도는 힘든 지역이 나타나면 앞서나가 웃음과 노래로 다른 사람들을 격려했다. 더 힘겨운 장소에서는 그의 목소리가 더 높이 울려 퍼졌고 마치 그의 목소리가 아무런 노력을 기울이지 않고도 우리를 힘겨운 장소 너머로 끌어올리는 듯이 느껴졌다. 산등성이쪽 길은 바위가 많아 무척 위험했고 우리는 손과 무릎을 써서 힘겹게 지나야 했다. 그럼에도 불구하고 그 신도의 노래와 웃음소리는 마치 날개를 타는 듯 가볍게 계속 전진할 수 있도록 우리를 지탱해줬다. 독자들이여, 그 날의 여정이 왜 길지도 고되지도 않았는지 이해할 수 있겠는가? 우리의 여정은 순식간에 지나가버렸다. 그 신도의 입에서 흘러나온 웃음소리는 사원에서 늘 흘러 나오는 강함과 조화의 진동이었고, 이것이 여행자들로 하여금 산 정상을 향해 계속 전진할 수 있도록 재촉했던 것이다."

우리 역시 인생이라는 산길을 오르는 여행자들이다. 목적지에 도달하기 위해 나아갈 때 우리의 영혼에 활기를 불어넣어 주는 기쁨과 웃음의 힘은 얼마나 가치 있는 것인가. 웃음은 우리를 더 높은 산등성이 위로 끌어올려 주고 어두운 골짜기를 밝혀주면서 우리 인생을 훨씬 더 여유롭게 만들어준다. 행복한 마음은 의심과 두려움과 고난과 절망이 보편적인 선의 흐름을 방해하지 못하도록, 부정적인 힘이 사라지도록 하는 사랑과 기쁨의 자기장을 만들어낸다.

미소는 미소를 낳는다
테드 엥스트롬

사람들은 잘 웃는 사람과 함께 있고 싶어한다. 사람들은 대개 웃게 해주는 사람에게 감사한다. 웃음은 아무리 짧은 웃음이라도 우리를 일상의 자잘한 일들 위로 끌어올려 기분 좋게 해준다. 웃음은 우리 내부의 깊은 곳에 닿아 기뻐해야 할 일들을 끄집어 내준다. 웃음은 우리가 만나는 모든 사람들에게, 또 우리 자신에게 선물이 된다. 게다가 웃음은 웃으려는 노력 외에 다른 비용이 전혀 들지 않는다. 웃으며 사는 삶은 밀가루 반죽에 이스트를 넣고 밀가루 반죽이 부풀어오르기를 기다리는 것과 같다. 웃음은 점점 더 커진다. .

웃음은 우리의 존재 안으로 들어와 우리를 따뜻하고 행복하게 하고 긴장을 풀어준다. 다른 사람의 웃음은 삶이 힘들다는 생각에서 벗어나게 해주고, 우리와 다른 사람을 연결시켜 준다. 웃으면 짧은 시간에 친구를 얻을 수 있다.

사람들은 긍정적인 사람에게 끌린다. 긍정적인 사람들은 웃어야 할 이유가 있다고 생각하며, 그의 웃음은 인생에 대한 믿음을 드러낸다. 반면 비관적인 사람들은 웃어야 할 이유가 없다고 생각하며, 믿음도 웃음도 없이 혼자서 살아간다. 비관적인 사람들은 무의식적으로 그에게 주어진 인생의 축복들을 무시하고 있는 것이다.

인생의 역경 속에서 웃을 수 있다면 우리는 어려움을 좀 더 쉽게 극복할 수 있다. 엘라 휠러 윌콕스의 시를 보자.

인생이 노래처럼 흘러갈 때
즐거워하는 것은 이렇게도 쉽건만,
모든 것이 최악으로 치달아갈 때
그 때 웃음이야말로
그 사람의 가치를 드러낸다.

긍정적인 태도를 발전시켜주는 마술적인 힘을 가진 세 개의 짧은 단어가 있다. "최고의 행복을 느껴라!" 외적인 조건에 관계없이 당신이 최고로 행복하다고 느낄 수 있게 마음을 활짝 열 때 당신의 모든 것은 변화한다. 당신의 생각, 얼굴 표정, 건강, 태도 등 당신에 관한 모든 것이 더 좋게 바뀐다. 우주의 힘과 접촉할 때 느끼는 신비로움과 비슷한 마음의 상태를 얻을 수 있다. 이것이 당신 인생의 핵심적인 요소가 될 때까지 그 느낌과 태도를 지속하라. 그러면 당신은 "최고의 행복을 느껴라!"라는 짧은 말 속에 담긴 생각의 에너지가 가진 힘을 믿게 되고, 우주와 조화롭게 교류할 수 있게 된다. 웃으며 사는 삶은 주위 환경에 관계없이 인생의 기쁨을 발견할 수 있게 해준다. 우리는 단순한 웃음으로 기쁨을 전파할 수 있다.

웃음은 전염성이 있다. 웃음을 인식할 수 있는 눈에 띄는 신호가 없어도 우리 내부의 무엇인가가 선물을 받았다고 말해준다. 웃음을 돌려주기로 결심할 때 우리는 인생을 긍정하게 된다. 역경 속에서도 인생에 대해 믿음을 가지고 있음을 표현할 수 있다. 웃음을 통해 만나는 사람들 모두에게 믿음과 기쁨을 전달할 수 있다.

진정한 웃음은 장소에 어울리지 않는 경우가 절대로 없다. 세상의 모든 빛과 사랑이 사라져버린 듯한 시간이나 장소를 생각할 수 있는가? 우리 안에서 최선의 것을 끄집어내주는 웃음으로 가끔은 차갑게 느껴지는 세상을 조금은 더 따뜻하게 만들 수 있다. 어려운 상황에서 웃는 웃음은 조화로운 해결책으로 이끌어주는 이해와 사랑의 빛으로 고난을 극복하게 해준다. 웃음은 또한 당신 주위의 사람들도 비슷한 방식으로 어려움에 반응할 수 있도록 격려한다. 당신의 웃음이 차이를 만든다! 당신이 있는 곳을 밝혀라. 세상은 당신의 웃음을 필요로 한다.

웃으면 세상이 함께 웃지만 울면 당신 혼자 울게 될 것이다
엘라 휠러 윌콕스

가을 저녁 바싹 마른 낙엽 위에 불을 붙이는 것처럼 웃음은 불꽃을 일으켜 행복을 발화시킨다. 특히 너무 심각하거나 진지한 사람들은 웃음에 관심을 기울일 필요가 있다. 웃음은 부드러운 불꽃으로 침울해 보이는 것은 모두 태우고 약하게 빛나는 깜부기불에 따뜻한 기운을 남긴다.

작가 메리 캐서린 맥더걸은 자신의 세미나에 참여했던 몇몇 참석자들과 어떻게 진리를 이해할 수 있는지 얘기를 나눴던 경험을 이렇게 소개했다. 먼저 한 참석자가 말했다. "최근 나에게 한 가지 문제가 생겼는데 요즘 그 문제 때문에 아주 고심하고 있어요."

옆에 앉아있던 다른 참석자가 고개를 끄덕이며 자신의 경험을 얘기했다. "무슨 뜻인지 알겠어요. 하지만 가끔은 어떤 일에 대해 진실이 무엇인지 알아내려고 노력할수록 해결하는 데 시간이 더 많이 걸리는 것 같아요."

그 말을 듣자 세 번째 참석자가 "그게 답이 아닐까요?"라고 말했다. "어떤 문제에 너무 열중해서 생각하다 보면 그 문제를 고착화시켜버리는 경향이 있는 것 같아요. 문제를 해결하고 싶은 마음이 너무 간절해서 오히려 긴장하게 되는 거죠. 어떤 문제를 너무 진지하게 생각하다 보면 결국에는 그 문제의 부정적인 면만 더욱 강화시키는 것이 아닌가 하는 생각이 들어요."

세 번째 참석자는 말을 이어갔다. "이런 주제에 대해 얘기하다보면 언제나 내 딸이 생각나요. 딸은 걷기 시작한 다음부터 시장에 다녀올 때면 언제나 쇼핑한 물건을 자신도 들겠다고 떼를 쓰더군요. 그러면 아내는 딸에게 빵 한조각을 건네주는데 빵은 무겁지도 않고 깨질 염려도 없기 때문이죠. 그런데 딸 아네트는 빵을 잘 옮겨야 한다는 생각에 너무 긴장해서 집에 오는 내내 빵을 꼭 쥐고 있는 거예요. 결국 손으로 너무 움켜쥔 바람에 빵의 중간 부분은 먹을 수 없게 되어 버리죠!"

첫 번째 참석자가 고개를 끄덕이며 말했다. "그럴 듯한 이야기예요. 하지만 당신에게 정말로 중요한 일이라면 어떻게 가볍게 다룰 수 있겠어요?" 첫 번째 참석자는 잠시 멈춘 뒤 자신이 생각한 대답을 말했다. "아마도 너무 긴장하지 않으면 그럴 수 있을 거라고 생각해요. 사실상 모든 일을 다 잘 할 수는 없고 잘 할 필요도 없다는 사실을 깨달으면 가능하지 않을까요? 아니면 지나치게 한 가지에만 집중하다 보면 우리 자신의 해결책만 고집하게 된다는 사실을 이해하거나."

두 번째 참석자도 동의했다. "어쩌면 우리는 신이 잘 듣지 못하고 있다고 생각하는 것 같아요. 가끔 내 자신이 어리석게 느껴질 때가 있어요. 어떤 사람이 옆 방에 있다고 생각하고 그 사람을 향해 소리를 질렀는데 알고 보니 그 사람은 바로 내 뒤에 있는 그런 기분 말이예요."

세 번째 참석자가 말했다. "맞아요. 이제 10대에 들어선 내 딸은 나에게 종종 이렇게 말해요. '아빠 그렇게 고민하지 마세요. 편안하게 생각하세요. 쉽게 풀릴 거예요.'"

눈에 눈물이 고이면서 웃음과 행복의 시간이 한순간에 사라진 것처럼 느껴질 때도 있다. 그러나 스스로 책임져야 한다는 말이 버려졌다는 뜻은 아니다. 당신에게 도움의 손길이 없다는 뜻도 아니다. 당신이 정말로 혼자라는 뜻은 더더욱 아니다. 스스로 책임지는 것은 발전하고 성숙하는 데 중요하고, 신이 주신 힘과 가능성을 표현하는 데도 중요하다. 우리가 혼자 있을 때도 신의 힘은 항상 우리 안에 있다. 신의 영혼은 언제나 우리와 함께 있다. 이 사실을 알게 되면 자기 의심에서 벗어나 일을 성취할 수 있는 능력을 믿게 된다. 자신의 힘을 인식하는 것이 버려졌다는 느낌과 어떻게 다른지 깨닫게 된다. 고요한 믿음의 웃음이 우리의 얼굴에 다시 번져나간다.

기쁨은 당신 안에 들어있다

존 템플턴

　　　　　　당신의 목소리를 녹음해서 들어본 적이 있는가? 캠코더에 찍힌 당신의 모습을 본 적이 있는가? 당신의 목소리와 모습이 다른 사람들에게 어떻게 비쳐지는지 알고 나서 조금 충격을 받지는 않았는가? 다른 사람의 관점에서 볼 때 우리 자신의 목소리와 모습이 다소 다르게 느껴지는 경우가 있다. 어쩌면 우리는 우리가 진정으로 느끼고 있는 것, 진실한 우리 자신을 다른 사람들과 교류하고 있지 않은 것인지도 모른다.

　기쁨의 특징에 대해 알아보자. 우리 자신에게서, 또 우리 생활에서 진정한 기쁨과 행복을 느끼기 위해서는 우리가 행복하고 충만한 삶을 살도록 창조되었다는 점을 믿는 것이 중요하다. 그러면 이 믿음이 삶을 바라보고, 삶에 반응하는 우리의 태도와 습관으로 발전해간다. 삶을 바라보는 관점이 바뀌면 사람, 장소, 사물, 상황 등이 모두 가능성을 가지고 있으며, 그 가능성이 우리가 발견해주기만을 기다리고 있다는 사실을 깨닫게 된다. 생각을 받아들이는 순간부터 그 생각을 실제로 표현하는 순간까지 완전한 기쁨의 한 사이클이 완성될 때 우리는 다른 사람들에게 이 기쁨을 전달하고 기쁨이 내뿜는 축복을 선사할 수 있게 된다. 그리고 우리 역시 다른 사람들이 우리가 표현한 기쁨에서 행복을 느낀다는 사실을 알고 자신감을 갖게 된다!

자유는 우리를 노예로 만드는 세상의 힘에 맞서는 외부의 '혁명'에서 오는 것이 아니라 우리 내면의 '혁명'에서 나온다. 내면의 '혁명'은 기쁨을 일깨워주는 더 높은 관점에서 사물을 바라볼 수 있게 해준다. 당신 자신에게 물어보라. 나는 뼈 속까지 행복한 사람인가? 내가 살고 있는 삶은 "환희에 넘친 여행"이 되고 있는가? 이 질문에 부정적으로 대답한다면 당신은 아마도 영적인 학습의 혜택을 완전하게 받아들이지 못하고 있는 것이다. 그게 아니라면 사랑과 기쁨에 대한 성찰이 당신의 마음을 자극하고는 있지만 아직 다음속에 기록되지는 못한 것이다.

행복하지 않은 사람, 행복해지려는 노력을 하지 않는 사람에게는 국회가 법을 제정한다 해도, 어떤 정부 기관, 심지어 신조차도 기쁨의 축복이 흘러 들어가게 할 수 없다! 왜 그럴까? 세네카는 "행복한 삶이란 자신의 본성과 조화를 이루는 것"이라고 표현했다. 기쁨이란 외부의 일이나 경험에서 오는 것이 아니라 우리 내면의 인식에서 나오는 것이기 때문이다.

우리 모두의 안에는 아직 표현되지 않은 풍부한 기쁨의 가능성이 있으며, 이 기쁨은 언제 어느 때라도 표현될 수 있는 특권을 가지고 있다. 기쁨은 가릴 수는 있을지언정 결코 꺼버릴 수는 없는 영혼의 작은 불꽃이다.

기쁨은 행복을 약속해주고 질투는 외로움을 가져다준다

존 템플턴

일이 잘 풀리지 않을 때, 예를 들면 자동차가 요란한 소리를 내더니 시동이 걸리지 않을 때, 또는 기대하고 있던 점심 약속이 취소되거나 꼭 기억해야 할 약속을 깜박 잊어버렸을 때 당신은 그 상황을 바꿀 수 있는 열쇠를 갖고 있다. 그 열쇠는 바로 당신의 태도다! "재수 없는 날"이라는 징크스나 "재수 좋은 날" 같은 하루의 운세는 일상생활 속의 다른 많은 일들과 마찬가지로 삶에 대한 우리의 태도에서 나온 자연스러운 결과일 뿐이다. 우리는 재수 없는 일과 사소한 짜증에 너무 골몰해있기 때문에 그런 불쾌한 일들만큼이나 자주 일어나는 작은 기쁨을 그저 지나치고 무시해버리는 경향이 있다.

기쁨은 정의하기 어려운 개념이지만 기쁨을 느낄 때 우리는 알 수 있고 기쁨을 잃어버렸을 때도 알 수 있다! 누구나 기쁨을 느끼고 싶어한다. 하루를 기쁘게 만드는 것은 무엇일까? 어떤 사람은 다른 사람을 행복하게 해줄 때 기쁨을 느끼고 어떤 사람은 자신이 삶의 법칙에 따라 생활하고 있음을 알 때 기쁨을 얻는다. 어떤 사람은 생각과 감정과 행동이 정직하고 명예로울 때, 어떤 사람은 고요하고 평화로운 정신상태에 있을 때 기쁨을 느낀다.

반면 다른 사람들의 좋은 소식을 듣고 부러워하거나 시기하는 사람들도 있다. 그런 점에서 셰익스피어의 말은 깊은 통찰력이 느껴진다. "나는 진정으로 노동하는 사람입니다. 나는 내가 먹을 것을 벌어들이고, 내가 입을 것을 돈을 주고 사며, 누구에게도 미움을 품지 않고, 어떤 사람의 행복도 질투하지 않습니다."

"믿는 사람들은 군병 같으니"라는 찬송가의 노랫말을 지은 새바인 베어링-굴드는 영국 노스 데번 교회의 목사로 재직할 때 방문객들에게 교회의 안팎을 안내하며 흥미로운 것들에 대해 설명해주기를 좋아했다.

그는 특히 오래전 세상을 떠난 전임 목사들의 묘지 앞을 빠지지 않고 보여줬다. 그 묘지는 교회 뜰을 둘러싼 벽 바로 안쪽에 있었다. 묘지 앞에는 교회 신도들이 세운 비석이 서있었는데 비석에는 세상을 떠난 목사가 믿음을 갖고 사랑과 봉사의 임무를 다했다는 내용의 글이 새겨져 있었다.

베어링-굴드는 방문객들에게 묘지를 보여주며 비석에 뭔가 이상한 점이 없는지 물어보곤 했다. 관찰력이 뛰어난 방문객은 "어, 비석에 이름이 없네요. 이 비석은 누구의 것이죠?"라고 반문했다.

그러면 베어링-굴드는 "그게 바로 핵심입니다"라고 대답했다. "아이들이 비석 위에 올라가 앉아 놀다 보니 제일 위에 있던 이름은 아이들의 발 때문에 서서히 지워지고 말았습니다. 따라서 우리는 이 사람이 누구인지 모릅니다. 다만 그가 어떤 일을 했는지 알 수 있을 뿐입니다."

사람들은 우리가 누구인지 기억하지 못할 수도 있다. 그러나 우리가 그들에게 도움을 주었거나 어떤 격려의 말을 해줬거나 자비로운 행동을 했다면 그것이야말로 진정 우리를 기억하게 해주는 기념비가 될 것이다. 행복하고 기쁘고 사랑스럽고 사려 깊고 인정이 많은 사람은 최고의 찬사를 받을 만하며 가장 중요한 업적을 이룬 것이다.

삶에서 기쁨을 느끼는 능력을 잃어버렸다면 그 능력을 되찾기 위해 최선을 다하라. 기쁨은 행복하게 살아가는 데 필수적이다. 진정한 기쁨은 우리 내면 깊이 존재하는 영속하는 품성으로, 어려움을 극복하는 데 도움을 주고 어떤 일이 일어나도 살아야겠다는 삶의 열정을 회복시켜준다. 기쁨과 강함은 나란히 손을 잡고 걸으며 삶 속에서 직면하는 어떤 도전도 극복할 수 있도록 도와준다는 사실을 잊지 말라.

행복의 열쇠

기러기의 감각

기러기들이 추운 겨울을 피해 남쪽으로 날아가는 모습을 볼 기회가 있다면 기러기들이 왜 V자 대오로 나는지 과학이 밝혀낸 지식을 떠올려보기 바란다. V자 대오로 날면 각 기러기는 앞 기러기가 날개를 퍼덕이며 나는 모습을 보고 기운을 얻을 수 있다. 이 때문에 기러기는 한 마리씩 따로 날 때보다 떼지어 V자형으로 날 때 최대 비행거리가 적어도 71% 더 늘어나게 된다.

사람들도 공동체 의식을 갖고 같은 목표를 향해 노력할 때 서로가 서로에게 격려가 되고 힘이 된다. 그러면 모두가 가고자 하는 곳에 좀 더 빨리, 좀 더 쉽게 도달할 수 있게 된다.

V자 대오에서 한 기러기가 뒤쳐지게 되면 이 기러기는 자신이 다른 기러기들에게 방해가 되고 있으며 혼자 남겨질 수도 있다는 사실을 깨닫고 재빨리 자신의 위치를 찾아 대오에 합류한다. 그리고 앞에서 힘차게 날갯짓 하는 다른 기러기의 모습을 보고 다시 힘을 얻는다.

우리가 기러기만큼의 감각만 갖고 있어도 같은 방향을 향해 나아가는 다른 사람들과 대열을 유지하기 위해 노력할 것이다.

V자 대오의 제일 앞에서 날아가던 기러기가 지치면 그 기러기는 뒤로 물러나고 다른 기러기가 제일 앞으로 나서 기러기떼를 이끈다.

사람이든 기러기든 어려운 일은 서로 번갈아가며 하는 것이 합리적이다.

뒤에서 날아가는 기러기들은 울음소리를 내 앞쪽 기러기들이 속도를 유지할 수 있도록 격려해준다.

우리는 뒤에서 경적을 울릴 때 무슨 메시지를 전달하는 것인가?

마지막으로 가장 중요한 것은 총에 맞아 다치거나 병이 들어서 대오에서 탈락하는 기러기가 생기면 다른 기러기 두 마리가 함께 떨어져나와 그 기러기를 도와주고 보호해준다는 사실이다. 이 기러기 두 마리는 다치거나 병든 동료 기러기가 다시 날 수 있을 때까지 혹은 죽을 때까지 곁에 머물며 보살펴준다. 그런 다음 앞서 간 기러기떼를 따라잡기 위해 각자, 혹은 또 다른 대오를 형성해 날아간다.

우리가 만약 기러기와 같은 감각을 가지고 있다면 기러기들처럼 서로에게 도움의 손길을 내밀 것이다.

역자후기

존 템플턴은 우리 부부가 가장 존경하는 사람이다. 선하고 정직하게 살면서도 큰 부자가 될 수 있음을 보여주는 모범 사례라는 점에서 그렇다.

많은 사람들이 착하게만 살아서는 결코 성공할 수 없다고 생각한다. 그러나 존 템플턴은 평생을 어떻게 하면 맑고 깨끗한 영혼으로 살아갈 수 있을까, 어떻게 이 세상을 더 좋은 곳으로 만드는 데 기여할 수 있을까, 연구하고 탐구하며 살았다. 그렇게 살고도 미국에서 첫 손 꼽히는 유능한 투자가로 평생 넉넉히 쓰고도 남을 만큼의 많은 돈을 벌었다.

이 책은 나의 첫 번역 작품이다. 영어만 하면 된다는 안일한 생각으로 도전했다. 하지만 번역을 해보니 번역에서 영어 실력보다 더 중요한 것이 우리말 실력이었다. 저자의 생각과 의도를 파악해 적절한 우리말로 옮기는 일은 정말이지 두뇌를 쥐어짜야 할 것 같은 힘든 작업이었다.

직장생활과 육아를 병행했기에 더욱 그랬다. 우리 아들은 다섯 살 때부터 '번역'이란, 어린이답지 않은 말을 배웠다. "엄마, 번역하지 마. 나랑 놀아줘." 이 말을 입에 달고 살았다. 엄마가 책상에만 앉으면

"엄마, 번역해?"라고 물었고, 기도할 때는 "하나님, 엄마 번역 잘 할 수 있게 해주세요"라고 빌었다.

이런 아들이 있었기에 오랜 시간 번역에 매달려 있으면서도 포기하지 않을 수 있었다. 번역을 마칠 때까지 정말 긴긴 시간을 기다려준 굿모닝북스에도 감사하지만, 실은 끝까지 할 수 있게 도와준 것은 아들이란 생각이 든다.

책을 번역하면서 나는 많이 변했다. 난 항상 "왜 이렇게 운이 없지?"라는 생각을 하면서 살았다. 그저 그런 직장에 그저 그런 월급에 그저 그런 생활 환경에……. 정말 전력을 다해서 일하며 살지 않으면 생활이 불안한 월급쟁이 처지가 피곤했다.

하지만 책을 번역한 뒤에는 실업자들도 많은데 회사에 다닐 수 있다는 사실에, 최저생계비나 겨우 버는 사람들도 많은데 생활비로 쓰고도 저축할 돈이 남을 만큼 월급을 받을 수 있다는 사실에, 착한 남편과 건강한 아들과 함께 살고 있다는 사실에 감사하게 됐다.

그렇다. 이 책은 세상을 '다르게' 보는 방법에 대해 말하고 있다. 세상을 밝게 보는 방법, 세상을 긍정적으로 보는 방법을 알려 준다. 그리고 가장 중요한 것은 착하고 선하고 정직하고 깨끗하게 사는 것이 행복한 삶이며 결국은 그것이 성공하는 삶이라는 사실을 가르쳐준다.

이 책을 번역하면서 그런 생각을 했다. 내가 아들에게 무엇을 남겨줄 수 있을까? 돈이나 권력은 설사 나에게 남겨줄 만한 능력이 있다 하더라도 덧없는 것이다. 아들이 그 돈이나 권력을 지키지 못한다면 하룻밤의 꿈일 뿐이요, 설사 지킬 수 있다 하더라도, 더 나아가 그 돈과 권력을 더 크게 불릴 수 있다 하더라도, 그 돈과 권력을 갖고도 아들이 행복하지 못하다면 아무런 소용이 없기 때문이다.

나는 이 책을 번역하면서 아들에게 남겨줄 유산이 생겼다는 생각에 행복했다. 나는 아들에게 "다니야, 엄마가 너를 위해 이 책을 번역했어. 이 책에 엄마가 너한테 해주고 싶은 말이 다 들어있단다"라고 말해주고 싶다.

진정으로 내 아들이 이 책을 평생의 친구로 삼고 곁에 두고 수시로 읽기를 바란다. 존 템플턴이 책의 머리말에서 "내가 여기에 소개한 삶의 원칙들을 20대에 알았더라면 내 삶은 아주 많이 달라졌을 것"이라고 고백했듯 이 책이 아들의 삶을 '다르게' 만들어주리라 믿는다.

이 책을 통해 아들이 자신이 이 세상에 왜 태어났는지 이유를 깨닫고 영혼의 목표를 달성하는 행복한 인생 여행을 하기를 바란다. 그 여행을 하며 나눠주고 베풀 때 더욱 더 풍성하고 풍요로워진다는 성공과 행복의 법칙을 배우기를 바란다. 선한 마음으로 "하늘을 우러러 한 점 부끄럼 없이" 살기 위해 노력하는 것이 결국 행복한 삶이라는 것을 알게 되기를 바란다.

이 책이 비단 내 아들뿐만 아니라 많은 사람들에게 읽혀져 이 책을 읽은 많은 사람들이 세상을 이전보다 더 '행복한' 눈으로 바라보고, 지금 서있는 바로 그 자리에서 올바른 방향을 찾아 성공하는 인생의 여행길을 계속할 수 있기를 바란다.

나를 통해 이런 좋은 책이 번역되어 한국에 소개된 것은 정말 일생의 영광이라고 생각한다. 신의 섭리 가운데 이런 좋은 기회가 찾아왔고 이런 영광을 안게 되었다고 생각한다.

그리고 나에게 이 책을 번역할 기회를 주고 오랜 기간 기다려준 박정태 선배에게, 주말마다 노트북 앞에서 번역에 매달려 있는 아내를 참아준, 존 템플턴의 가장 열렬한 팬인 나의 남편에게, 엄마가 번역을 잘하게 해달라고 기도해준 나의 아들에게, 바쁜 며느리를 위해 살림을 도맡아 해주셨던 시어머니에게 깊은 감사를 드린다.

2006년 3월
권성희

존템플턴의 행복론
Worldwide Laws of Life

1판1쇄 펴낸날 2006년 4월 20일
1판3쇄 펴낸날 2023년 1월 30일

지은이 존 템플턴
옮긴이 박정태
펴낸이 서정예
표지디자인 디자인 이유
펴낸곳 굿모닝북스

등록 제2002-27호
주소 (10364) 경기도 고양시 일산동구 호수로 672 804호
전화 031-819-2569
FAX 031-819-2568
e-mail goodbook2002@daum.net

가격 9,800원
ISBN 978-89-91378-07-2 03320

* 잘못된 책은 구입하신 서점에서 바꿔드립니다.
* 이 책의 전부 또는 일부를 재사용하려면 사전에
  서면으로 굿모닝북스의 동의를 받아야 합니다.